ブーバー教育論の研究

― 教師と子どもの教育関係を軸に ―

関川悦雄 著

風間書房

Je tiefer ich mich Gott öffne, desto mehr
öffnet er mich den Menschen gegenüber.

（旧約聖書・日暦より）

は　し　が　き

　本書は、筆者が1982年以来発表してきたブーバー（Buber, Martin 1878 〜
1965）に関する多数の研究論文に相当の補正・加筆を施し、これらの論文を
「教師と子どもの教育関係を軸に」という視点からまとめて刊行したもので
ある。

　今さら、なぜブーバー研究なのか。その研究の出発は、教育実習生が学習
指導案を作成し、それに基づいて研究授業を展開することになっているが、
それで果たしてよいのだろうか、という疑問にあった。1人の実習生がどう
して標準規模の40人という多くの生徒を相手に画一的に教科指導を行うの
か、ということである。これは、教師と生徒の1人対40人の関係を基にし
ているのであって、1人の教師と個々の生徒との緊密な個別の教育関係がど
こかへ追いやられてしまうのである。じじつ、実習生は研究授業を指導案に
沿って展開すればするほど、どういうわけか個々の子どもたちの意欲・関
心・学力・苦悩といった諸要因は捨象される。たしかに、指導案には指導上
の留意事項として、そうした生徒の興味・関心や生活経験などをあらかじめ
記載することになっているが、実習生は40人という全体に向けた統一的な
教授内容の計画を事前に作成し、それに沿って授業を行うため、実際は留意
事項の通りに進行しないのである。以前に、上田薫もこのことに関連して、
40人の生徒に対して、最初から学力・意欲などの差異別に教授内容を4種
類に類型化し、4通りの指導案を作成して対応できないものか、と語ってい
たほどである。

　そこで、本書の課題設定の意味に関しては、序章の「本研究の課題」で詳
述することになるが、教師と子どもとの1対1の教育関係に着目し、そのあ
り方をブーバー教育論に思想的に求めたものである。筆者はとくにブーバー

ii

のいう〈我〉と〈汝〉の〈触れ合い〉に求め、教師と子どもとの間における
対話や出会いや包擁などのさまざまな教育関係を解明しようとした。そして、
このことの解明を通して、子どもの抱え込んでいる悩みや人生観などの問題
に切り込もうとしている。

　本研究の成果として期待できることは、次の二つである。一つは、教師は
子ども自身の呼びかけや訴えに対してきちんと応答し、子どもの内において
も世界からの真実の呼びかけに応答できる力を培うことが要請されているこ
とである。それがまさにブーバーのいう教師の責任であり、今日の教師に要
請されるべき正真正銘の責任である。もう一つ、教師という仲介者を得て包
擁・対話・出会いなどを通じて、はじめて世界から子どもへ向けての形成力
が働き、世界における他者との結びつきができるということである。

　次に、本書の研究対象に関連のあるブーバーの出版・教育活動の歩みにつ
いて簡単に見ておこう。

　ブーバーは、1878年オーストリア・ウィーンに生まれ、1907年に出版活
動の中心をドイツ・ベルリンに移す。ベルリン郊外のツェーレンドルフ
（Zehlendorf）に在住する。現在では、Martin-Buber-Straße という道路名があ
って、その標識の下に「ユダヤ人宗教哲学者マルティン・ブーバーは1878
年2月8日ウィーンに生まれ、1965年6月13日エルサレムに死す」と記さ
れている。ここでの在住中、1914年5月にへヒラー牧師から世界戦争の開
始を事前に知らされる。そのとき、「あなたは神を信じているか」と。ブー
バーは「〈汝〉としての神を信ずることを告白する」と答え、対話の相手た
る〈汝〉としての神を思念している。同年7月に、牧師の予言通り第一次世
界大戦が始まると、ブーバーはハイデルベルク市やフランクフルト市に距離
的に近いへッペンハイム（Heppenheim）に疎開し、2年後にそこを居住地に
して、1938年パレスチナに移住するまで活動の中心地とする。

　へッペンハイムはベルク通り（Bergstraße）にあり、その地は本書終章第2
節で触れるゲヘープのオーデンヴァルト学校の近くでもある。ブーバーはこ

の地で、1919 年教育制度の更新のためのヘッペンハイム会議に出席する。1921 年に、フランクフルト大学教授フランツ・ローゼンツヴァイク（1886 ～ 1929）がフランクフルト市より自由ユダヤ学院の仕事を依頼するために、ブーバー家を訪れる。これが機縁で、翌年から自由ユダヤ学院やユダヤ成人教育センターなどで、ブーバーの教育活動が始まる。1924 年の夏学期から、ローゼンツヴァイクの紹介により、フランクフルト大学神学講師となり、1930 年の冬学期よりは、員外名誉教授―Ordentliche ではない非正規の Honorarprofessor ―となり、「ユダヤ宗教学・ユダヤ倫理学」の講座、後に「宗教学」の講座を担当する。1933 年には、かれは目下休職中（zur Zeit beurlaubt）となり、これが世にいうナチス政策による員外名誉教授の罷免といわれる（第 1 章注 4 参照）。

　一方、1925 年第 3 回ハイデルベルク国際教育会議に出席し、これを基にして翌年に『教育的なるものについての講演』を、1928 年ホーエンロット同盟第 6 回会議後に『世界観と成人教育』を、1934 年ユダヤ成人教育センターでの活動後に、『教育と世界観』をそれぞれ執筆するようになる。1938 年パレスチナ移住後に、ブーバーはヘブライ（ヘブル）大学の社会哲学教授に就任し、1939 年に『性格教育について』を著わす。第二次世界大戦後、1953 年にフランフルト市での戦前の出版活動の功績が認められて、同市聖パウロ教会にて「ドイツ出版協会平和賞」を受賞する。

　こうしたブーバーの出版・教育活動に沿って、かれの教育論は本書の通り展開されて行くことになる。

目　　次

凡　　例

1　引用文献の表示は、巻末の引用文献一覧の通りに行い、ページ数で明記する。

2　とくに頻繁に引用した著書は以下の略号を用いてページ数も追記した。

　　ⅠS. = Buber, Martin: Werke Erster Band, Schriften zur Phiolosphie.

　　ⅡS. = Buber, Martin: Werke Zweiter Band, Schriften zur Bibel.

　　ⅢS. = Buber, Martin: Werke Dritter Band, Schriften zum Chassidismus.

　　1p. ＝邦訳ブーバー著作集 1。

　　2p. ＝邦訳ブーバー著作集 2（以下著作集 3 〜 10 も同様）。

　　なお、p. のみの場合はブーバー著『人間とは何か』（児島洋訳）を指す。

3　引用原文の強調については、傍点で示した。

4　引用文中の〔　〕は、引用者が補足した部分を示す。

序章　本研究の意図・課題と構成

第1節　本研究の意図と課題

(1)　本研究の意図

　研究者は、一般的に教育におけるさまざまな課題・問題に直面し、それに向き合い、対応策を見出そうとする。そこへ、何らかの示唆を与え、その問題解決に寄与してくれるのが、先人・先達の遺作に当たるテキストである。テキストを、原典やその背景にある時代・社会状況などに忠実に即して客観的に理解しようとすることは当然求められる。しかし、それ以上に読み手たる研究者が教育現実に対する課題意識に基づいて、先人の遺作を現実に照応しつつ、今日の教育状況に関連づけて読み解くことのほうがもっと重要なことであろう。

　池田全之も、「テキストの〈生命〉はいかに継受されてきたか」と題して、1959年以来の学術雑誌『教育哲学研究』の半世紀にわたる人物研究の視角変化で次のように述べている。

　　　忠実なテキスト理解を目ざす内在的な理解の段階から、論じ手の現在の時代状況で直面せざるをえない諸問題と向きあうための言わば対話者として人物を取り上げる段階へと変化してきている。そして、このような論じ手の問題意識からのテキスト解釈の増加には、…中略…読み手との関係に触発されるテキストの意味の無限増殖の実際を見ることができるのである[1]。

　このように、論じ手が先人の遺作を現実の状況に甦らせ、そのことによって遺作のもつ意味の増殖・更新が可能になるという。そして、人物研究の意義は、『教育哲学研究』の創刊号にもあるように、「現実から発足して現実を離れ、翻ってまた現実の正しい指導理念を闡明にすること」[2]にある。

　したがって、本研究は今日の教育における諸問題から出発し、この問題関心でもってブーバー（Buber, Martin 1878 ～ 1965）と対話する手法をとるものである。そして、かれ自身が時代状況から迫りくる諸問題にどういう考えの下で対峙して、如何なる指導理念を引き出したかを探究し、その指導理念から今日における教育問題のありようを探り、その問題の解決にいたる手掛かりを得ようと意図するものである。

(2)　本研究の課題

　まず、ブーバー自身の思想的業績は何かというと、それは多方面にわたる。すなわち、中世以来のドイツ神秘主義の研究、その成果としてのユダヤ人ハシディズムの研究、ユダヤ教旧約聖書のドイツ語訳、新教育理論の研究、そして哲学・倫理学や神学や社会学などの研究がじつに広汎に挙げられる。

　このブーバーの思想的業績に関する研究例も多数ある。たとえば、その一つとして、社会問題に関する研究で人間の疎外や意思疎通の欠如の問題に対しては、〈我―汝〉の対話的関係をテーマに掲げて論述する傾向がある。対話の意義や重要性がよく強調されるのは、ブーバーの思想的根幹にかかわっているがゆえに、当然なことであろう。

　一方、教育の分野に限ってみると、教育の問題は対話的原理の実存的意義の点からよく取り上げられる。この分野研究の第一人者である齋藤昭は、ブーバーの教育思想やその実践をユダヤ民族のかかえる歴史的現実の状況との対応をもとに緻密に考察している。この考察によって、ブーバーの「思想全体と教育の関係、その実践の教育的意義が明らかになる」[3]こととした。そして、齋藤は自らの集大成ともいうべき研究を次のように締めくくっている。

　　　ブーバーの教育論の意義はその思想の深さであると同時に、それを構成した
　　状況への関わりと教育的実践であると考えるし、これを通して教育論の実存的
　　意義が理解できると考える。人間存在のヘブル的存在論に基づく間主体的な我
　　―汝の思想は時代の精神状況を切り拓く思想であったように、教育の根源語と
　　して提示した〈触れ合い〉の思想も普遍的な人間教育の価値として、これから
　　の教育に働きかける可能性があると思う[4]。

　ブーバー教育論の研究にあっては、よく〈我―汝〉の対話論が強調されて、
その両者が一定の距離をとって対向しているだけで対話の実効が上がると一
般的に考えられがちであるが、齋藤はそう安易なことではないという。「我
と汝が触れ合うことによって時空を超越して〈間〉の真理を実現するのであ
る。そしてこれがまた彼〔ブーバー〕の言う真の教育的関係というものであ
る」[5]。このように、齋藤は〈触れ合い〉という真の教育的関係に着目して、
その研究を後進に委ねている。

　したがって、本研究もこのことに焦点を合わせて、さまざまな状況におけ
る子どもの問題を、子どもと教師との間における対話や包擁などの「教育関
係」[6]によっていかに克服するのかを明らかにし、そしてこの解明によって
今日の教育問題にどう切り込むかを、最大の課題とする。

　詳述すれば、本研究では、教師が子ども自身の問題を抱えている現実の状
況に即して、子どもとどういう関係をどれだけ幅広くとり得るのか、に言及
する。教師と子どもとの関係という点に絞れば、この関係は集団生活のなか
では一者対他者の関係となるが、そのつどの個別的な場面においては、必ず
一者対一者の関係となろう。じつはこの個別的な一対一の実存的な関係をと
れば、教師は子ども自身が抱えているであろうと思われる当面の問題をとら
えることができるだろう。それが逆に、集団生活のなかにおけるさまざまな
個別の実存的な関係の形をとるということでなければ、個々の子ども自身の
問題は把握不能であろう。

　この個別の実存的な関係をとることによって、教師はさまざまな状況下であっても個々の子どもとともに活動することになる。そのとき、自分以外の教師・人間や子どもとともに存在しているのだと実感できる子どもは、どういう境遇にあろうとも、自分自身のなかで安心感をもつことができるというものである。

　そして、教師と生徒の両者が互いに〈我〉と〈汝〉として対話的関係をとり得るとすれば、それが教師と子どもとの教育関係を成立せしめる基本的要件となる。さらに、子ども自身の成長を促すのも教師とのふだん交わされる対話である。こうした両者間の対話関係の機会は出会いでもあり、触れ合いでもあり、一期一会でもあり、包擁でもある。子どもは教師との関係を介してこそ、〈我〉としてさまざまな様態で真の〈汝〉と出会うことが可能となる。ここで両者の間に独自に生ずる場が〈間の領域〉なるものであり、この〈間の領域〉の解明は必要となる。

　別の視点から教師と生徒との教育関係を見ると、その教育関係が硬直的で狭隘的な関係に陥りやすいという指摘もある。たとえば、両者の教育関係では、子どもが、教師以外の他者を受け入れたり、社会的に責務を果たしたりするなどの資質が育ちにくいという点である。だが、こういう状況を避け、教師と子どもとの豊かな相互的対話関係を構築するには、両者の間にそれ以外の身近な人間関係やその擬似的関係を取り入れたり、教材などの媒介物を身近な社会から教師の教授活動を通して持ち込んだりすることが求められる。また、教師自身の教育者としての資質も問われる。つまり、教師が子どもと人格的に関わるには、自ら人間としての責任や信頼感、あるいはブーバーのいうように、子どもを神から授かっているという謙虚な恩寵意識などが要求される。

　加えて、教師自身の人格性のもつ役割や影響力は、子どもに対しては少なからずあろう。次の研究がその好例であろう。すなわち、より質の高い読み・書きや高度な技術の獲得は、教師と生徒との生きた交わり、あるいは教

師の人格的な教授によって可能なのである[7]。生徒が高尚な技術や知見を目指そうとする理想は、教師との間における生きた人格的な交わりによって遂げられるというものである。

　こう見てくると、教師と子どもとの両者間の関係を究極的にはどう把握すればよいのだろうか。ブーバーの論にしたがえば、教師と子どもとの間の教育関係にはさまざまな諸相・様態があり、この両者関係を契機にして子どもに世界の形成力が作用することになるが、両者関係の根源にあるのは、〈間の領域〉である。

　それゆえに、本研究は、この〈間の領域〉にも配慮しつつ、日本の教育現実に引きつけて考察を進めていく。そして、この考察を通して、教師と子どもとの間の多様な教育関係の提示が、「教育関係論の可能性を探求し開示するという課題」[8]に寄与することになろう。

　次に、〈間の領域〉（das Reich des Zwischen）[9]そのものについて言及する。〈間の領域〉にあっては、教師と子どもとの間において相互に物理的に働く力・磁力・引きあう力・反発し合う力なるものが作用する。「人間的現実の根源的範疇」といわれるものであり、それは私と他者との両者の間における関わりの程度・質・様態を根本から規定するものである。

　両者関係のありようは、両者の間で力学的に作用し、距離をとり合うその程度・質に応じて変わる。教育はこの関係の下で展開される相対立的な両極の緊張関係を本質とする。教師と子どもの〈間の領域〉では、呼びかけと応え、結びつきと隔たり、信頼と敵対、友情と裏切り、愛情と憎悪、などがいろいろ渦巻き、作用する。両者間における対話の中間領域で力学的作用が働くのである。〈我と汝〉の〈間の領域〉における作用の如何によって、両者の関係はいろいろな様相を呈する。

　また、教師との無作為的な触れ合いやかれ自身の雰囲気・情動そのものが、少なからず子どもに影響を与えるものである。両者間の関係には、教師の教育的無意識さや無意図的教育のもつ意義が認められる。教師の意図的なエロ

ス性や権威性は敬遠されるが、ナナメの人間関係といった無意図的なつなが
りや触れ合いがしばしば強調される。

　一方、ブーバーは、教師と子どもとの両者独自の〈間の領域〉で世界の形
成力が作用するというが、その形成力にも触れていく。その前に、世界とは、
小野文生の研究によれば、どう解釈されるか。「世界は人間にとって、その
人間がどの程度その襞を展開しているかに応じて、それと同じ程度にその襞
を展開している。人間の態度は、人間が語ることのできる基本語がどの程度
襞を展開しているかに応じて、それと同じ程度にその襞を展開している」[10]。
このように、世界は人間がそれと折り合うその襞の展開に応じて、自在に展
開する。人間は世界と折り合うその襞の展開に応じて、自在に存在する。世
界も人間も相手と折り合う程度や質に応じて自在に存在する。

　ブーバーの言葉によれば、世界は教師や子どもに対する優位性を有すると
いう。それに対して、教師はあくまでも世界・神の代理人にすぎない。教師
はまた、環境の総体・世界の一つの基本的要素にすぎない。世界は相手と折
り合うその程度・質や展開に応じて人間の諸力を引き出し、個々人のうちに
人格を生み出す。世界と個人とが出会うことによって、個人のなかに人格を
生ずる（ⅠS.806 ～ 807,8p.36 ～ 37）。いわば、世界が人間を教育するという。
見方を変えれば、教師自身がまず世界にあこがれ、まねびて、子どもはその
あこがれに擬してあこがれる、あるいはそのまねびに擬してまねぶというこ
とである。このことにより、世界との関わりとそれに由来するところの形成
力は、教師と子どもとの狭隘的関係を解消することにもなる。

　吉田敦彦も世界の形成力の意義を説いている。「〈世界〉の形成力がはたら
くのは、呼びかけに応答する『対話的関わり』においてである。対話的関わ
りは、水平方向において、向かい合う他者の呼びかけに応答しつつ、垂直方
向において、〈世界〉の呼びかけに応答する、その直交点で生起する」[11]。
そして〈世界〉はこの直交点において形成的に人間に働きかけるのである。
吉田の研究成果は、「『人間形成』の主体たる〈世界〉と、自らも形成される

客体でありながら『教育』の主体たらんとする『教育者』との間の、その対話的連関を、〈世界〉との間の垂直方向（聖性〔ホーリネス〕）および他者との間の水平方向（全体性〔ホールネス〕）を交えた立体的な『対話』理解を通して、解明した」[12]ということである。

　ここにおいて、ブーバーにおける対話的関わりの基本的な柱となるものを、教師（教育者）と子ども（他者）の二つに、世界という概念を加えて、三者とする。三者の関係を図示すると、次のようになる。

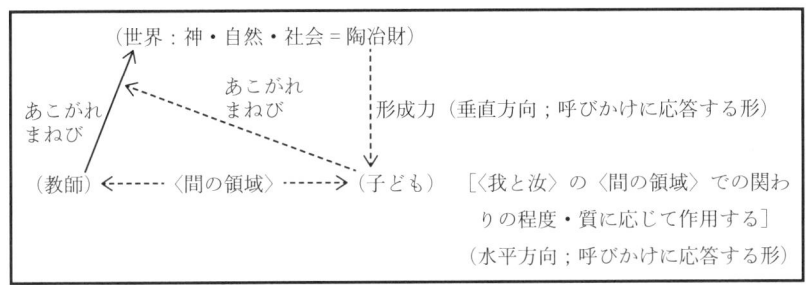

図　教師・子ども・世界の三者関係

　上の図について若干説明する。図の作成に当たっては、齋藤孝の著書『教師＝身体という技術』における「あこがれにあこがれるベクトル図」を参考にした。かれも「はしがき」で、教師と子どもとの教育関係の根幹は、「あこがれにあこがれる関係性」[13]にあると説く。ブーバーがいうところのもう一方の世界の形成力はどうか。人間形成という営みの形成力におけるその源泉は「世界」にあるという。その場合、教師はその役割として子どもと世界とをつなぐ仲介者として位置づけられる。また、教師と子どもとの両者独自の〈間の領域〉で、独自の雰囲気の伴う言語というメディアが交わされる。こうしたあこがれの関係と世界の形成力によって、子どもは教師の世界との関わり—あこがれ・まねび—にあこがれ、それをまねぶというのである。と同時に、世界の形成力が両者の〈間の領域〉における関わりの程度・質に応じて、子どもに作用するのである。したがって、〈間の領域〉についても、

本研究のなかで論究していくことになる。

　なお、本研究では、「間」と〈間の領域〉の使い分けを明確にしておく。前者はたとえば単にAとBとの関係を表現するような場合に使い、後者はとくにAとBとの関係におけるその両者間での独自の間合い、間柄、作用・力などが生じ得るような場合に使用する。

第2節　先行研究の検討

　本研究は前節で述べてきたような課題意識、すなわち子どもの抱えている問題を教師との教育関係やその両者の〈間の領域〉における関わりの程度・質に応じて作用する世界の形成力を通じて、どう克服するかという課題意識に基づいている。そこで、本研究に多大な影響・示唆を与えた先行研究について以下に提示し、検討する。

(1) 相互性の制約されるべき教育関係を巡る先行研究

　ブーバーといえば、〈我―汝〉という対話的関係を取り上げるのが通例である。この対話的関係は人と人との一般社会で交わされるものであり、そこには完全な相互性へと発展することが期待されている。

　しかし、ブーバーによれば、教育の世界では、教師と生徒との間の関係は完全な相互性へ発展するのを許さないような〈我―汝〉関係でなければならないという。かれはそのことについて、1958年再版の『我と汝』（1923年初出）の「あとがき」のなかで、1926年の『教育的なるものについての講演』（"Rede über das Erzieherische"）という著作を振り返りつつ、次のように述べている。なお、その「あとがき」は、前年の1957年4月にロジャーズ（Rogers, Carl Ransom 1902 〜 87）との対談を行い、それを基に1958年10月に書かれたものである。

　わたくしは上の著作—1926年の著作—で、真の教育者の生徒との関わりについて特質づけたことがある。生徒の本質のうちにある最良の可能性の実現を助けるために、教師は生徒を、潜在的なものと顕在的なものをあわせもつ固有な人格として考えなければならない。より正確にいえば、教師は生徒を、さまざまな特性や性向や抑制の単なる総和として知るのではなくて、生徒を一つの全体性として感得し、かれをこの全体性のなかで肯定しなければならない。しかし、教師がこうできるのは、かれが一つの両極的な状況のなかで自分のパートナーとしてそのつど生徒に出会うときにのみである。そして、生徒に対する自分の影響を統一的に意義あるものにするためには、教師はこの両極的な状況をそのつど単に自分自身の極からだけではなく、自分に向かい合う相手の側からもまた、つまり、その要素全体にわたって体験しなければならない。教師は、わたくしが包擁と呼ぶところの現実化を果たさなければならない。しかし、それはむろん、教師が生徒のなかにも〈我—汝〉の関わりを呼び覚まし、したがって生徒のほうもまた教師を固有な人格として考え、肯定するにしても、もし生徒が自分の側から包擁を行うならば、つまり共通の状況にある教師の役割を体験してしまうならば、教育するという特殊な関係などは存立し得ないであろう。そうなれば、〈我—汝〉の関わりがここで終息してしまうか、それともそれは友情というまったく異なった性質を得るかもしれない。だが、その結果明らかになるのは、教育するという特殊な関係には完全な相互性が許されないということである（Ⅰ S.166 ～ 167,1p.172 ～ 173）。

　このように、ブーバーにあっては、一般社会における人間関係で〈我—汝〉の完全な相互関係が展開されるものとして認められるが、教育の世界では完全な相互性が制約されるべき教師と生徒との特殊な教育関係しか認められないという。相互性が制約されるべき関係の例として、他に精神療法医と患者との関係や聖職者と信者との関係などがあるが、ここでは教師の、相手の側から体験する「包擁」という教育関係のみを見ていく。

　まず、齋藤昭の研究によると、教育（的）関係に関していえば、ブーバーが『教育的なるものについての講演』のなかで取り上げる〈我—汝〉の対話的関係には、二つの問題があるという。「一つは〈純粋に〉（rein）という副

詞が付加されていることであり、もう一つは『我と汝』ではふれられなかっ
た、教育の構造に、対話というもう一つの次元が提出されたということであ
る。彼が教育的関係を〈純粋に〉対話的関係であるというのは、そこに真の
〈関係〉が成立するからに他ならない。また極めて個性的な形式をもつが故
に、『我と汝』では具体的に述べられなかったものである」。この二つの問題
は相即不離の関係にあるが、重要なことは、「教育における〈我―汝〉関係
が何を求めているのかということである」[14]。

　そこで、この要望に応えて〈包擁〉という鍵概念が登場してくる。教育に
おける独自の対話的関係は、人と人との〈包擁〉の関係に求められる。それ
は、言語を媒介しなくても、対話的関係が成立するというものである。すな
わち、齋藤は、「教育の原初的な対話的関係〔教育関係〕は〈包擁〉におい
て始まる」[15]と指摘している。端的にいえば、母と乳幼児の両者関係は言語
を使用しなくとも、〈包擁〉のみでもって成立し、両者の教育関係も〈包
擁〉において成立し、継続するという。そして、両者の教育関係のなかに、
「信頼」というものが介在して、対話を成立せしめるというものである。こ
うして、教師は完全な相互性の許されないような子どもとの教育関係におい
てこそ、自らの行為を通して選びとられる世界を子どもに作用せしめること
が可能となり、またこの教育関係が子どもを教育するということになる。こ
れは、教育においてきわめて重要な意味をもつというわけである。

　一方、「世界が自然として、そして社会として子どもに作用する」（ⅠS.794,
8p.15）とブーバーは語る。「自然の空気、光、動植物の生命などの諸要素が
子どもを教育する。社会の諸関係も子どもを教育する。真の教師はこれら両
者を代表するが、かれはあたかもその諸要素の一つであるかのように、子ど
もの前にいなければならない」（ⅠS.795,8p.17）ともいう。「その場合教師は
〈一要素であるかのように〉あらねばならないというのは、彼〔ブーバー〕
が新教育の基準〔自由学派の子ども中心主義〕を肯定しつつ、教育的〈関
係〉に独自の見解を示し」[16]、その関係に意義を認めている、と齋藤は指摘

する。

　渡邊隆信は、関係を通じて作用する場合の世界という概念に注目する。リット（Litt, Theodor 1880 ～ 1962）を引き合いに出して、「従来の『教育関係』論では、教師と生徒との一対一の人格的関係の考察に視野が狭められる傾向にあった。その結果、両者が埋め込まれている『超個人的な力』とりわけ政治的・社会的力が見落とされ、いわば『教育関係の孤立化』という事態を招来してしまったというのである」[17]。両者の関係のなかに、見落とされた世界の力を介入させることによって、狭い関係は打破できるというものである。

　そもそも教育関係を理論的にはじめて考察した人にディルタイ（Dilthey, Wilhelm 1833 ～ 1911）があげられる。かれはベルリン大学における 1884 年から 85 年にかけての冬学期で、そのときの講義題目「教育学体系の草稿」のなかで教育関係の意義について次のように開陳している。ブーバーはこのディルタイの講義を聴講していた。その教育関係の意義とは、「成長した者が成長しつつある者の心的生を形成しようとする計画的活動のこと」[18]だという。また、「私がその可能性を示した教育学という科学はただ、教育者の生徒との関係における教育者の記述でもって始めるのみ」[19]だという。そして、ディルタイは教育者と生徒の教育関係についての考察を科学的教育学の中心的なテーマにしなければならないと語る。

　ディルタイは、さらに「教育は社会における一つの機能である」とも述べる。かれによれば、この教育の機能が、社会における成長した者と成長しつつある者との間の関係のなかでこそ発揮されるという。つまり、両者の教育関係を通して、「新しい個人が社会の構成要素としてつねに社会のなかに入り得る社会的な更新の〔教育〕過程は、これらの個人が現世代の人間と交替し得るところにまで発達させられることを要求する」[20]。教育という営みは、教育者が被教育者への援助関係を通して、未熟な子どもを大人に交替し得る人間にまで成長させ、社会の担い手にするということである。

　ディルタイの教育関係論を発展させた人がブーバーと同世代のノール

（Nohl, Herman　1879～1960）である。坂越正樹はノールについて次のように
いう。つまり、教育的「関係の意義を自覚的に教育理論に取り入れ、教育学
の中核的カテゴリーとして位置づけたのはノールである」[21]と評価する。し
かし、この教育関係論に対して、とくに 1960 年代以降その根源に関わる重
大な批判が提起されるようになった。たとえば、その理論が牧歌的性格をも
つゆえに社会的現実を隠蔽し、正当化され得ない支配関係を強化するイデオ
ロギーとなってしまっている、とか。あるいは、メンツェ（Menze, Clemens 1928
～2003）に至っては、教育関係という概念と結びついた、たとえばその関係
を構成する個々の対話的能力を形成するといった教育現象を理解し、説明す
る新しい理論が逆に求められるべきである、とか。坂越の研究はこうした批
判を踏まえて、ノールが提示した教育的関係論の基本的特質を考察し、そし
てノールがこの関係論を構想することによって企図した教育と教育学の自律
性要請との関連で、その特質の再吟味を試みている[22]。

　教育の自律性の問題でいえば、教育関係は成長しつつある者が自らその生
と形式を獲得するための関係である。クラフキー（Klafki, Wolfgang 1927～）
はノールの教育関係の自律性として以下の要因を挙げる。すなわち、教育関
係は、①子ども一人ひとりに教育的に方向づけられていること、②歴史的変
化に沿って教育的責任のもとでたえず新たに吟味されなければならないこと、
③大人からの愛と権威や子どもの被護と服従というように相互作用の関係を
とること、④教育者によって強要されえないこと、⑤教育関係それ自体を
徐々に解消し、最終的には子どもを自律し、成熟するように至らしめること、
⑥歴史的に条件づけられた現実（現在性）と先取りされた発達可能性（未来
性）によって同時に規定されること[23]、と特質づけられる。

　詳細に見ると、①に関する「一人ひとりの子どもへの方向づけ」という点
では、教育者は国家、教会、政党、職業、科学などの客観的勢力のさまざま
な要求に直面するが、究極的には子どもの固有の権利を保障する側に立つこ
とを強く要請される。つまり、教育者は子どもの主観をその自由な自律的な

高次の生へ至らせ、子どもの主観の成長と進歩を援助するというのである。

　次いで、②に関する「教育的関係の歴史性」の点では、生徒が自らそのなかへ成長して入ろうと望む社会的集団に対して批判的に存在し、教師はその援助者となる。③に関する「教育的関係の相互性」の点では、子どもと大人との間の「信頼」は、この両者の相互的同時的「献身」を、つまり教育的関係のなかでの対話を意味する。両者の間の信頼は教育共同体としても、生の共同体としても特徴づけられた教育的関係の「精神」である。

　④に関する「教育的関係の自発的性格」の点では、子どもの行為は教育的関係における人格的結合に基づいて生起する。教育者は子どもとの教育的関係をどんな場合でも強制したり、詐取したりしないことを求められる。⑤に関する「教育的関係の終了」の点では、以下の三つの契機において教育的関係が終了する。第一の契機は時間的な問題である。すなわち、成長しつつあるものが成熟した時点で教育的関係は終わる。第二の契機は自己教育への志向のなかにすでに示されていた人格関係的な問題である。すなわち、両者が人格的関係に至り、自己教育へ志向された時点で教育的関係は終わるということである。第三の契機は自律的教育学の限界の問題である。すなわち、教育学は民衆の新しい運動に対しては直接的に影響力をもたず、その時点で終了するということである。本研究では、この⑤に関して、子どもの自立・成長にともなって教育関係が解消され自己教育へと志向されていくことに着目して、それを第12章で取り上げることになる。

　⑥に関する「子どもの現在性と未来性」の点では、子どもに対する教育者の関係は、現実における子どもに対する愛によって、子どもの目標・理想に対する愛によってつねに二重に規定される[24]。

(2) 対話に基づく教育関係を巡る先行研究

　再び、リットの教育関係論に触れる。教育というものは子どもをかれの自然な成長に委ねることでもなく、特定の生の形式に枠づけることもでもなく、

かれを客観的精神の世界に導き入れることである、とリットは意義づける。かれは教育と超個人的な力に言及しつつ、〈我―汝〉の関係につきまとう閉鎖性については否定的である。「第一に確認すべきことは、教育的行為がつねに我―汝―関係に根ざしそのうえに立っているということである」[25]。教育的行為は〈我と汝〉に基づく教育者と被教育者の関係とは不可分に結びついている。教育者―被教育者の教育関係が、「事物の実際の状況に反したやりかたで孤立的、閉鎖的に」とらえられた、と批判的にいう。それは「いかなる教育過程においても働いている超個人的な力を見失ってしまっている」[26]からである。それゆえ、教師は子どもとの教育関係においてその閉鎖性を避けるために、〈我―汝〉の対話的関係を介して子どもを客観的精神の世界に導き入れることだ、とリットは要求する。

　ファーバー（Faber, Werner）は、さらにブーバーの対話的原理との関連で教育関係を肯定的にとらえる。かれによれば、〈我―汝〉の関係が教育関係を構成し、作り出すのであるという。教育関係には、豊かな対話的現象として、生徒の他者性の承認と確証、教師と生徒との直接性、両者関係の包擁、心を開くことの基礎としての信頼、対話的責任、両者関係における現実性と潜在性、教育の無意図性などの諸要因がさまざま認められる[27]。

　リード（Read, Herbert）はブーバーの教育論が実際的に教師の意識変革に影響を与えている[28]、という。かれの見方は、教師と子どもとの教育関係における教師の役割として、ブーバーがいう「教師による作用しつつある世界の選択」を基調にする。リードは芸術教育（Kunsterziehung）に関心を示し、芸術教育には雰囲気が大事であると主張する。「学校に、あるいは教室に適切な雰囲気が支配するならば、そのときはじめてりっぱな授業の成果が目指し得る」。雰囲気をつくることが教師の仕事なのである。そして、子どもたちに自発的で、楽しい活動をさせるような雰囲気をつくることが、効果的な教育を行う上での、最も偉大で、おそらく唯一の秘訣である。「教師はそのときはじめて生徒に対して《作用しつつある世界の選択》に着手することが

できる」[29]というのである。

　ブーバーの〈我―汝〉の対話に基づく教育関係の思想が今日の教育的現実にどういう意味をもつのだろうか、と指摘したのはデュング（Dejung, Berta）である。彼女はこの立場から包擁と教育関係について、あるいは出会いと教育関係、教育関係の構成、教育関係の有する純然たる対話的関係の性質、教育関係の一方性、教育関係の内的成果としての信頼などについて論じた[30]。この方面の研究としては、他にウィッチャー（Wittschier, Bernhard）の『対話的ロゴスとしての間』（Das Zwischen als dialogischer Logos）やフィーアハイリッヒ（Vierheilig, Jutta）の『教育原理としての対話』（Dialog als Erziehungsprinzip）などの成果がある。

　マイアー（Maier, Robert E.）は、教育関係が教育の概念と同義であるとして論ずる（Die Begriffe 'Erziehung' und 'erzieherisches Verhältnis'）[31]。かれによれば、教育者は子どもとの対話の上に成り立つ教育関係でもって、子どもと第三者たる世界とを仲介する役割をもつという。「作用しつつある世界の選択」という表現は、ブーバーが世界に人間形成力としての意味を付与していることである。その際、教育者の意図的な選択を通して、はじめて世界は十分な作用力を子どもに到達せしめる。それゆえ、意図的な意味における教育というのは、世界と子どもとの仲介、すなわち教育関係のことである[32]。

　他に、次の指摘もある。すなわち、「創造的衝動にのみ基礎を置く教育体系は、新たな痛ましい孤立に陥るであろう。子どもは、世界には相互関係があることを感ずる必要もあるし、…中略…自分たちは一つの社会的な全体の中で相互依存の関係によって支えられていることをも感ずる必要がある」[33]と。相互依存の関係は〈我―汝〉の関係を念頭に置いている。教師は生徒のなかに、相互依存の関係を樹立せしめる。「教えるということは、本質的に往復の関係であり、二人の人間の間の対話である」[34]。また、教師というものは心の拠りどころとして生徒に頼られるような人でなければならない。教師は技術的・学術的訓練も大事であるが、それ以上に対話を通じて自己を生

徒の立場に置き得る努力が必要であるという。

(3) 教育関係への批判に関する先行研究

　一方、近代教育学でいうところの〈教師―生徒〉の教育関係については、じつにさまざまな批判がある。たとえば、この教育関係の議論では、先にも触れたように、教師と生徒が両者による一対の狭隘な関係のなかに閉じ込められているとか、あるいは両者が、教育関係上、社会から孤立的になり、閉鎖的になっている、と見なされる。延いては、この種の議論は、教育関係で子どもの自己活動を促すような教師の指導とは何かという教育技術の方法に収斂されていく問題も孕んでいる。

　また、矢野智司は教育関係の問題を、近代教育学を基礎づけてきた啓蒙の理念に内在するパラドックスの問題として把握しようと試みる。つまり、教師は子どもとの関係における二つの子ども観、すなわち「子どもは未熟な存在」と「子どもは自発性をもった主体的な人格」の二つをつねに同じ地平でとらえがちであり、この二つの子ども観によって教師の教育的行為は自ずと規定されやすい。二つの子ども観が矛盾することなく同居するようになったのは、啓蒙主義のもたらした負の遺産であるという。

　啓蒙主義の教育上のプランはもともと人間の理性を目覚めさせ、自律的市民の主体的な生き方を準備しようとするところにあった。ところが、このプランを現実的なものにし、教育の実行場面に移すと、それは、「教える―学ぶという教育の関係と啓蒙主義的人間学の原則である理性的存在者としての平等性（対称の関係）との間にパラドックスを生み出すことになる」[35]。矢野はこのように指摘して、教育関係のパラドックスをどう超えるかに苦心するのである。

　こう見てくると、近代以降の教育関係論に対する評価は後世に負の遺産しか残さなかった、というべきなのだろうか。あるいは、教師と生徒の教育関係には、その両者を超えるような第三者の視点―たとえば神の存在―が、果

して入りにくいということなのだろうか。あるいは、この教育関係が普遍的な関わりに発展し難いということなのだろうか。あるいは、近代教育学は〈教師―生徒〉の教育関係を一元的に理想化―教師の立場からの「愛と権威」の関係や生徒の立場からの「被護と服従」の関係のように―しがちのようであるが、この一元的な教育関係を多元的で多様的な、かつ相対的な関係に変換させる試みはないということなのだろうか[36]。

　その一方では、今井康雄が主張する「メディアの教育学」論には、まさに狭隘的で一元的な教育関係に風穴を開け、豊かな教育関係論に道を開くような可能性が秘められてはいないのだろうか。

　今井によれば、教師と子どもの中間にあって作用し、機能する役割を果たすのが、〈中立の領域〉や〈第三の領域〉としての「メディア」だというのである。絵本、言語、そして教材などが、そのメディアの代表的な例に相当する。そして、これらメディアのありようが、教師や子どもの存在を本質的に規定して行くというのである。たとえば、絵本というメディアが、子どもの経験内容に微妙に影響をもたらし、もしくは教師にそのように仕向けるように働くのがその好例である。

　このように、メディアという媒介物が教師と一人の子ども、あるいは複数の子どもとの両者のみの狭い関係に入り込み、そしてこのこと自体が両者の間に間接性を導入することになる。このことによって、教師の子どもに対する一方的な強い意図的関係が薄められる効果が期待される。正確にいえば、両者の関係においては、一方の相手に対するほどよい冷淡さや意図が、双方向的に働くというものである。教師の執拗なお節介焼きは、むろん否定されることになる。併せて、教育関係における教師の強固で、直接的かつ意図的要因が相手たる子どもの陶冶可能性を前提とするがゆえに、この種の教育関係は敬遠されているところでもある。こう見ると、両者の間で作用するメディアのもつ機能が注目されてもよいだろう。

　とはいっても、メディアそれ自体に教育の意図があるわけではない。メデ

ィアは、それを媒介にして学習するような被教育者が出てきてはじめて、メ
ディアそれ自体の価値や意味をもち始め、またこのことによって教育者の意
図も生き、実現されてくる。今井はそれについて、「教育する側の意図は、
メディアのメカニズムに組み込まれることによってはじめて作用を持つこと
ができるのであった」[37]と述べる。実例を挙げると、博物館の学芸員の意図
が、骨董品の陳列の仕方や説明に組み込まれ、陳列物を観る人に作用したと
きに、観覧者がそれらの陳列物を効果的に理解し、学習したといえる。要す
るに、メディアを媒介とする学習のやり方は一般的に半意図的あるいは半無
意図的な教育といわれるものであって、この例からも、今井の「メディアの
教育学」論は十分に首肯できる。

　次の指摘も可能である。すなわち、教育者と子どもとの直接的接触におけ
る体罰や強制などの行為においては、「教育者がなしていることと、なして
いると思っていること（事実誤認）との間には、構造的なズレが生まれるこ
とになる」[38]。このズレを明確にできるのは、メディアという間接性のメカ
ニズムを導入することによってのことである。「教育する側の意図によって
選択され構成されるメディアのなかで、教育する側の意図と教育される側の
自由が言わば『すれちがう』──その過程として『教育』は現れることになろ
う」[39]。このように、メディアのもつメカニズムとその効能に着目したのも
今井の卓見である。

　本研究では、ブーバーの教育関係論──教師が生徒に対し、自らの行為や陶
冶財・教材との関わり合いを通して、働きつつある世界の構成力・作用力を
選び取り、集約して、それを相手にどう伝え得るか（ＩS.794,8p.15）──を今
井の言語というメディア論にも留意しつつ考察して行くことになる。言語に
よる対話の角度からも教育関係論を見るということである。

　言語の働きは教師と生徒との教育関係を構成せしめるメディアであるが、
教育における対話は言語を媒介にして成立し、包擁や出会いにも通ずるもの
である。包擁・出会いの議論は本研究のなかで扱われる。

　加えていうと、言語を媒介とする対話的行為とは、〈我〉と〈汝〉との間の、いわば岩だらけの〈狭い尾根〉（der schmale Grat）に成立し、そこには〈永遠たる汝〉としての神を希求し、一種の緊張感の伴うような行為である。つまり、真の対話は異民族や異宗教の間にこそ成立すべき社会的な人間関係の共同行為のことである。ブーバーはつねに現実的にナチス社会におけるドイツ民族とユダヤ民族との対話、あるいはイスラエル移住後の、中東におけるパレスチナ系アラブ民族とユダヤ民族との対話の可能性を真摯に模索している。ここでの対話的行為における一方の他者に対する意図的で支配的な関係は現実の場面では避けなければならないし、民族同士の対話は両者の共同行為の導き手となる〈永遠たる汝〉の存在によって可能である、とブーバーは看取する。

　もう一つ触れておきたい。ブーバーは〈間の領域〉について次のように述べている。すなわち、「人間が現前して互いに向かい合っているところでは、たしかにつねにかれらの間で力の場が成立するというものではないが、各々に更生の可能性を提供する創造的な中間（eine schöpferische Mitte）が成立する」[40)]と。

　中田基昭も〈間の領域〉に言及している。かれによれば、「我と汝の対話行為は、それらの行為を共同行為としている対話の場（Da）において、すなわち委ねることと引き受けることとの同時性と相互依拠性ゆえに我の行為にも汝の行為にも一方的に帰せられることのない、いわば対話の間（Zwischen）ないしは中間領域（Zwischenreich）と呼ばれる場において生起していることになる」[41)]と。さらに、中田は学級集団のなかでの「一対一の対話」[42)]や「我と汝のあいだの作用の及ぼしあい」[43)]に言及する。これらの形態による授業が決して一人の教師による多数に対する一斉授業のことではないという。

　稲村秀一も〈間の領域〉という視座を教育の本質構造を解明するために必要である[44)]という。人間が自ら真の存在として確信し得るのは、かれが他者との関わり・出会いにおいてである。言い換えれば、「人間が存在を得る

のは自己超越的働きによってである。それは、間の領域への関与はまさに自己超越において可能であるからである」[45]。稲村はこうして〈間の領域〉の意義を説くのである。

　教育関係の本質を説く研究例もある。秋永雄一の研究はその一つである。かれは「〈教育的な関係〉の特質について―アルチュセールとブルデューの批判的検討―」のなかで次のようにいう。「ヒトとヒト、あるいはヒトとモノでもよい。その関係のあり方のなかに『教育的』と表現される固有の関係のあり方があるはずである」[46]。固有のあり方とは、教師が生徒に呼びかけることに対して、生徒がそれに応ずるといった「教育的な関係」のことである。この「〈教育的な関係〉の場においては、他のものには決して還元し得ないすぐれて〈教育的〉なる『何か』が起きている」。そして、「その『何か』は、『教育』ということばにまつわる通念―『教育とは何か或るモノを教えることだ』という通念に支えられて始めて起こるという」[47]のである。ここにおける議論では、生徒が教師との関係を通して、相手より文化や価値内容を教えられつつ、学ぶという営みにこそ、教育関係の本質が生ずるのだという。

　高橋勝も、現在の人間形成の問題を「関係」という視点からとらえ直し、人間形成における「関係」の諸相と「関係」の今日的状況を検討しながら、子どもの危機とその克服の手がかりを探っている。その「関係」の一つでもあり、近代教育学の所産でもある「教育関係論は、近代教育学や学校教育のモデルを超えた歴史人間学的な地平で再構成されなければならない状況にある」[48]と、高橋は指摘する。宮澤康人も近代教育学における〈教師―生徒〉、〈大人―子供〉、〈親―子〉などの関係概念に固有な問題点を析出して、新たな教育関係史の可能性を探ろう[49]と試みている。

第3節　本研究の構成

　本研究は、前節で述べてきた先行研究の検討を踏まえて、教師と子どもとの間の関係を軸にしながら、ブーバー教育論の特質を思想的に解明するものである。そして、教師と子どもとの個々独自の〈間の領域〉における対話や出会いや包擁などのさまざまな関係の取りようによって、子どもが自らそのつど抱えこむ問題をどう克服するのかを明らかにするものである。その際、先述の第1節(2)における教師と子どもとの関係及び教師・子ども・世界の三者関係を中心に考察していく。

　本研究の表題に係わることとして、その題目にブーバー「教育思想」ではなくて、ブーバー「教育論」を付している。題目の問題についていえば、ブーバーはあらかじめ教育の本質を規定して、その上で「教育はこう展開されるものである」と演繹的に論ずる手法はとっていない。かれはむしろ事実としては、1925年の「教育と自由」と題して講演を行い、そのなかで当時の新旧教育の両理論やさまざまな日常的教育事象を取り上げ、これらの解明を通して、〈教育的なるもの〉の内実を究明し、教育の本質を帰納的に求める姿勢をとっていたのである。後にも、1935年に「教育と世界観」と、1939年に「性格教育」とそれぞれ題して講演をおこなって教育の本質を探っている。これら三つの講演内容はおもにブーバーの教育論の基になるが、じつのところ三つの講演内容を厳密に体系化するまでには至っていない。換言すれば、ブーバーは、教育に対する一定の包括的意味を規定し、かついくつかの価値的態度を含む教育事象に関する統一的な思想体系を築き、それを理念的な形式のもつ言説にまで発展させていなかったのである。

　こうした理由により、表題に「教育論」を付することのほうが、むしろブーバーの教育に関する探究姿勢に沿うものである。ちなみに、ブーバーが結局のところ辿りついた「教育の本質」は、「触れ合い・関係が教育する」（終

章第2節）というフレーズでもって規定されることになる。本研究では、最初に第1章において「教育論」の成立と内容を明らかにすることとする。

　本研究を進めるに当たってのおもな考察の論点は次の二つである。第一としては、教師と子どもの関係はその両当事者の〈間の領域〉で独自に形成される出会いや包擁の対話的関係であるというが、それはどういう関係であるのか。第二としては、教師と子どもとの両当事者の〈間の領域〉における関わりの程度・質に応じて世界の形成力が子どもに作用するというが、それはどう作用するのか、またその際、教師は責任のある行為として何を求められるのか。なお、ブーバーがいうところの教師は、学校教育で教授活動に携わる者（Lehrer）であったり、教育者（Erzieher）すなわち人格者としての教師を指したりして、用語の使い方が一定していない。本研究のなかでも、両者の使い分けは厳密にしていないことを付言しておく。

　本研究は以上の二つの論点を中心に考察を展開し、大きく三部に分けてそれを進めることとする。さらに、第Ⅰ部〜Ⅲ部をそれぞれ四つの章に分けて詳述していく。

　まず、第Ⅰ部では、ブーバー教育論が成立したときのその歴史的経緯・内容、教育論の有する思想的基盤、そして実際上の教育活動を明らかにする。詳細に分けると、第1章では、ブーバー教育論が1920年代の国際新教育運動とどう関わって構築されていくのか、そしてその教育論がどういう意味内容をもつのか、を考察する。この教育論がその思想的基盤として、第2章では、指導者ツァディクと敬虔なハシディームとの間で成立するハシディズムという思想に、第3章では、人間の本質を問う哲学的人間論という問題に、それぞれ思想的にどう関連していくのか、について探るものである。第4章では、こうして構築されたブーバー教育論が実際上の教育活動でいかに展開されていくのか、あるいはその教育論と教育活動との関係はどうなのか、を検討する。

　次に、第Ⅱ部では、ブーバー教育論は教師と子どもとの〈間の領域〉にお

ける事象を起点にして成り立つが、その具体的事象としては、出会いや包攝の概念があって、それらの概念がどういうものであるかを明確にし、そしてその前提にある教育的行為のありようにも言及する。詳細に分けると、第5章では、一般社会における人間のあり方に言及し、その上で〈間の領域〉の概念を提起し、その意義を明らかにして、その事象としての真の対話や教師と子どもとの関わりを取り上げる。〈間の領域〉の具体的な事象として、第6章では、出会いの実例と内実について、第7章では、包攝の意味と教育関係のありようについて、それぞれ取り上げて、教師と子どもとの間における両者関係の狭隘さの解消を課題とする。そして、第8章では、出会いや包攝などの事象を可能にするためには、教師は子どもとの関係で、どういう教育的行為—意図的行為や無意図的行為のいずれをとるかを含めて—をとるべきなのか、を考察する。

　最後に、第Ⅲ部では、子どもがしだいに成長し教師との関係から解放され自立・自律していくが、そのときさまざまな世界と関わる教師の役割に焦点を当てて考察を進めていく。詳細に分けて、まず第9章では、子どもとの間の関係で求められる教師像が、教師のモデルとしてハシディズム共同体の指導者に模索されるべきなのか、模索されるとすると、その像とはいかなるものなのか、を検討する。次いで、第10章では、教師の具体的な役割として、教師が真の共同体を担うべき「神の似姿」を造形するというが、それは子どもにとって、どういう教育目的として打ち立てられるべきなのか、を探究する。第11章では、教師が自ら果たすべき責任として、子どもの呼びかけや訴えに対して、いかに応答するべきなのか、を明らかにする。そして、最後に第12章では、子どもを自立・自律させるべく、教師自身はさまざまな世界とどう関わり、そして自らの役割として自己教育をどうするべきなのか、さらに世界のもつ形成力が教師を介して、子どもにどう作用し、何を伝えるのか、について論究する。

註

1 ）池田全之「テキストの〈生命〉はいかに継受されてきたか―『教育哲学研究』
　　50年間にみられる人物研究の視角変化―」（教育哲学会『教育哲学研究』第 100 号
　　記念特別号、2009 年）103 〜 104 ページ。

2 ）前同雑誌、創刊号、1 ページ。

3 ）齋藤昭『ブーバー教育思想の研究』風間書房、1993 年、1366 ページ。

4 ）前同書、1373 ページ。

5 ）前同書、1373 ページ。一方、ドイツの教育学事典類などでは、「教育（的）関係」
　　という概念でもって、ブーバーの教育思想は紹介される。たとえば、'Pädago-
　　gischer Bezug'（Benner, D./Oelkers, J. Hrsg.: Historisches Wörterbuch der Päda-
　　gogik. Weinheim und Basel, 2004, S.980 〜 982）や 'Pädagogisches Verhältnis'
　　（Keller, J. A./Novak, F.: Herders pädagogisches Wörterbuch. Erfurtstadt, 1998.
　　S.83）などの項目のところで、ブーバーの教育思想は登場する。

6 ）「教育関係」は「教育的関係」とも称されるが、本研究では「教育関係」という
　　語で統一しておく。ブーバーの論に即しても、教育関係（erzieherisches Verhältnis;
　　pädagogischer Bezug）は、教師が子どもとの関係で日常的に流れるいっさいの無
　　意識的な教育のなかから意図として取り出されるもの（Ⅰ S.794,8p.15）を指すよ
　　うに、ここでは「教育的なるもの」から教育の本質が予断をもたず目指されること
　　のゆえに、両者の関係は端的に「教育関係」ということができる。一方、「教育的
　　関係」はさまざまな人間関係のなかで、とくに予め教育の本質でもって教育的と表
　　現されるような固有の関係を意味すると考えられる。ただし、本研究で他の引用文
　　から使う場合は、そのまま「教育的関係」にしておく。

7 ）林忠幸『現代ドイツ教育学の思惟構造』東信堂、2006 年、44 ページ。

8 ）岡部美香他「教育関係論の射程」教育哲学会『教育哲学研究』第 97 号、2008 年、
　　198 ページ。

9 ）〈間の領域〉に関する考察とは別に、木村敏と清水博の研究がある。木村の知見
　　では、「間」のもつ意義は次のようになる。「私のいう人と人との間は、名前を持ち
　　人格を持った個人としての人間の関与をもってはじめて実現されるようなものであ
　　る」（木村敏『人と人との間』弘文堂、1972 年、18 ページ）と。また、互いに相対
　　的他者である我と汝が両者の「あいだ」において、「絶対的な他（神）」に触れ、そ
　　こで主観性・自己性をよりいっそう深い次元で確認しあうことになる（同『自己・
　　あいだ・時間』ちくま学芸文庫、2006 年、276 ページ）とも語る。もう一方、清水
　　は場の理論から「我と汝」の力学的関係について述べる。すなわち、「『我と汝』は

個が互いに向き合って立つ関係であるが、『我々』は互いに同じ側に立つ関係である。我と汝の関係になるか、それとも個々の関係になるかは、〔いわば一つの卵の〕黄身の自己中心的な活きが〔同じ卵の黄身の周囲を囲む〕白身による吸収力（同一化力）より大きいか、それとも小さいかによって決まるであろう」（清水博『場の思想』東京大学出版会、2003 年、128 ページ）と。

10）小野文生「分有の思考へ―ブーバーの神秘主義的言語を対話哲学へ折り返す試み―」教育哲学会『教育哲学研究』第 96 号、2007 年、53 ページ。

11）吉田敦彦『ブーバー対話論とホリスティック教育―他者・呼びかけ・応答―』勁草書房、2007 年、255 〜 256 ページ。

12）前同書、257 ページ。

13）齋藤孝『教師＝身体という技術』世織書房、1997 年、「はしがき」より。

14）前掲『ブーバー教育思想の研究』421 ページ。

15）前同書、429 ページ。

16）前同書、383 ページ。

17）渡邊隆信「教育関係」教育思想史学会編『教育思想事典』勁草書房、2000 年、143 ページ。

18）Dilthey, Wilhelm: Gesammelte Schriften, Bd.9, Pädagogik. Geschichte und Grundlinien des Systems, 2. Aufl. Stuttgart/Göttingen 1960, S.190. 日本ディルタイ協会訳『教育学論集』以文社、1987 年、107 ページ。

19）Ibid., S.190. 前同書、106 ページ。

20）Ibid., S.192. 前同書、109 ページ。

21）Nohl, Herman: Die pädagogische Bewegung in Deutschland und ihre Theorie. Frankfurt/M 1935: 1988, S.1 〜 10. 坂越正樹『ヘルマン・ノール教育学の研究』風間書房、2001 年、82 ページ。

22）前同書、93 ページ。

23）Klafki, Wolfgang: Erziehungswissenschaft 1, Eine Einführung（Funk-Kolleg Erziehungswissenschaft, Bd.1）. Frankfurt/M und Hamburg 1970, S.65.

24）前掲『ヘルマン・ノール教育学の研究』86 〜 92 ページ。

25）リット , Th. 著、石原鉄雄訳『教育の根本問題』明治図書、1971 年、126 ページ。

26）前同書、127 ページ。

27）Faber, Werner: Das Dialogische Prinzip Martin Bubers und das erzieherische Verhältnis. Düsseldorf 1967, S.112 〜 164.

28）Read, Herbert: Erziehung durch Kunst. London 1943, S.247.

29）Ibid., S.249.

30）Dejung, Berta: Dialogische Erziehung Martin Bubers Rede über das Erziehersiche Eine Interpretation. Zürich 1971, S.50 ～ 74.

31）Maier, Robert E.: Pädagogik des Dialogs — Ein historisch-systematischer Beitrag zur Klärung des pädagogischen Verhältnisses bei Nohl, Buber, Rosenzweig und Grisebach. Frankfurt/M 1990, S.136.

32）Ibid., S.136.

33）ボイド，W./ローソン，W. 著、国際新教育協会訳『世界新教育史』玉川大学出版部、1969 年、318 ～ 319 ページ。

34）前同書、319 ～ 320 ページ。

35）矢野智司「教育関係のパラドックス」『ソクラテスのダブル・バインド』世織書房、1996 年、174 ～ 182 ページ。

36）岡田敬司『コミュニケーションと人間形成』ミネルヴァ書房、1998 年、258 ページ。

37）今井康雄『メディアの教育学―「教育」の再定義のために―』東京大学出版会、2004 年、37 ページ。

38）前同書、21 ページ。

39）前同書、38 ページ。

40）Marcel, Gabriel: Ich und Du bei M. Buber. In: Schilpp, P. A. und Friedman, M.（Hrsg.）Stuttgart 1963, S.39.

41）中田基昭『現象学から授業の世界へ』東京大学出版会、1997 年、182 ページ。

42）中田基昭『教育の現象学』東京大学出版会、1996 年、134 ページ。

43）前同書、59 ページ。

44）稲村秀一「ブーバーの哲学観」平石善司編『ブーバーを学ぶ人のために』世界思想社、2004 年、151 ページ。

45）前同書、139 ページ。

46）秋永雄一「〈教育的な関係〉の特質について―アルチュセールとブルデューの批判的検討―」東京大学教育学部紀要第 23 巻、1983 年、288 ページ。

47）前掲論文、295 ページ。

48）高橋勝・広瀬俊雄編著『教育関係論の現在―「関係」から解読する人間形成―』川島書店、2004 年、32 ページ。

49）宮澤康人『大人と子供の関係史序説―教育学と歴史的方法』柏書房、1998 年、43 ～ 63 ページ。

第Ⅰ部　ブーバー教育論の内容と思想的基盤

第1章　ブーバー教育論の構築
──新教育運動との関わりを通して──

　ブーバーは周知の通り、哲学、社会学、倫理学、神学、宗教、聖書、ユダヤ教・ハシディズムなどに関する著作を夥しく刊行したが、教育に関する処女作は『教育的なるものについての講演』（"Rede über das Erzieherische"）であった。この講演内容は当時の教育や教育学に対して鋭い批判と新しい方向性を与えた。しかし、教育論としては、学的に体系化されていなかったのではないかという一般的な評価がある。ブーバーに即していえば、かれがその体系化をもくろむことよりも、むしろ何らかの教育に対する一定の見方を指し示すことに自らの使命とした趣がある。

　そこで、『教育的なるものについての講演』に関する内容の分析を通して、ブーバー教育論の構築とその経緯を見ていく。この講演自体は、ブーバーがハイデルベルク国際教育会議2日目の1925年8月3日に、国際新教育連盟（Weltbund für Erneuerung der Erziehung）主催の同会議（以下「ハイデルベルク会議」；開催期間同年8月2〜15日）に招待されて、行ったものである[1]。翌年、かれはそれを雑誌『クレッツアー（被造物）』（"Die Kreatur" I /1,1926）紙上に、「教育的なるものについての講演」（Rede über das Erzieherische）という表題で掲載し、またシュナイダー（Lambert Schneider）出版社からも同じ表題で単行本として著した。この雑誌掲載と単行本の出版に関しては、ブーバーは1926年6月12日付けの女婿シュトラウス夫妻（Ludwig & Eva Strauss）に宛てた手紙で、『教育的なるものについての講演』が「私自身にとって、私の研究活動における新しい〈一連の〉はじまりとしてもまた重要であります」[2]と語ったほどである。ブーバーは教育に関する新たな研究活動に格別な意義を見出していたのである。

　ハイデルベルク会議のメインテーマは、「新教育」の基本的理念でもある〈子どもにおける創造力の開発〉（Die Entfaltung der schöpferischen Kräfte im Kinde）であった。ブーバーは、自分の果たすべき役割を、「会議のテーマとプログラムの両者に対する批判である」[3]ととらえていた。1925年当時、フランクフルト大学神学講師[4]でユダヤ宗教学・ユダヤ倫理学を担当していたブーバーが、この役割にしたがって、〈教育と自由〉（Erziehung und Freiheit）という与えられた演題で基調講演を行ったのである。ブーバーがこの演題における「自由」を話題にして講演をおこない、その内容を出版したことは、かれが国際新教育連盟の新教育運動に的確に対応していたことの現れなのである[5]。

　ブーバーのこうした対応を考慮に入れつつ、「旧教育」と「新教育」を比較検討し、その上でかれがことに注目する「新教育」と向き合うなかで、自己の教育論をどのようにして構築したかを考察していきたい。

第1節　ハイデルベルク国際教育会議とそのテーマ

　はじめに、国際的な新教育運動の推進母体である国際新教育連盟は、1921年にヨーロッパを舞台にドイツの教育改革家のロッテン（Rotten, Elisabeth）やスイスの国際的な新教育運動指導者のフェリエール（Ferrière, Adolphe 1879～1960）らによって創設された。創設以来の教育課題は、「青少年の諸力の開発のための方法の模索」（Freilegung der Wege für die Entfaltung jügendlicher Kräfte）であった。この教育課題の趣旨に即して、およそ1年おきに国際教育会議が第二次世界大戦の前まででは次の通り順にもたれていく。第1回会議は1921年にフランスのカレーで、第2回会議は1923年にスイスのモントルーで、第3回会議は1925年にドイツのハイデルベルク[6]で、第4回会議は1927年にスイスのロカルノで、第5回会議は1929年にデンマークのヘルシンガーで、第6回会議は1932年にフランスのニースでそれぞれ開かれた。その後ナチス政権時代に入ったときは、わずか一度1936年にイギリスのチ

ェルトナムで開かれたのみである。

　ブーバーが講演依頼を受け招かれたのは、前出の第3回ハイデルベルク会議の2日目である。当時の新教育運動の背景にあった教育界の状況としては、従来の知識教授中心主義の教育がもっぱら批判されて、子どもの自発的活動が新しい学校教育の機軸に据えられるべきだとしていた。この要請に応えるために、国際新教育連盟は同運動のスローガンとして、「子どもから」（vom Kinde aus）とか「子ども中心」（child-center）などを掲げて積極的に国際的な新教育運動を展開していた[7]。

　ところで、ブーバーの「出会い」（Begegnung）の概念を教育学的に発展させた同じドイツの教育学者ボルノー（Bollnow, Otto Friedrich 1903～91）は、新教育運動が盛り上がりつつあった1920年代当時を振り返って、1959年時点で次のように述べている。すなわち、30数年前の「1920年代の教育的熱狂は、まったく一定の人間観（die Auffassung vom Menschen）によって支えられていた。それは、ほかならぬ青年時代にはまだくじかれず変造されずにあるとおもわれる、人間のうちなる創造力にたいする、信頼の念であった」。その「人間のうちなるよき核心への信頼などは、なんとしても幻想とおもわれた」[8]、と。ボルノーは後代から見て、1920年代の「創造力にたいする信頼の念は幻想であった」と冷やかに語った。

　ブーバーはボルノーの抱いた幻想を新教育運動の人たちとともに生きた1920年代当時で早くも看取していた。つまり、ブーバーは1925年のハイデルベルク会議の基調講演の冒頭で、はっきりとその会議の最大のテーマ〈子どもにおける創造力の開発〉（Die Entfaltung der schöpferischen Kräfte im Kinde）という言葉に疑問を呈した。厳密にいえば、この主題における七語のうちで疑義がないのは、最後のわずか二語のみ、すなわち 'im Kinde'（「子どもにおける」）のみである。それに対して、前部の五語、すなわち 'Die Entfaltung der schöpferischen Kräfte'（「創造力の開発」）は、じつに疑義のある言葉である（ⅠS.787,8p.3）、と端的に指摘していたのである。

第2節　「新教育」への対応

そこで、ハイデルベルク会議の最大のテーマ〈子どもにおける創造力の開発〉という主題の言葉を分析するが、その前にブーバーが「新教育」にどのように対応していたのかを簡単に見ておきたい。

第3回ハイデルベルク会議の開催はロッテンを中心にその準備が進められた。彼女の報告によると、この会議には30ヶ国、約450人の教育関係者や研究者などの人々が参加した。また、かれら参加者のなかには、最新の研究課題に取り組んでいる人も多く見られる[9]。たとえば、その一人に、1919年に歴史的な「徹底的学校改革者同盟」（Bund Entschiedener Schulreformer）を組織した中心人物エストライヒがいた。かれは実際に作業することを通して、人格の陶冶を目指すという「生産学校」（Produktionsschule）の構想を描いていた。かれを含む学校改革者たちの新教育に対する考え方は、その「教育運動の総体をとり入れたが、しかし下級段階をこえて高等中学校の体系に直面する場合それはまた第一に、統一とか自由とかいった形式的な諸要求のみを見出すのである。しかしつぎには創造的なものへの要求が現れ、その要求の中にまったく独自な解決の可能性があるように」[10]思われた。このように、学校改革者たちは子どもたちの創造性に注目していた。

また、イエナ・プランの提唱者ペーターゼン（Petersen, Peter 1884～1952）も、イエナ大学付属教育科学研究所長として、そこの研究所の20人を代表する形で出席した。かれはすでに1924年にイエナ大学付属実験学校で従来の学年別の学級を廃し、下級集団（1～3学年）、中級集団（4～6学年）、上級集団（6ないし7～8学年）、そして青年集団（8ないし9～10学年）の四つの集団に分けて、おもに興味別に異学年どうしの学習を行い得るような学校「生活共同体（Lebensgemeinschaft）」を組織していた。かれもやはり国際的な新教育運動に大きな関心をもっていたのである。

さらに、ゲヘープ（Geheeb, Paul 1870 ~ 1961）もいた。かれはリーツ（Lietz, Hermann　1868 ~ 1919）のハウビンダ田園教育舎（Landerziehungsheim）の校長を経験し、1910年にヘッペンハイムに近い森のなかに寄宿制のオーデンヴァルト学校（Odenwaldschule）を創設した。ヘッペンハイムといえば、そこはブーバーが1916から38年まで住むことになる街[11]である。ブーバーはしばしばゲヘープの進歩主義教育の学校を見学者として訪れ、生徒の自治や教師と生徒の人格的関わりをつぶさに見ている。そして、友人ローゼンツヴァイク（Rosenzweig, Franz 1886 ~ 1929）宛てに「オーデンヴァルト学園は素晴らしい」[12]ところだと書き送っているほどである。次いで、ブーバーは自分の娘エーファにその学校でフランス語の手ほどきを実際に受けさせたり、あるいは孫娘バーバラもその学校に入れたいと思ったりした[13]くらいである。後になっても、かれはゲヘープへ90歳誕生祝いに手紙を送るなどして、生涯親密な間柄を続けていくことになる[14]。

　その他、スイスの分析学心理学者のユング（Jung, Carl Gustav 1875 ~ 1961）、オーストリアの個人心理学者のアドラー（Adler, Alfred 1870 ~ 1937）、スイスの新教育運動の国際的指導者のフェリエールら、児童の心理分析に関心をもつ人々の姿もあった。

　以上のように、ハイデルベルク会議の開催は、「ブーバーにあって重要な出来事として位置づけられ、ここで、多くの教育者、教育学者に出会う」[15]ことができた。このことは、かれにとって、講演をおこなう前から予想できたことであった。かれは、いやおうなしに新教育運動を推進する人たちを意識し、その上で自己の教育論を展開し、講演をおこなったのである。

　しかし、ブーバーはハイデルベルク会議の開催以前からも、「新教育」の人たちと接触をもっていた。そのなかに、先に述べたゲヘープは当然だとして、他にこの会議の準備責任者であるロッテンもいた。彼女との接触は1921年にはじまっている[16]。当時、彼女は国際的な新教育運動の推進者であるばかりでなく、ドイツにいる外国人のための援助組織をつくったりもし

ている。とくに、その後者の活動を媒介にして、ブーバーは20年ぶりに第
12回シオニズム大会（1921年開催）に出席し、まず何よりもドイツ在住ユダ
ヤ人の心に精神的文化—ユダヤ教やユダヤ精神—を習得させようとする文化
的シオニズム運動を意欲的に展開しようとした。そのかれが彼女の活動に関
心をもちはじめるのは当然のことであった。

　また、ブーバーは、ローゼンツヴァイクがすでに1920年に創設したフラ
ンクフルト自由ユダヤ学院にて、1922年に「現在としての宗教」（Religion
als　Gegenwart）—この内容に『我と汝』（1923年）の一部が予示されている—
と称して8回ほど講義をおこなうなど、実践的な成人教育活動に携わってい
る。この活動で、ブーバーがロッテンの「新教育」の意味するものが何であ
るかに興味をもつのは必然的であった。そのロッテンが、すでに新カント学
派で知られる社会的教育学者のナトルプの下で学位を取得していた。彼女が
師と仰いでいたそのナトルプは、さかのぼって1919年にヘッペンハイムに
て〈教育制度の改革〉（Erneuerung des Bildungswesens）をテーマとする会議で
〈統一学校〉（Einheitsschule）の構想について報告した。ブーバーも、同じ会
議を主宰する一人として、〈国民大学〉（Volkshochschule）の構想を発表し
た[17]。したがって、ブーバーがナトルプとの交流を通して、教育制度改革
の何たるかについて認識を深めていたことは想像できよう。

　その他、ブーバーは、『児童の世紀』（1900年）をすでに著し、子どもの自
由な自己活動による学習を強調していたケイとも、1908年9月に書簡の交
換をおこなっている[18]。それ以前には、ケイの教育思想は、〈vom Kinde
aus〉というスローガンに先鋭化されて、広く世界の新教育運動に影響を与
えていた。ブーバーは直接的に早くより書簡を交換することを通して、その
ケイから「新教育」の理念を学校制度改革の基本的理念として理解していた
といえる。

　こうした、ブーバーと「新教育」の人たちとの早くからの接触関係は、少
なからず1925年のハイデルベルク会議での講演内容を準備させるのに十分

であったと推察し得る。ただし、ブーバーはそのつど、「新教育」の理念やその内容について明確に述べていなかっただけのことである。さらに付言すると、ブーバーと「新教育」の人たちとの関わりについて言及するのは、かれの教育論が「新教育」の人たちの理論に思想的に明確に対応していて、その対応の賜物であることを例証するためである。次に、ハイデルベルク会議のテーマと講演内容を見てみよう。

第3節　「旧教育」と「新教育」の比較及びブーバー教育論

(1) 疑義のない「子ども」〈Kind〉という現実性（Wirklichkeit）

　まず、すでに触れたように、"Die Entfaltung der schöpferischen Kräfte im Kinde" という会議の主題名で、疑義のない語は 'im Kinde'（「子どもにおける」）という二語のみである。ブーバーによれば、〈子ども〉というのは、実質的に明らかに我々の眼前に存在し、この世に存在する人そのものである。しかも、〈子ども〉はその存在するという事実以上の意味をもち、またもたなければならない。しかるに、新教育の人たちは、〈子ども〉という存在を自明なものであると見なし、あるいはそのことを前提にして「創造力の開発」にのみ関心を向けているのではないだろうかという。ハイデルベルク会議は、むしろこの〈子ども〉とは何かを本質的に問うところから討議をはじめるべきである、とブーバーは提言している。事実、この基調講演後、激しい議論が〈子ども〉の把握をめぐって展開されたのである。

　では、ブーバーのいう〈子ども〉はどういうものか。かれによると、「新しい、すでに規定された、しかもまだなお規定され得る可能性を孕んだ人間がこの世に生まれているということは、なるほど限りない無数の現実性であるが、しかしそれは〔かけがえのない〕一つの現実性でもある」（ⅠS.787,8p.3）。ここでいう〈子ども〉というかけがえのない一つの現実性は、

「すでに規定された可能性を孕む」ことと、「まだなお規定され得る可能性を孕む」ことの二つで構成されるというのである。

　前者の「すでに規定された可能性を孕む」というのは、それぞれの子どもが個人的には「世界の全人種の充足によって遺伝された素質をもって生まれる」こと、そして歴史的には「世界の出来事の充足によってもたらされた状況のなかへと生まれる」（ⅠS.787,8p.4）ことを意味する。ブーバーは、子どもがその素質をもって、ある状況のなかに生まれることを、「どっしりとした堅固な事実」（ⅠS.787,8p.4）として特徴づける。「素質」と「状況」の二つは、ある所与の「世界史的」に成立した要因である。この二つの要因はつねに成長しつつある人間の生活を決定づける。たとえ、誕生の瞬間に素質がなお芽生えず、状況がいまだそのすべての所与性のなかで新生児に作用しなくても、やがて二つの要因ともその子の未来を確定し、その未来においてはじめて一定の能力が十分展開されていくというものである。ただ、この場合、子どものありようが素質と状況によってさまざまに規定され得る限り、その子どもの未来において生ずるものはおしなべてすでに過去に存在したもののきっちりとした継承・反復にすぎないということにはならないだろうという。

　ブーバーのヘブル的な宗教観によれば、時々刻々、今、ここに生まれ、存在するという子どもは、ある所与の世界史的な成立以上のものであり、神の恵みや恩寵の賜物であるという。ブーバーはこのことについて、後者の「まだなお規定され得る可能性」だと見なして比喩的に次のように語る。子どもという「いまだかって存在しなかったものが、今まで一度も見たこともないような十人十色の顔かたちをもって、そしてこれもまた千差万別の、まだ展開されていないが、いつでも展開しようと身構えている魂をもって、現存するものの層のなかへと割り込んでくる」（ⅠS.787,8p.4）と。この「割り込む」新たな力や魂は、現にあるものによって規定されるのではなくて、また過去に存在したものによって決定されるのではなくて、自らの、真の、予見し得ない開かれた未来によって規定されるというのである。

　そして、「いまだかつて存在しなかった」新しいものが、根源的潜勢力として現実に存在する層のなかへ割り込むこと自体を、ブーバーは「あり得るとすれば、創造の出来事」（ I S.787,8p.4）だという。かれの立場から見れば、神によって創造された「人間は自ら創造することができない」（ I S.808, 8p.39）とする。人間における創造の名に値するものは、すべて神に自らの根源をもつということになる。ここでは、ブーバーは創造の根源を神に求め、その創造の一つの現れが「いかに浪費されようとも枯渇することなく滔々と流れる可能性」（ I S.787,8p.4）であることだととらえ、それを強調する。この滔々と流れる可能性をもつ存在が、まぎれもなく子どもだという現実性である。むしろ、この子どもの唯一無二の顕現こそが、まさしくその子どもの誕生以上のものであり、繰り返しくりかえし今なおはじめ得るというこの恩寵によるものである。したがって、子どもの現実性を真に裏づけるものは、「すでに規定された可能性を孕む」ことであり、同時に「まだなお規定され得る可能性を孕む」ことでもある。

(2)「創造力」と「開発」に対する基本的把握の違い

　次に、前述の子ども観に続いて、ブーバーが疑念を抱き、新教育の人たちが課題とする「創造力」（schöpferische Kräfte）と「開発」（Entfaltung）について検討してみたい。

　ブーバーによると、「旧教育」が従来教育の成果を十分発揮してこなかった大きな理由は、その教育が子どものうちにある創造力そのものとは別なものを助成・促進したり、あるいはその開発とは別なものを追及したりしていたからである（ I S.788,8p.5）。その教育方法としては、もっぱら子どもに既成の知識・学問を詰め込むとか、伝統的な諸価値・規範を伝達するという形がとられやすかった。教育史上、教育の仕事がつねに子どもにいろいろな知識や価値を暗記・注入させることに明け暮れざるを得なかったのである。

　それゆえに、「新教育」の陣営は義憤に駆られてのことだろうか、真摯に

子どもの側に立って子どもを支援しようとして、その子どものうちにある
「創造力の開発」を最重点の目標として旗印に掲げるようになった。また、
ブーバーはそれをハイデルベルク会議のテーマにも設定したと見ている。新
教育側の教育活動は、実質的にはその創造力の開発に障害となるものを取り
除くことに夢中になっていた。それはルソー以来の、子どもの心身の内的発
展を重んじるという消極的教育（negative Erziehung）の考え方[19]でもある。
この考えは、当時における教育の仕事が子どもの自主性・主体性を強調し、
その自己活動の助成に自らの意義を見出そうということにつながっていくの
である。

　ところで、「新教育」陣営の立場が子ども中心主義と呼ばれ、子どもの自
己活動や自発性を重んずることをもっとも大事な原理とするならば、それを
哲学的に支持する思想は、一体何であろうか。それは、おそらくフランスの
哲学者ベルクソン（Bergson, Henri 1859 ～ 1941）の「生命の根源的な躍動」[20]
の思想ということになるだろう。消極的教育がもともと子どもの心性開発に
とってマイナスとなる抑圧や詰込みを排除することに極力努めることである
から、その教育は子どもの生命の能動的な面に注目し、自己活動を本格的に
展開させるまでには至らなかった。この思想的状況で、子どもの活動におけ
る能動的な力の信頼へ積極的に影響を与えたのはじつはベルクソンの思想だ
というのである。

　当時、新教育運動の理論は一部進化論の影響を受けていたが、「ベルクソ
ンは、進化の説明について機械論と目的論のふたつともにそれを決定論とし
て拒んだ。進化はメカニズムによっても、決められた目的によっても説明で
きない。それは、内から突き上げる生命の躍動によっておきる」[21]。つまり、
進化する先の目標点はだれにも予測できないことであるが、そのつどそのつ
どそこへ到達できるのは生命の根源的な躍動のうちに歓喜することによって
のみである。歓喜は生命が脈々と動いていることの証左である。「歓喜のあ
るところにはどこにも、創造があることがわかります。創造が豊かであれば

あるほど、歓喜は深いのであります」[22]。このような歓喜のたびに見られる生命の絶えざる過程そのものが、子どもの能動的な自己活動だと見なし得る。

　ベルクソンの生命の根源的躍動という思想は、じつはブーバーが強調する「いかに浪費されようとも枯渇することなく滔々と流れる可能性」（ⅠS.787, 8p.4）として見なされる根源的生命の考えと相通ずる。むしろ、ブーバーも何らかの形で、ベルクソンの生の哲学から影響を受けていたというべきであろう。これは、ブーバーが後に1944年に『ベルクソンの直観の概念』（Zu Bergsons Begriff der Intuition）を著していることからもいえるのである。

　いずれにせよ、ブーバーは、「新教育」陣営が主張する子どもの自己活動や自主性の重要性は認めるが、問題はそれらの活動を通して子どもの内にある素質なるもの、それをあえて創造力と表現するならば、その創造力を本当に「開発」（entfalten）できるのだろうか。ブーバーの答えは否定的である。人間の潜在的にある可能性という宝ものは、「開発」によって十分とらえられないし、実現され得ない（ⅠS.788,8p.6）。また、「開発」（Entfaltung）の概念によって、教育において生じているもの、生ずるべきものは十分特徴づけられないだろう。「新教育」の陣営では、能力の開発がしばしば新製品の開発に例えられるが、そのとき教育は果たして十分に「開発」の概念によって把握され、子どもは「開発」の対象になるというのだろうか。ブーバーから見れば、やはり教育の課題は子どものうちにある可能性を見出し、それを陶冶することに尽きるものではない、といわざるを得ない。

　第一に、「開発」がある覆いをとって、人間のうちに眠っている可能性を見出すことを意味することであるから、それが「開発」といっても、人為的な営みである以上、外から何らかの可能性—教育者が可能性と見込んだと思われるもの—を持ち込んで、それを開発することになる[23]。したがって、見出された可能性は、必ずしもその人自身の可能性とは限らないのである。第二に、可能性がその人自身にとって真なるものとして認められたとしても、見出された可能性、つまり創造力がどういうものに発展し、結実するのか、

不明確である。ブーバーによれば、後にも触れるが、見出された可能性―創造力を、結びつきの本能、つまり他者との結びつきへと導いていくのが、教育の本来の仕事になってこよう。

　次に、創造力という場合のその「創造」とは何を意味するか。ブーバーの立場からすれば、神は創造者であるが、逆に「神の似像」（Ebenbild Gottes, ⅠS.808, 8p.39）に造形され、変形される被造物としての人間は自ら創造することが不可能であるという。いってみれば、人間が同じ種の人間を粘土でこね回すようにして教育するということは傲慢にもできない。人間が人間を創造することと、神が人間を創造することとを同一視することは、非常におこがましいということになる。

　そこで、ブーバーは次のように含蓄深く述べる。つまり、真の「創造とは、まだ存在していないもののうちに隠れている生き物への神の呼びかけを意味する」（ⅠS.788,8p.6）と。換言すれば、創造とは、あるいは教育とは、神の前で存在できず、孤独に陥っている人間を神との関係へと導き、そこに神の似像を造形することをいうのである。

(3) 指導上の「強制学派」と「自由学派」の違い

　さらに、ブーバーの立場に即して、「旧教育」と「新教育」の各指導方法の比較及びかれの教育論をもう少し具体的に見ていく。

　ブーバーは、「旧教育」と「新教育」の違いがもっともよく現れやすい好例として「図画授業」をあげて、そこで新旧両方の教師による図画指導の相違に触れている。その指導方法の如何によっては、生徒が絵を描くのを嫌いになるか、それとも芸術的才能を立派に開花させることができるか、大きく二つに分かれてくる。ブーバーによれば、前者の傾向は、前者の部類に属する「強制学派」（Zwangsschule）の教師による指導の結果であり、後者の傾向は後者の部類に属する「自由学派」（freie Schule）の教師による指導の賜物であるということになろう。

　たとえば、「強制学派」の教師は得てして生徒に絵の手本を与えて、それを模倣させつつ強制的に描かせようとする。そうすると、生徒は描こうとする対象に何ら感動や感覚を覚えないため、気乗りせずいやいやながら描くに過ぎない。たとえ描いたとしても、作品を「退屈な気分か、あるいは絶望的な気分で仕上げた」（ⅠS.793,8p.13）だけである。ここでは、人間が真に、描こうとする対象としての事物と関わり、それによって得られる芸術的感性を内側から体験するような芸術の営みは、まずは見られないだろう。強制の状態がさらに進むと、かれはひそかに教師の行為に対して反抗する。「作業に先立っておこなわれる、唯一の正しいものについてお題目を唱えることは、〔生徒を図画から〕あきらめさせるか、それとも反抗させるか」（ⅠS.793,8p.14）のいずれかに至るようになる。

　一方、「自由学派」の教師は生徒に実物を見せて、たとえば「えにしだの小枝（Ginsterzweig）を机上の粗末なつぼに差し、それを描かせる」（ⅠS.793,8p.13）。教師はまず生徒に対象を自分なりに観察させ、その上で自由に創作させるのであって、いかなる模範たるものをも提示することはない。生徒がほんとうに事物と出会っているときにこそ、事物に対する表現力が豊かになっていくものである。それというのも、「生来すくすくと成長した生徒の眼から見た場合に、どの葉もどれ一つとして他の葉と似ているようには決して見えない」（ⅠS.793,8p.14）からである。「自由学派」の教師は、この、生徒の事物に対する個性的な関わり方を大事にし、生徒が自己の観察力により自分の絵を描こうとするのを見守る。その結果、生徒の心のなかに「形態に対する畏敬の念」（ⅠS.793,8p.14）が芽生え、かれの芸術的才能が伸びていく[24]、というものである。

　このように、ブーバーの考えに即して、図画授業における「強制学派」の教師と「自由学派」の教師との指導上の違いを見てきた。ブーバーは後者の芸術教育を一応評価はしている。かれは前述のように、「新教育」の「創造」を、人間が他の人間をこね回し、教育するという意味で否定はするけれ

ど、芸術教育の分野の創造力を「創始者本能」(Urhebertrieb) として次のように とらえる。「人間、すなわち人間の子どもは事物を創作しようと欲する。…中略…子どもが渇望しているのはこうした事物の生成に自分自身で参加することである。子どもはこうした製作過程の主体となろうと欲する」(ⅠS.789, 8p.7) と。

　この、事物の創作などに積極的に関わろうとする創始者本能は、その人間の「人格の内部から発する」魂のこもった力であるがゆえに、芸術教育では評価されてしかるべきである。だが、ブーバーはここで見誤ってはいけないという。つまり、たとえば、「芸術家が作品に関わっている限り、かれの魂は自己から外に出ていき、世界に対峙するとしても、それと出会うということは何もない。そして、かれは作品でもって相互性を育むことはできない。…中略…確かに、創始者としての人間は孤独である」(ⅠS.791,8p.11)。創始者としての人間が孤独であるのは、かれが世界に対峙するのみであって、それと決して出会うことがないからである[25]。人間は自身の孤独さから世界との関わりへと進むためには、世界に出て、それと出会わなければならない。このように、人間が自身で作品の製作活動に関わる行為と、人間が世界と出会う行為とは全く別なものである。

　したがって、創始者本能の陶冶・育成のみに立脚する芸術教育は、人間の新たな、苦悩に充ち満ちた孤独を準備するだけである。ブーバーにとっては、人間が世界と出会い、「汝」を語るという経験に至るのは、もはやかれの創始者本能によることではなくて、かれの他者との結びつきの本能 (Trieb der Verbundenheit) によることである。ブーバーは、この結びつきの本能がどういうときに見られるかというと、その一例として、「半ば目を閉じ、魂を緊張させて、母親が自分に語りかけるのをじっと待ちこがれている子ども」(ⅠS.792,8p.13) の状態をあげている。この、外から押しつけられるのでなくて、自分自身の内で駆り立てられるような母親との結びつきの経験が教育の原点にある。ブーバーの教育論は究極的には、世界における人間と人間との

間における結びつきや関係を大事に育てようということになる。

(4) 教育観における「じょうご」と「ポンプ」の違い

　最後に、「旧教育」と「新教育」のそれぞれの理念に関わる教育観の違い
を考察してみよう。ブーバーによれば、「旧教育」は、教師がつねに生徒に
上から、伝統的規範や価値・知識を教え込むことで成り立つ。それがあたか
も、ある容器に既成の学問や知識体系といった水を一杯注入しようとするも
のであるから、この「旧教育」は「じょうご」（Trichter）という言葉で象徴
される。その場合に、教育は権威への志向によって規定される。

　それに対して、「新教育」は、教師がつねに生徒の状況に応じて、かれか
らあらかじめ宿命的に決定されていると思われる素質を引き出すことで成り
立とうとする。それがあたかも、井戸から素質や能力といった水を豊富に汲
み上げるようなものであるから、この「新教育」は「ポンプ」（Pumpe）とい
う言葉で象徴される。その場合に、教育は自由への志向によって規定される。

　ブーバーは、「旧教育」も「新教育」も、教育の営みにおいて生起するこ
との全体の内の「半面」（ⅠS.793,8p.14）しか見ていない、という。詳論すれ
ば、「旧教育」は、教師が生徒に既存の知識や価値を体系的に教え込むとい
う「最初の半面」（die erste Hälfte）しか見ていない。その教育は余りにも上
から与え注入し過ぎて、生徒が自発的な意欲や自由な自己活動を奪われて、
自暴自棄的な反抗に走るか、一種の諦めによる無気力に陥るか、どちらかに
傾いていく。したがって、「旧教育」は、「新教育」が強調する生徒の自発性
や自由という「もう一つの他の半面」（die andere Hälfte）の意義をまともに理
解しようとしていないのである。

　一方、「新教育」が生徒の立場に立つ「もう一つの他の半面」、すなわち生
徒の自発性や自由を強調していくようになる。この意味では、ブーバーは、
「じょうご」の象徴から「ポンプ」のそれに取って代わられようとすること
の重要性をはっきりと認めている。しかし、かれは、「新教育」が生徒の自

発性や自由を強調する余り、旧教育の陥る間違いと同じように、「もう一つの他の半面」を以下の二点で見誤っていると指摘して、その上で自己の教育論を展開する。

　まず、第一点は素質のとらえかたである。「新教育」の陣営では、子どもにおける素質や能力の開発という理論が、スヴァンメルダム（Swammerdam, Jan 1637 ～ 80）のいう「胚子のなかで〈あらかじめ形成された〉生き物（präform-iertes Lebewesen）の〈展開〉（Auswicklung）」（ⅠS.793,8p.15）だと把握される。この理論は、たとえばバラの胚種のなかにバラになるための発達目標が内在していて、その目標がバラの開花の妨げとなる悪い条件を取り除くことなどをして、その発達を助成する[26]、という考え方である。けれども、ブーバーによれば、精神の発達は植物のそれと違って、展開というようなものではない。かれはそうした「新教育」のとらえかたに対して、子どもの「魂のうちに発見されると思われるもろもろの素質というものが、世界を受け入れ思い描く能力以外の何ものでもない」（ⅠS.793,8p.15）と明言する。世界、すなわち自然や社会などの環境の総体が人間に働きかけ、作用し、また逆に人間が世界を受け入れ、思い描くことであるが、こうした人間と世界との関係をつくり、構築するのが教育者の役割だという。つまり、教育者が子どもに作用しつつある世界を、自分を通して選び取らせることである。したがって、ブーバーのいう素質は、世界における子どもと人間との間における結びつきの本能を指すのである。

　もう一点は、自由のとらえかたである。「新教育」が強調する自由は、「諸力の解放」を意味し、子どもの素質の展開とか開発を妨げられないようにすることである。ブーバーは、この自由がその障害物を取り除くのを目標にして、教育の前提になっているのに過ぎないのであって、その自由によって何が得られるか、子どもがどのような方向に個性的に成長するのか、不明確であると看取する。いわば、方向性のない自由は「空疎な自由」と見なされ、その「自由に内容を満たして、振動し、あるいは旋回する自由に方向性を与

え」（ⅠS.797,8p.20）なければならないと指摘する。自由に賦与されるべき方向性というのは、ここでもやはり人間と人間との間における結びつきを目指すというものである。

　こういうわけで、「空疎な自由」は、教育の場においては胸襟を開いて他者に編み込まれ、結びつけられ得る自由へと導かれるべきである。ブーバーはこの自由を「跳躍のための助走」とか、あるいは「バイオリンの調律」（ⅠS.795,8p.18）だと特徴づける。だとすれば、自由のはたらきには、あるところへ、つまり人間と人間との結びつきへと導く役割がふさわしいということになる。

　それゆえに、人間と人間とのこの結びつきによってこそ、当該の人間に、その人の自由の賜物として一つの可能性が実現され、一つの方向性がうちだされてくる。そして、この結びつきを通して、「空疎な自由」に内容が充足されるようになり、その内容はもはや静かな潜勢的な力のみならず、何がしかの現実化する力をも担う。その現実化のときに伴うのが決断である[27]。ここでいう決断は、人間が、あるいは子どもが他者のだれと結びつくかを決定する力を意味するのである。

　こうして、たしかにブーバーが指摘したように、「新教育」の陣営が主張する「諸力の解放」という自由は教育の前提に過ぎないのであって、自由獲得自体が自己目標とはなり得ないのである。この点、ブーバーの認識は正しいといえる。しかし、「新教育」の主張する自由には全く方向性がないと指摘するのは、若干いい過ぎではないだろうか。なぜなら、自由というものを労働や作業などの興味やその意欲などに組織化していこうとする方向性が、学校改革者の間にはあったからである。

　以上のように、ブーバーは、「新教育」運動の時流に的確に対応して、その「新教育」が「旧教育」のどの点を否定して、成立したのかを明確にとらえ、その「新教育」のもつ意義に限定的に評価をくだし、その上で自己の教育論を構築した、といえる。また逆に、ブーバー教育論は「新教育」の人た

ちとの関わりを欠いては構築し得なかったことだろう。

第4節　ブーバー教育論の内容——教育の本質——

　次に、こうして構築されたブーバー教育論の内容について見ていきたい。

　まず、ブーバーは後の1953年の段階で、1925年当時の「教育的なるものについての講演」について振り返っている。それは、「ブーバーの教育に対する本質的な態度の表明として理解されるべきだ」（ⅠS.785)、と回想する。となれば、〈教育的なるもの〉[28]という語を、ブーバーが「教育の本質」論として語る意味で使用したと指摘できる。それが教育論ともいえる内容である。

　しかしながら、ブーバーは最初から教育の本質を規定しておいて、その上で「教育とはこういうものである」と論ずる手法をとってはいない。逆に、新旧の教育理論や日常的な教育現象を取り上げつつ、その解明・考察を通して〈教育的なるもの〉の内実を究めていき、しだいに「教育の本質」を明確にできる[29]、という方法がとられている。

　そこで、じっさいに「教育的なるものについての講演」のなかでの〈教育的なるもの〉という語の使い方を見てみよう。シュナイダー社刊行のオリジナル版（1926年版)[30]によると、5から48ページまでの実質分量の44ページ分のなかで、'Erziehung'（「教育」）という語が 'Erziehungssituation'（「教育状況」）などの五つの複合語を含めて、三十四箇所で多用されている。それに対して、'das Erzieherische'（〈教育的なるもの〉）という語が、わずか八箇所—正確にいえば他の二箇所では 'das Erziehertum' の語があり—で慎重に使われている。この二種類の語はどういう文脈で取り扱われているか。なお、以下の論述で、前節の論述と幾分重なる引用があるが、それはブーバー自身の教育論をここで明確にし、把握する上で必要最小限に許容されるものとする。

　最初に、前者の‘Erziehung’の名詞は、新教育と旧教育の両方の立場で
も使用されている。どちらの側の「教育」の使い方も、それぞれの立場で
「子ども」はどうとらえられ、「子ども」という現実性はいかなるものである
か（ⅠS.787〜788,8p.3〜6）、をめぐるものである。あるいは、旧教育側が使
用する「教育」の傾向や性質は、教師が生徒を支配する関係のあり方として、
「強制」（ⅠS.792〜793,8p.13〜14）とか、「権力意志」（ⅠS.797〜799,8p.22〜
24）でもって特徴づけられる。それに対して、新教育側が使用する「教育」
の傾向や性質は、その逆をいくように、その関係のあり方として「自由」
（ⅠS.792〜793,8p.13〜14）とか、「エロス」「好み」（ⅠS.797〜799,8p.22〜24）
でもって特徴づけられる。いずれの傾向や性質も、教師自身の教育原理から
くるものである。

　ブーバーは、こうした新旧の両教育がとらえる「教育」の把握には満足で
きなかった。そこで、かれは新旧の両教育を超える第三の立場から、いった
ん今日の学校教育における「意図としての教育」（die Erziehung als Absicht, Ⅰ
S.794,8p.16）に注目した。それがもっとも通常において使用される「教育」
の用例だという。ブーバーは単刀直入に次のように述べる。「われわれが教
育（Erziehung）と名づけている計画的で意図的な教育というものは、教育者
が子どもと関わりつつ、子どもを取り巻く周囲の自然や社会などの環境の総
体を仲介し、作用せしめることをいう。結果的には、そのときの「教育関係
はそもそもいっさいの無意図的に流れる教育のなかから意図的なものとして
取り出され、構築されるべきものである」（ⅠS.794,8p.15）。

　教育の歴史を繙いても、「教育」が学校教育の形態をとって営まれるかぎ
り、「意図としての教育」が招来されてくるのは必然的なことである。今日
に至って、純然たる無作為の楽園―無意図的な教育の営み―を喪失してしま
って、その結果としての「意図としての教育」が現状の学校教育だったとい
うわけである。とどのつまり、「教育は意図的なものである。しかし、理想
的には教育は意図的ではなく、自然に師弟が共同生活を通し相互的に働きか

けてゆくところに成立するのであろうが、今日ではそのような師弟関係は実現し難いであろう」[31]、と。

　教育の現実としては、学校教育の合理化・組織化が相当進行しているが、それは近代教育の所産ともいうべきものである。ブーバーは、むげにこの「いわば〈教育〉の自覚化・言説化」[32]を否定したりはしない。だが、かれはむしろ意図的な性格の強い近代教育以前の無作為的な教育に示唆を得ようとして、後者の‘das Erzieherische’の語を使用した、と見ることができる。その示唆はマイスター制度が本格的に存在した時代に求められる。つまり、〈教育的なるもの〉の内実としては、弟子が師匠と生活を共にしつつ、師匠から技能や技術などを学ぶという教育の姿[33]が描かれてくる。それはまさしく、子どもが教師の所作を介してゆったりと学ぶような、あるいは逆に他者との関係や環境が子どもに知らずしらず作用するような教育のことである。したがって、ここで使用される〈教育的なるもの〉の語のニュアンスには、自己と他者との間における無意図的な人間関係・触れ合いやその関係で生ずる社会・自然の環境的要因の作用力が内包されている、といえる。ここにおいてはじめて、ブーバーは新旧の両教育の立場を超えるべく、その無意図的な教育関係の効用を原点に立ち返って強調したのである。

　〈教育的なるもの〉（das Erzieherische）の語が、今日ではどういうときに実感されようか。それは本来的には、無作為的で根源的な体験―作為性から離れた体験のこと―をもって始まり、その体験に基づいて会得できる、というものである。ブーバーはこの体験を「包擁の体験」（Umfassungserfahrung, ⅠS.802, 8p.30）と称する。かれによれば、包擁[34]は、教育者が子どもとの共通の出来事を、自己自身が行為しているという実感を何一つ損ねることなしに同時に相手たる他者の側から体験する（ⅠS.802,8p.29）ということである。このブーバーの論に関して、次の的確な教育者論がある。つまり、和田修二は、教育者が「この子どもをかけがえのない〈汝〉と考えるならば、たとえ自分が不完全であっても、この子どもの生活に参加し、そこから生ずる責任を引き

受けることができなければならない」35)と強調する。

　平易にいえば、教育者が未熟な者を愛する愛情でもって子どもとつながり、相手の現実存在をありのままに受け入れ、承認し、究極的に相手の成長を願うのが、ここでいう教育者による包擁の概念である。ふだんにおいて教育者と子どもとの間で繰り広げられる何げない対話も、通常の教育上の関係も、包擁という無作為的で根源的な体験から始まる、といってよいだろう。そして、こうした根源的な体験にこそ、〈教育的なるもの〉の内実を認めようとしたのである。このことにより、本章での考察の目的が一応達成されたことになる。ブーバー独自の教育関係論とその関係の根底にある包擁論36)については、第7章で考察していく。ここでは、これ以上論及はしない。

　ただ、別の観点から若干教育関係の課題に触れておきたい。その課題について、メンツェ（Menze, C.）は、「現代ドイツ教育学における根本思想の変化―教育関係の解釈をめぐって―」という論文で次のように言及している。「教育関係（pädagogischer Bezug）は、ごく抽象的にいうならば、教師（教育者）の生徒（被教育者）に対する関係、及びその反対の、生徒の教師に対する関係という、ひとつの行為連関として捉えることができる」37)と。教育史上、教師はこれまで若人の道徳性を涵養する責任を負ってきたし、今でもなお引き受けている。「教師は、若人がやがて自分自身で選び、自分自身で創り出さねばならない未来を、真に自分のものとして形成できるよう資格づける」。そして、「教師の援助と指導のもとでそのいろいろな能力と技倆が陶冶され訓練されて、若人がそれを自由につかいこなせるようにする」38)のだとメンツェは強調する。このように、ドイツ教育学では従来からの教育関係がまったく解体されてしまったというわけではない。事実、依然として「母親のわが子に対する豊かな慈愛、生徒の先生に対する深い信服の態度と心づかい、教師の若人に対する強大な幇助行為、これらが何の変化もなく存続している」39)。

　そこへもってきて、一方では、「近代的人間関係としての教育関係」40)に

組み込まれた生徒をいったん解放させ、かれを別の教育関係に組み入れてこの関係を再構築しようとする新しい理論が最近登場してきている。この場合であっても、メンツェは、新しい理論がどこかで従来からの教育関係という概念と不可分離的に結ばれた現象として説明できるものでなければならない[41]、と語る。この新しい理論の一つとして、教師及び生徒のそれぞれの対話的能力を形成し、両者間のコミュニケーション的相互行為を展開させようとするシェーファー（Schäfer, K. H.）やシャラー（Schaller, K.）の考え方がある[42]。もう一つの理論には、近年話題のシステム理論によって新たな教育関係をつくる、というルーマン（Luhmann, N.）の考え方がある[43]。この二つの理論について、ここで詳細に論ずる余裕はないが、ブーバーの上述の教育関係論が、少なくとも前者のコミュニケーション理論の基底をなしていることのみを指摘しておこう。

　いずれにせよ、ブーバーの場合は、教育者と生徒との間における教育関係が包擁という根源的な対話的関係を不可欠の要因にして構築された。そして、この対話的関係によってこそ、「教育者の行為を通して、〔かれの〕作用する世界の選択が生徒に到達する」[44]（ＩS.794,8p.16 ～ 17）ということが大いに期待され得るのである。ブーバーがいう〈教育的なるもの〉の内実は、こうした教育者と生徒との間の包擁に基づく教育関係と、そこでの、教育者による世界の適切な選択や作用―陶冶財の教授―とを教育の本質としていたといえる。これがブーバー教育論[45]の内容である。

註

1) Sandt, Rita van de: Martin Bubers Bildnerische Tätigkeit zwischen den beiden Weltkriegen. Stuttgart 1977, S.97.
2) Buber, Martin: Briefwechsel aus sieben Jahrzehnten, Bd.2.（Hrsg. von Grete Schaeder）Heidelberg 1973, S.261. なお、処女作『教育的なるものについての講演』の以前に、正確には「真実の教師」（Der wahre Lehrer. Die Arbeit, Ⅳ /6, ii . 1923）という小論はある。

3）フリードマン，M. 著、黒沼凱夫・河合一充共訳『評伝マルティン・ブーバー上』ミルトス、2000年、365ページ。

4）フランクフルト（ヨハン・ウルフガング・ゲーテ）大学神学講師（Lehrbeauftragte für theologische Vorlesungen）は1924年の夏学期からである。1930年の冬学期からは、素直に解釈すれば、同大学哲学部名誉教授（Philosophische Fakultät, Honorarprofessoren）となる。ところで、筆者は、実際に今のフランクフルト・ゲーテ大学で、ブーバーが在籍した1930 〜 31年当時のUniversität Frankfurt Am Main: "Verzeichnis der Vorlesungen — Winter = Halbjahr 1930/1931 und Personalverzeichnis"（Frankfurt A. M. 1930 Verlag Ersitätsbuchhandlung Blazerk & Bergmann）という講義録を参照した。その講義録のなかに、哲学博士・文筆家としてのBuber, M. の名前が単なるHonorarprofessorenの欄に記載されている。その欄とは別のOrdentliche Honorarprofessoren（正名誉教授）の項に、かれの名前がないところを見ると、かれの職種はやはり直訳の通り名誉教授—ここから教授と肩書にするのは明らかに間違いである—とはいかず、正確にいえば員外名誉教授とすべきである。もともと、ドイツ語のHonorarは報酬か謝礼という意味であって、それにProfessorという語が付いて、したがってOrdentlichではないHonorar Professorの意味は講座ごとに報酬を貰う員外名誉教授ということになる。1931年の夏学期からは哲学部の宗教学（Religionswissenschaft）に関する1講座（Do.19-20;20-21）を担当する。1933年の冬学期には講義録に 'z. Z. beurlaubt'（zur Zeit「目下休職中」）と記されている。この措置は当然、学長から事前に「講義をもたせない」という通知を貰ってのことであるが、これが一般的にナチス政権から員外名誉教授資格を罷免・剥奪されたということになる。なお、1933年より、フランクフルト大学の名称はヨハン・ウルフガング・ゲーテ（Johann Wolfgang Göthe）大学に変更される。

5）Sandt, R.: M. Bubers Bildnerische Tätigkeit. a. a. o., SS.99 〜 100.

6）ハイデルベルク会議の記録は Rotten, Elisabeth: Die Entfaltung der schöpferischen Kräfte im Kinde, Bericht der Dritten Internationalen Konferenz des Internationalen Arbeitskreises für Erneuerung der Erziehung in Heidelberg vom 2. bis15. August 1925（Klotz/Gotha 1926）による。

7）Sandt, R.: M. Bubers Bildnerische Tätigkeit. a. a. o., S.96.

8）ボルノー，O. F. 著、峰島旭雄訳『実存哲学と教育学』理想社、1966年、11 〜 13ページ。原著は初版として1954年に刊行されている。

9）Sandt, R.: M. Bubers Bildnerische Tätigkeit. a. a. o., S.97.

10）ノール, H. 著、平野正久他共訳『ドイツの新教育運動』明治図書、1987 年、177 ページ。

11）このヘッペンハイムという街にあるベルクシュトラーセ（Heppenheim Berg-straße）に、後の 1974 年 5 月 24 日、マルティン・ブーバー——シューレ（Martin Buber — Schule）が創設されている。学校の標語としては、「どの現実生活も出会いである」（'Jedes wirkliche Leben ist Begegnung'）とある。ブーバー学校という名前は、ブーバーが偉大な宗教学者・哲学者・教育者であり、ヘッペンハイムに生活し、活躍した人であることを偲び、かつ学校教育を「教育関係は対話的関係」というブーバーの精神に則って進めることから付けられた。教室は Polytechnik, Naturwissenschaften, Sammlungen, Sprachlabor, Musik, Kunst, Verwaltung などの教室や Fachräume, Lehrerzimmer, Schülerzimmer, Unterrichtsräume などの部屋がある（"Martin Buber — Schule — 1974-1984" Heppenheim 1984）。

12）前掲『評伝マルティン・ブーバー上』364 ページ。

13）前同書、354・204 ページ。

14）Buber, Martin: Nachlese. Heidelberg, 1965, S.81.

15）Röhrs, Hermann: Die Reformpädagogik Ursprung und Verlauf in Europa. Hannover, 1980, S.272.

16）Buber, Martin: Briefwechsel aus sieben Jahrzehnten. Bd.1. 1972, S.71.

17）Röhrs, H: Die Reformpädagogik. a. a. O., S.269.

18）Ibid., S.272.

19）Dejung, Berta: Dialogische Erziehung — Martin Bubers Rede über das Erzieherische. Eine Interpretation. Zürich, 1971, S.7. この著書のなかで、ドイツ語文献としては、若干ブーバーの教育論と「新教育」の関係が論じられている。本章ではいろいろと示唆を受けた。

20）・21）原聡介「新教育理論の人間観的基礎——発達について——」長尾十三二編『新教育運動の理論』所収、明治図書、1988 年、152 ページ。

22）ベルクソン, H. 著、池辺義教訳：『意識と生命』中央公論社『世界の名著』64 巻、1989 年、157 ～ 158 ページ。

23）前掲「新教育理論の人間観的基礎」144 ～ 146 ページ。

24）関川悦雄「ブーバーの教育的行為論」（日本大学教育学会『教育学雑誌』第 19 号、1985 年、100 ～ 101 ページ参照）。

25）芸術家がどんなに孤独であるか、ブーバーはキプロスの伝説上の風刺的人物ピグマーリオン（Pygmalion）を引用している。ピグマーリオンは自分で創作した少

女の立像を孤独さをまぎらすため自分の妻に迎え入れたといわれている。

26）前掲「新教育理論の人間観的基礎」145 ページ。

27）Dejung, B.: Dialogische Erziehung. a. a. O., S.21.

28）ブーバーは新教育でいう「教育」と区別する意味において〈教育的なるもの〉を強調して使うが、他の書ではこの区別をとらず、「教育」という語を一貫して使用する。たとえば、Buber, M.:"Über Charaktererziehung"（1939, in: Reden ueber Erziehung. Heidelberg 1953）の例があるように、'Erziehung'（「教育」）を使っている。

29）宮澤康人「教育関係」の項『新教育学大事典』第 2 巻、第一法規出版、1990 年、201 ～ 202 ページ。渡邊隆信「教育関係」の項『教育思想事典』教育思想史学会、勁草書房、2000 年、141 ～ 143 ページをそれぞれ参照した。

30）オリジナル版とは、Buber, M.: Rede über das Erzieherische. Lambert Schneider Berlin 1926,SS.1 ～ 48. という原書である。

31）稲村秀一「ブーバーの教育思想（1）」岡山大学文学部紀要第 35 号、2001 年 7 月、11 ページ。

32）広田照幸『教育言説の歴史社会学』名古屋大学出版会、2001 年、24 ページ。

33）Schaeder, Grete: M. Buber, Hebraeischer Humanismus. Göttingen 1966, S.154 ～ 155.

34）論者においては、Umfassung の訳語はあえて「抱擁」ではなくて、ブーバーの、互いが相手を相手の側から相手の身になって体験し、気分的に相手とともに包み込まれるような関係という意味に即して「包擁」とした。

35）和田修二「現実主義的教師論のすすめ」市村尚久他共編『教育関係の再構築―現代教育への構想力を求めて―』東信堂、1996 年、120 ページ。

36）フーバー（Huber, Gerhard）も、自著の "Menschenbild und Erziehung bei Martin Buber"（Zürich 1960, S.16 ～ 22）で、包擁の体験を教育関係の基本として把握する。

37）メンツェ，C. 著、高祖敏明訳「現代ドイツ教育学における根本思想の変化―教育関係の解釈をめぐって―」教育哲学会『教育哲学研究』第 42 号、1980 年、74 ページ。

38）前同論文、75 ～ 76 ページ。

39）前同論文、91 ページ。

40）坂越正樹「教師と子どもの教育関係」小笠原道雄編著『教育の哲学』日本放送出版協会、2003 年、185 ページ。

41) 前掲「現代ドイツ教育学における根本思想の変化」91 ページ。

42) Schäfer, K. H./Schaller, K.: Erziehungsgewissenschaft und kommunikative Didaktik. Heidelberg 1971, S.123.

43) 前掲「教師と子どもの教育関係」190 〜 191 ページ。ルーマン理論から見て、一般の「教育関係を教師や生徒という個別的実体に還元してしまい、教育における関係性そのものを把握するまでにはいたっていない」（木村浩則「ルーマン・システム理論における『教育関係』の検討」日本教育学会『教育学研究』第 64 巻第 2 号、1997 年 6 月、171 ページ）と指摘される。そうではなくて、「生徒は授業というコミュニケーション・システムによって学習する」（同 176 ページ）。これがルーマンにとってのコミュニケーション・システムである。コミュニケーションは単に「教師が生徒に何かを伝達する」という事態を意味しているわけではないのである。他、シンポジウム議論の「教育的関係の概念装置―〈教え―学ぶ〉関係を問い直す―」（教育思想史学会『近代教育フォーラム』第 11 号、2002 年、87 〜 150 ページ）もある。

44) ここの引用文は、教育者が世界における様々な事物や出来事などの情報や知を、かれの知的営みを通して咀嚼し、集約し、明示することによって、世界を仲介する、とも換言できる。

45) ブーバー教育論の客観的評価はどうなのか。それはシュプランガーのいう三組の「教育の根本様式」（Spranger, Eduard: Pädagogische Perspektiven ― Beiträge zu Erziehungsfragen der Gegenwart ―.Heidelberg 1951, S.93 〜 120. 邦訳村田 昇・片山光宏共訳『教育学的展望―現代の教育問題―』東信堂、1987 年、121 〜 153 ページ）から問うことができる。その結果として、「世間に近接した、かつ自由で発達に忠実な教育」の様式に敷衍して把握し得る、と結論づけられる。この結論は、ブーバーによるところの、後年のナチス・ドイツ下の成人教育やその後のパレスチナでの民族教育といった実践例、そしてかれの教育者論によっても裏づけられよう。ブーバー教育論はこうしてシュプランガーが類型化した教育様式の範疇のなかに入ってくるものであると正当に評価できる。もう一方、「生の哲学」の立場から、シュプランガー思想とブーバー思想との関連を考察すると、前者の思想は、自己体験によって精神的創造物や文化を追体験し、「理解すること」、及び、自然科学の手法によって事象の因果関係を「説明すること」を基調とする。後者の思想は、人間のさまざまな体験を結合して、自己のたましいを統一し、「実現すること」、及び、自己体験を経験科学に組み入れ、加工して、その「方位を定めること」を基調とする。このように、両者の思想は人間の生という内的世界を扱う点で近似しており、その

近似性を共通の思想的基盤にして成立するのが、「我—汝」関係論である。しかし、両者の思想は、この関係論で微妙な相違点をもちながら、次のように区別される。シュプランガーは、「生の哲学」の立場で人間の生を理解するという方法によって、「私（我）—汝」の関係という人称のカテゴリーを見いだす。そして、このカテゴリーを用いて、「私」（「我」）が自己のたましいの魔術的な力で「汝」に呼びかけ得ることとする（Spranger, E.: Die Magie der Seele（1947）. 2., Aufl. Tübingen 1949, S.11〜13. 邦訳篠原正瑛訳『たましいの魔術』岩波現代叢書、1951年、2〜6ページ）。だが、かれはもう一つの「我—それ」の関係論には注目していない。かたや、ブーバーは、同じ「生の哲学」の立場にあって、〈我—汝〉と〈我—それ〉の二つの関係が現実に人間と他の人間や社会・事柄との間で行きつ戻りつ取られながらも、究極的には人間と〈汝〉たる神との間における関わりを志向しつつ、前者の〈我—汝〉関係による対話の成り立つ共同体を実際に実現しようと目指すのである。この点が、シュプランガーにないブーバーの思想的独自性である。

第2章　思想的基盤としてのハシディズム

　ブーバー教育論の思想的基盤は何か。前章ですでに述べたように、ブーバーは1920年代の国際的な新教育運動と関わるなかで『教育的なるものについての講演』を著し、かれの教育論はその運動を通じて形成されてきた[1]。

　ブーバー教育論の形成以前におけるもっとも重要なことは、かれ自身がユダヤ人であり、ヘブル語を解する人でもあったという点にある。かれはそのことにより自らの民族としての出自を意識せざるを得なかった。その契機となったのが、後述するように、かれの少年時代のハシディズム体験とその後のハシディズム研究である。この体験と研究とがブーバーの教育論形成の出発となる。

　もう一つ論者の関心事は、ブーバーのハシディズム体験・研究がかれをしてユダヤ精神に回帰せしめる機縁になるが、そのユダヤ精神に関する教えの集大成の書タルムードを学習する場合の学びのことである。ユダヤ人の学校は、いわばタルムードの研究・教授のための場でもある。ディアスポラという流浪の民族ユダヤ人はつねに自らの文化や宗教を守るために「学ぶ」ということを求められていた。タルムードを学び、それを継承すること自体がユダヤ人としてのアイデンティティーを維持することにもつながる。

　そこで本章では、ブーバー教育論の基盤にあるところの、人間の現実と教えとの統一の上に成り立つハシディズムを追究し、ハシディズムの共同体―ツァディクとハシディームから成る共同体―における教育関係を考察し、そしてツァディクという指導者に求められる完全な人間としての理念・役割を明らかにしていく。併せて、こうした考察を通して、先の「学ぶ」ということの意義も明確になろう。

第1節　人間の生命の現実と教え

　F. ボーンザックの研究によると、ブーバー教育論の源泉は旧約聖書とハ
シディズムの伝承にある[2]と確認できる。ハシディズムといえば、それは人
間の生命もしくはその生命の営まれる現実・生活と、それに対する神の教
え・指針との統一を求めるところの神秘主義的な思想と運動を指す。

　後者の神の教えは、ブーバーによれば、確固たる「教説」を所有する形で
形成されるというものではないとする。「教え」（Lehre）というものが教説
と化する形式をとるならば、それは独善的でドグマ的な教説に陥りやすくな
る。教えは、前者の生命の営まれる現実・生活がどういうものであるかを明
確に指し示すという意味においてのみ成り立つのである。そもそも、教え―
ユダヤ教ではトーラー（Thora）のことであり、神の律法モーセ五書のこと
である―は、神と契約を結んだイスラエルの人々の日常生活全体を規定する
ところの指導、指示、方向性を意味する。このことからも、教えとはとくに、
人間が神と交わり、それを日常生活のなかで実行するように方向づけるとい
う働きを有するのである。

　歴史的事実に敷衍していうと、アラブ人によるユダヤ人攻撃下に曝されて
いるというパレスチナのこの 1947 年という時刻下にあって、ユダヤ人が
「永遠の現実を認識し、その現実から得られる力によって、今この現実に踏
みこたえる」（ⅢS.1261,9p.469）ようにするのが、教えの意義というものであ
る。ブーバーは例示的に、イエスが矢筒という「箙」（『旧約聖書』イザヤ書
49・2）のなかに隠されている状態からその外へ出たのに対して、聖なるユ
ダヤ人は悩める「主の僕」の現実として、「箙」のなかにじっと踏みとどま
った、と指摘する。そこで、「だいじなことは、〔聖なるユダヤ人が〕矢をま
ず尖らせて、それからその矢を箙の暗がりのなかに隠すところの神の御手と、
その暗がりのなかへ隠れる矢とをしっかり見ることである」（ⅢS.1260 ～ 61,

9p.469)。つまり、永遠の現実から得られる克己の精神でもって、今という現実をよくとらえ、その現実に踏みこたえ、神の前に立とうとすることが教えとして求められる。この荒涼たる暗がりのなかで、ただ無為無策のうちに過ごすのみでは、聖なるユダヤ人にとっては、危機的状況下でのなすべき道や方向は何ら打ち出され得ないだろう。

　そして、今という現実、その人間の現実においてこそ、かれの真の生命のもつ意味が看取されるだろう。極論すれば、流浪の民という「住家なき」(Haus-losigkeit) 精神状態における厳しいこの時代にあってこそ、「人間学的な思想はその深さと自立性を獲得」(I S.317) し得るというものである。

　ところで、シェーラー (Scheler, Max 1874 ～ 1928) によれば、「人間とは何かを人間が知らず、しかも自分がそれを知らないということを人間が知ってもいる」[3]というこの極度に問題となっている状況において、「人間本質の体系的把握をはじめることが不可欠である」(I S.381)。この意味では、「人間についての神話的・宗教的・哲学的な理論」[4]を探究するのはもっともなことである。しかし、ブーバーにいわせれば、「われわれはそれらのすべてからいったん自由にならなければならない」(I S.381)。人間に関するすべての理論はたしかに人間の問題をとらえるに当たって有効な手立てにはなるけれど、この種の人間論でもって人間の今ここに置かれているというこの現実を、偏見をもつことなくして、真にとらえることは果たしてできるだろうか。それというのも、シェーラーがいうところの、人間についての「現実性の基本的方向と基本法則を考究する」[5]はずの哲学的人間学でさえ、「すべての人間学的な理論に劣らず、最大限の疎遠さと驚嘆さでもって人間とよばれるいわゆる実在に目を向けることを妨げている」(I S.382) からである。

　人間が自らの置かれている現実そのものに言及することは、同時に自己をこの現実のなかに措定することになる。逆に、人間が自己の外に現実を、または現実のなかで自己自身を一つの客体として位置づけるならば、それは人間を措定したことにはならない。たしかに、人間は自己自身を、つねに多く

の生物のなかで一生物として経験し、理解する。果ては、人間はいつも自己を、他の生物との特別な相違点を挙げることによってのみ意識することだろう。しかし、ブーバーは次のように語る。

　　われわれは自己を「所有し」、自己を一つの客体として見なすかぎり、われわれは多くの事物のなかの一つとしてのみ人間について知るが、把握すべき全体性は、いまだ「そこ」にはない。われわれが今現に存在するときにこそ、はじめて全体性はそこに存在し、かつ把握され得るのである。われわれは、「そこに居合わせる」という現実が与えるだけのものを知覚するにすぎないが、それをきちんと知覚するときに人間学という結晶の中核は完成するのである（ⅠS.316）。

　ブーバーはこうした人間の現実との直接的な関わり方、すなわち教えによるその関わり方を強調する。さらに、かれはそれと併せて、ハシディズムの指導者ツァディク（Zaddik）の教えについて、『ゴグとマゴグ』（ⅢS.999〜1261, 9p.7〜461）という書の「あとがき」（ⅢS.1256〜1261,9p.463〜469）のなかで触れている。
　その「あとがき」に登場する指導者の教えは、ブーバーに何らかの示唆を与えていよう。かれは、その指導者と自分自身との関係において、両者ともに「一つの生きた統一性のうちに共存している」（ⅢS.1259,9p.467）と実感した。それは、ブーバーの少年時代におけるあのハシディズム体験にはじまる。毎年夏の間、かれは現ルーマニア北部に隣接するブコヴィナ（Bukowina）地方の領地で過ごすことを習慣としていた[6]。ある年、すなわち1887年の9歳のとき、その領地からブーバー少年は父に連れられて、近くの不潔な町で現在のウクライナのチェルノフツィ（Chernovtsy）市に相当するサダゴラ（Sadagora）の町に足を踏み入れた。そこで、はじめてハシドたちと接触する体験をもった（ⅢS.963）。当時、祈りの際のツァディクの尊大な態度、それにしたがうハシドたちの無知蒙昧な行状に、ブーバーは行動としてはついて

いけなかった。しかし、このときに、「私がハシディズムの書の言葉を耳にしたとき、私はそれをハシディズム的な感激さをもって聴いたものである」（ⅢS.1259,9p.467）と、ブーバーは後年語る。そして、ハシドたちが指導者ツァディクの教えに忠実にしたがうというブーバーの心象風景は後々まで残る。

　こうして、少年時代は得てして感受性が強く、豊かであったため、ブーバーはハシディズム共同体の雰囲気だけはすなおに受けとめたのである。「もしも、人が神の言葉による風刺画ではなく、神の言葉そのもののために闘っていたその時代に、私が生きていたならば、私も他の人と同様に自分の父の家から逃げ出してハシドに確実になっていただろう。しかし、それは、私の生まれた時代では、世代や状況から見れば許されていなかった」（ⅢS.1260,9p.467〜468）。つまり、ブーバーは素直にハシドという人になりきれなかったわけである。ただ、かれがツァディクのごく自然に振る舞うことに真の指導者の姿を、その指導者の教えにしたがうハシドたちの集まりに真の共同体を看て取り、評価したのは、ずっと後の成人してからのこと[7]である。

　少年時代のかれの心は、萌芽的に「信仰形態や生活形態を革新すべき闘いを真に進める」人たちの心と一致するのであった。「こうした闘いに、あのハシドの闘いが受け継がれている」。また、たしかに、「私は自分の全存在でもってハシドたちの世界にいるわけではなかった」が、「私の基盤、つまり心はハシドたちの世界にあり、そして私のさまざまな衝動はハシドたちの衝動と類似していたのである」（ⅢS.1260,9p.468）。ここでいうハシドたちの衝動とは、ブーバーがラビ・ブーナム（Bunam, Rabbi ?〜1827）という人とかれの教えによって特別に共感を抱くようになったところの、神との交わりを真摯に日常生活の現実のなかに求めるポーランドのプシスハ（Pżysha）一派の心情（ⅢS.1258,9p.466）を指すのである。

第2節　ハシディズムの共同体

　次に、ハシドたちの間に広がるハシディズムの共同体とはどういうもので
あるかを考察したい。ブーバーはハシディズムの共同体にこそ、人間が全存
在をもって神との交わりに生き、神への信仰を喜びとする真の姿を看取して
いる。人間は日々神への祈りによって、つねに斬新な営みを遂げられるとす
る。そして、人間が神に祈ることによって、「神は日ごとに創造の業を新し
くされる」（ⅢS.56）とする。

　このハシディズムの創始者として、ミェンズィブッシュ（Mesbiz od. Miedzy-
bož）の土地に居住するイスラエル・ベン・エリエゼル（Elieser, Israel Ben
1700～60）[8]という人がいた。かれには、良き名前の主を意味するバール・
シェム・トヴ（Baal-Schem-Tow）という称号が与えられた。イスラエル・ベ
ン・エリエゼルはもと身体上の病気を癒す医者であったが、しだいに精神面
の病を癒す医者ともなった。心身両面の病を癒す行為が良い評判を得たよう
である。かれの属する共同体のなかにあっては、名実ともに指導者であるイ
スラエルと、かれを慕う弟子たちとが、この世界で、この地上で神との間の
真の交わりをもとうとしたのである。

　ハシディズム共同体においては、人々の指導者（Lehrer）であり、神との
交わりに生きるツァディク（Zaddik）は、神の意に沿いつつ敬虔的で信心深
いハシディーム（Chassid の複数形として Chassidim）の生活現実に何らかの指
針を示そうとするのを自らの任務とする。それに対して、ハシディームは指
導者の教えや指示に忠実にしたがい、その指導者から何かを学ぼうとする。
ツァディクとハシディームとの共同体は、神との間の交わりを介して精神的
な一体の関係をもつものである。この一体的な関係のなかに、真の指導者の
姿と真の共同体の雰囲気が見出されよう。

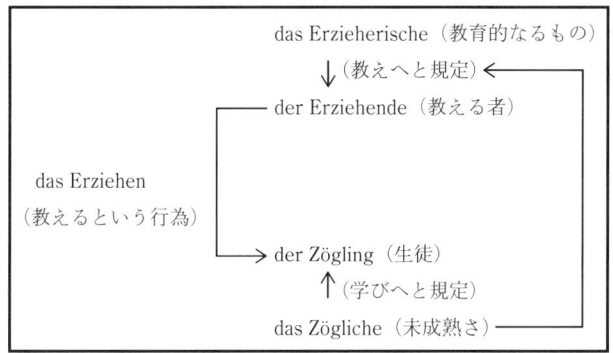

図　教え・学ぶことの相即関係[9]

　次いで、ハシディズムの共同体を教育関係論から見てみよう。ツァディク
はもともと神の教えを説くべき教師でもある。それゆえ、かれは宗教上・生
活上の教えを難渋に感ずる敬虔的なハシドたちの聴衆に接し、かれらに即し
てその教えを解釈しなければならないという使命をもつことになる。言い換
えると、上図の左側下向き矢印方向のように、いわば教える者が生徒に真理
や事柄を説きたいとするならば、かれはまず能力的には未成熟な（zöglich）
生徒（Zögling）に直に接し、かれを知らなければならない。その際、中央上
方の下向き矢印の通り、「〔相手が未成熟さのゆえに学ぶように仕向けるとい
う〕教育的なるものが、教える者をそのような者として定立し、かれをして
教えるという行為へと導かしめる」[10]。

　一方、右側上向き矢印のように、生徒は自らの要求にしたがい真理や事柄
を学ぶためには、教師にその教えを乞わなければならない。その際、中央下
方の上向き矢印の通り、「未成熟さという要因は生徒をそのような者として
定立し、かれをして学ぶという行為へと導かしめる」[11]。もっといえば、こ
の未成熟性（Zöglichkeit）という要因が、生徒を生徒にふさわしく、同時に
教師を教師にふさわしく、両者それぞれに次の行為へと鼓舞するのであ
る[12]。こうして、教えるという行為と学ぶという行為は、互いに真理や事
柄の意味・解釈を自己の内的な欲求にしたがって求め合い、噛み合う相即的

なコミュニケーション関係にあるといえる。少なくとも、教えるという行為
は、教える者が生徒を単に未成熟な客体と見なして、一方的に一定の内容を
教え込むことによって成立してはいないのである。

　ここでの教育関係では、生徒は自らの未成熟さのゆえに教育を必要とし、
教師はその生徒が未成熟さのゆえに教育を施すのである。両者の関係にあっ
ては、一方の他者に対する謙遜としてのシフルート（Schiflut）という態度が
不可欠になる[13]。

　ブーバーによれば、人間は他者とともに生の唯一性・一回性を有し、また
神によってそのように創造されているとする。しかも「人間の唯一性は他者
との生活において確証される」（Ⅲ S.40）。つまり、人間は他者との関係で自
己の唯一性を確かめる。人間はむしろ他者の唯一性のなかに自己の唯一性を
感じ、認めることができる。「唯一者は全体ではなく、部分である」（Ⅲ S.40）。
となると、人間は相手との関係で自己の部分性をも確かめ、その部分性でも
って相手との共存へと向かわざるを得ない。これがブーバーのいう「謙遜の
奥義」（Mysterium der Demut）である。

　加えて、唯一者でもある「聖者〔ツァディク〕は、他の人間の罪業を自己
の罪業として引き受けることができる。互いに罪業を共有し合うというこの
共存（Mitleben）のみが正義である。認識としての共存は正義である。存在
としての共存は愛（Liebe）である」（Ⅲ S.42）。人間は共存関係で相手のなか
に唯一性・部分性を自分のごとく感じとり、その唯一性を十分に展開し、部
分性を補うことを求められ、このことによって神に到達できるようになる。
謙遜というのは、このように一方が自己献身的な姿勢でもって他者のなかに
自己を感じ、教育関係では教師が生徒のもつ未成熟さを自分のごとく援助す
る（helfen）という資質のことである。

　となれば、教育者ツァディクは、相手がつねに教えを求めている、あるい
は求めようとしているハシディームによって、完全な人間として、真の指導
者として、精神面の真の助力者として、世界という意味を教える者として、

そして神に代わって信徒を導きかつ神と信徒との間を仲立ちする者として信頼され、望まれる。ツァディクは、たえず理想的な教師像としてのあり方を要求される。

　それに対して、「創造者に真に身を捧げることができて、しかも被造物たる人間たちから身をそむけることによってではなく、まさに創造者への献身をかれらの世界で成就することによって、それをなし得る者は、いったい誰であろうか」（ⅢS.1119,9p.228）。それはいうまでもなく、ツァディクの教えにしたがうところのハシディームである。まさに自我欲の強いハシディームといわれる人たちほど、神との関係、あるいは世界との関係では、慎ましく献身的になり、真の人間性を発揮することを求められる。また、ハシディームは、ツァディクとの師弟関係をもつことによって、トーラーをもって踊る敬虔な信者にもなり得る。それゆえ、ツァディクとハシディームの両者は、一つのハシディズムの共同体のなかにあっては、互いに相俟ちつつ、「共通の畏敬と共通の魂の歓びが真の人間共同体の基礎となる」（ⅢS.964）雰囲気を醸成しようと努めるのである。

　こうしたハシディズム共同体における教育関係では、完全な人間がたえず求められる。人々が社会生活を営む限り、そこには人間関係や人生や仕事などの迷い・苦しみは当然生まれやすいものである。そのとき、迷いや苦しみに陥った人は精神面の真の助力者を心情的に熱望する。もし完全な人間が存在するとすれば、かれこそそれに応えられ得よう。ブーバーが描く完全な人間とは、「行為として、生成として、課題として把握される人間の『神の似姿性』」（Gottesebenbildlichkeit,ⅢS.967〜968）のことをいう。完全な人間は神を世界のうちに実現しようと努める人である。この完全な人間は如何なるときに、そしてどういう状況で登場してくるのだろうか。

第3節　完全な人間の待望

　ところで、シャラーによれば、ハシディズムの根源は、ラビの神秘主義者イサーク・ルリア（Luria, Isaak 1534 ～ 72）が説く後期カバラ思想[14]のなかに見出されるとする[15]。カバラの思想的原典ともいうべき『光耀の書』（Zohar, 1275/80 ; 1286/90）は、中世スペイン系カバリストのモーゼス（Moses de Leon, 1250 ～ 1305）がもともと13世紀後半に、民衆の間で口から耳へと伝えられてきた神秘説を編集し直した本である。モーゼスの著書に対して、ルリアがかなり後にさまざまな解釈を加えたものである。ルリア独自の解釈の特色は、メシアの来臨を促すために実際生活上の指針を示した点にあろう。一部、その真の意味がしだいに失われて、迷信と化してしまった解釈もある。

　重要なことは人間が現実に神とともにあるという点である。「人間は神との共創造者となり、共働者となる」[16]。「神は自分の創造をわれわれ人間の助力によってのみ完成し得ると欲する」（ⅢS.1191,9p.350）。神は自分の世界を人間の援助なしには救い得ないからである。神は世界の救済をわれわれの力にゆだねている。神は人間を神の仕事のために必要とする。神はどこまでも人間の力を欲するのである。

　ユダヤの人々の口伝や教えを集めたタルムードのなかで、かれらユダヤ人が神と根源的関係をもとうと望むならば、完全な人間としての救世主メシアが自ずとやってくるだろう、と教えている。そして、メシアを通じて、世界の高まりが神へと達するべきである。事実、ルリアの教えによって16世紀後半に徐々に高まってきた民衆の信仰心が、それからおよそ100年後にメシアの再臨を望む声となって結実したのである。

　そもそもの事の起こりは、ポーランドの圧制に苦しむ農民が1648年に一揆を起こし、その矛先が支配者に与していたユダヤ人に向けられたことにある。向こう約10年の間に、約10万人のユダヤ人は巻添えを食って虐殺され

た。それはまさに苛酷なものであった。こうしたユダヤ人迫害の状況のなか
で、かれらの間にメシア待望論が熱烈にもちあがってきたわけである。

　この待望論に応ずる形で、ザッバタイ・ツヴィ（Zwi, Sabbatai 1626 ～ 76）[17]
という人がまずあらわれて、自らをメシアとして宣言した。だが、かれは後
にコンスタンティノポリスで捕えられ、卑怯にも殉教から身を守るためにイ
スラム教に偽装改宗して、それでもって釈放された。かれは魔術的な行動に
よって世界の救済を引き起こそうとしたが、結局は自滅した。

　受難のユダヤ人がふたたび世界離反から救済を待ち望んだときに、このザ
ッバタイ主義を継承したザッバタイ・フランク主義運動がまたもや起きた。
運動は、単独者として禁欲的な孤独さのなかへと逃れ、極端な虚無主義に走
ったヤコープ・フランク（Frank, Jacob 1726 ～ 91）[18]によって担われた。かれ
も同様にカトリック教会に改宗してしまったが、しばらく教会から異端視さ
れ、偽善者と見なされた。伝統的なラビたちは、当然なことながら現実の生
活に即してトーラーを厳格に守る立場でもってかれを非難した。

　ザッバタイ・フランク主義の最大の問題は、そうしたトーラーの伝統的な
良い面を無視したことにある。裏を返せば、現実の生活から逃避して、極端
な宗教的虚無主義に陥ってしまった点が問われたのである。このザッバタ
イ・フランク主義に反対していよいよ登場した人物が、前節で述べたバー
ル・シェムである。かれは、トーラーのもつ真の意味を回復させ、ザッバタ
イ・フランク主義の欠点であった虚偽的な生活を否定して、現実的に神のた
めに生きる真実の生活を求めた[19]。かれこそ、ハシディズムの共同体では、
完全な人間だと目された。ブーバーも、バール・シェムが律法の真の意味を
確立し、日常的生活における個々の行為を聖別しようとした点で、かれを評
価した。

　バール・シェムによれば、神はハシディズムの共同体では人間の日々の生
活や行為をつねに発展的に促し、それによって自らの完成を成し遂げようと
いうのである。となれば、人間は自分の生活や行為を通して神にきちんと答

えなければならない[20]。人間は神への奉仕のうちに自己の使命を果たすことができる。こうして、神は自らの創造という仕事において、すべての存在を生じせしめるようにする。人間もまたそれに応えて、創造を再び創造者―神の手へとゆだね、完成させることを呼びかけられている。したがって、どの人間も、神と交わりながら神の創造を完成するという仕事をともにするのである。

　世界は、人間が神との具体的な交わりや行動をつねに繰り返しつつ、聖なる印としてのサクラメント（秘蹟）となる。神が世界を創造しているがゆえに、世界は、神が私に話しかけ、そして私から答えを受けようとする場である。神が世界に住むがゆえに、人間は、自らが日常的に世界で応ずるところの神の呼びかけにおいてのみ人間となり得る。

　逆に、人間の堕落によって世界が破壊されようとしたときに、あるいは破壊されてしまったときに、人間の真価はまた問われる。かりに、神の実体をあらわす火花（フンケ）が世界の事物や生物のなかに落ち込み、暗黒の固い殻（クリパ）に閉じ込められたとする。この世界破壊のときにこそ、人間は、その閉じ込められた神の火花を解放することができるかどうかの試金石を課せられる。

　この神秘説と同じ立場にあるとされる新プラトン主義者・神学者コメニウス[21]も、あらゆる事物に神の痕跡があるということについて語っている。事物や生物の殻に隠された神の火花（フンケ）を解放し、高められるかどうかは、やはり人間のもっとも大きな課題となる（ⅢS.799,3p.92〜93）。人間の力によってこそ、神の栄光（シェキナ）（Schechina）は世界に内在し、臨在することができるというものである。

　こう見てくると、ハシディズムの共同体から果ては読み取れる神の栄光という考え方のなかには、神秘主義者にとって「心地よい行動的な内容」[22]が含まれている。それゆえに、ブーバーの思想に即すると、人間のみが神の火花を解放し、神の栄光をこの世にもたらすという最大の責務をもつべきであ

る。それが完全な人間としての務めなのである。

第4節　指導者の役割

　ハシディズムでは、教師はつねに大きな役割を担っている。かれによって、ハシディズムの教えは世代から世代へと伝えられる。教師は神の栄光をこの世にもたらすべく、共同体やその構成員たる会衆を導く指導者（Rabbi）でもある。教育的な意味における真の教師といえば、メスリッチュ（Mesritsch）のドヴ・ベール（Bär, Dow 1710 ～ 72）の名前を偉大な説教家（Maggid）として挙げても間違いはないだろう。かれはバール・シェムによる教えと生活との一体化によって救いを体験した最初の弟子に当たる（ⅢS.90 ～ 92）。

　ドヴ・ベールは世界というものを、神と、神の子としての人間との関係に置き換えて解釈する。ここでは、神の「収縮」もしくは「隠退」[23]という考えが援用されている。それは、神がいったん自己自身のなかに隠退し、次いで分離されたもう一つの自己以外の根源的空間に自らの光を照らし当てることによって世界の創造が始まるという思想である。人間がなすべきことは、その現実の世界に向けて神の隠れた光を輝かすようにつとめることである。

　前節でも触れた後期カバラの思想は、教育的な行為という観点から見て、世界の創造のために、宇宙論的な性格というよりは、むしろ対話的な性格を帯びている。つまり、神の人間への呼びかけを基調とする世界は、自ずと神の子としての人間を導き、神と人間との対話を促そうとする。語源的に見ても、Pädagoge（教育者）は、そもそもは、ギリシャ語の paidagogos に由来していて、paedo（子）を ágein（導く）という意味をもっている。その場合に、教育者は子どもを歴史的な所与のなかにおける唯一的かつ一回限りの生命だととらえ、しかもその子どもをヘブル的人間観によれば「神の恩寵」の賜物だと見ている。今ここに眼前に存在する子ども自体が歴史における一つの現実性であり、そこから出発し将来に向けての可能性を持ち合わせている（I

S.787,8p.4）。こう見てくると、世界での神の子を教育者が導くという営みは、じつは掛け替えのない子どもの歴史的な現実性と可能性に依拠し、それに基づいてかれを導くことになる。

　さらに、通常、無意図的に流れるいっさいの教育のうちで、「世界は教育者においてはじめて教育という作用の真の主体となる」（ⅠS.794,8p.15）。一般的に世界に存在するもろもろの社会や自然現象などの総体が、教育者を介して相手の人間に応じて選び取られ、同時に教育者を通して人間の諸力を引き出すのである。教育者は神の世界に存在するもろもろの社会や自然現象などをいったん人格の内に取込み、咀嚼して相手に伝える、いわばフィルター的な役割を果たすことになる。ここでの教育者はいうまでもなくツァディクでもある。広義的にとらえると、「ツァディクは会衆の指導者として、単に神の代理人でもなければ、会衆の代理人でもなければ、かれは神が要求するところへと各々の成員を導くという任務における会衆の指導者のことである」[24]。

　このように、ブーバー教育論はその思想的基盤を、ハシディズムの世界で体験するようなツァディクとハシディームという師弟間の一体的な教育関係に置いていた。一体的な関係においては、敬虔なハシディームの行動や生活が指導者ツァディクの教えの下に相互的にごく自然に成り立ち、逆に指導者たるツァディクの存在が完全な人間として、日常生活のなかで悩めるハシディームによって支持されていたといえる。そして、ハシディズムでのこの師弟間の一体的な雰囲気の下においてこそ、効果的に学ぶということが営まれやすいだろう。となれば、ハシディズムにおける師弟関係は学校における教師と子どもとの教育関係のモデルにもなろう。

註

1）関川悦雄「ブーバーの教育論と『新教育』―1920年代の動きを中心に―」『関東教育学会紀要』第18号、1991年、1～8ページ参照。

2) Bohnsack, Fritz: Das Problem der pädagogischen Absicht bei Martin Buber — Ein Beitrag zum Verhältnis von Methode und Begegnung in der Erziehung — . In: Gerner, Berthold（Hrsg.）: Martin Buber Pädagogische Interpretationen zu seinem Werk. München 1974, S.27.

3) シェーラー, M. 著、亀井裕・安西和博共訳「哲学的世界観」飯島宗享他共編『シェーラー著作集13』白水社、1977 年、128 ページ。

4) 前同書、129 ページ。

5) 前同書、128 ページ。

6) ブーバーは3歳時に両親の離婚により、当時のウクライナ・ポーランド国の南部のガリシア（Galizia）州で現在のレンベルク（Lemberg）に相当するルヴォーフ（L'vov）市に住む父方の祖父母に預けられた。ブーバーはもともとウィーンの生まれである。

7) 後に成人してからというのは、ブーバーが32歳の頃、1910 年か11 年にサダゴラに近いブコヴィナで講演を行ったときのことである。講演後、一人の中年のユダヤ人との対話—その人の娘婿の青年が裁判官になるべきか弁護士になるべきかという相談とその回答を求められたという出来事—があって、そのとき少年時代の体験がみごとに蘇ってきた。あのハシドたちが慕うところの指導者の理念—啓示について求められ、それに答える指導者の姿、または「神を世界のうちに実現しつつある完全な人間の理念」（ⅢS.972）—が現実のものと感じられるようになった。こうした体験への回帰に至るまでには、もう一つ、ブーバーが26歳のときに、バール・シェムの、ヘブル語で書かれた『遺言』を読み、その後ハシディズム研究に専念した点もある。むろん、かれはそれ以前に民族的な自覚のもとに政治的シオニズム運動に参加したが、まもなくしてその『遺言』に出会ってハシディズム研究に入ったのである。

8) イスラエル・ベン・エリエゼルはポーランド系ユダヤ人神秘主義者であり、東欧のハシディズム運動の創始者でもある。今のウクライナのポドーリエ地方のオコプ（Okop）に生まれ、20 歳のときカルパチア山岳に隠棲し、1730 年頃ミェンズィブッシュのトルステ（Tluste）に移住し、1736 年頃にはウクライナ地方のポドーリア（Podolien）でハシディズム運動のカリスマ的指導者として頭角をあらわし、癒しと教えによって多くの弟子を集めて、付近の民衆の信頼を得た。弟子の一人ヤコープ・ヨーゼフ（Joseph, Jacob）が「世俗生活のただ中に内在する神の栄光の閃光を純化することによって神へと上昇する」（新プラトン主義）といって、それを『ヤコープ・ヨーゼフの系譜』（1780 年）という説教集にまとめた。

9・10・11）Seiffert, Johannes Ernst: Das Erzieherische in Martin Bubers chassi-
　dischen Anekdoten. Berlin 1963, S.56.

12）Ibid., S.78. なお、Zögling は Erzieher に対する語であって、その語はもともと寄
　宿制学校や寮にて保護・養育されるべき若者という意味である。

13）Ibid., S.58 ～ 66.

14）カバラ（Kabbala）は神、人間、そして世界の三者の関係をどう位置づけるか、
　この三者関係について神秘的に説明したユダヤ思想である。後期カバラは新プラト
　ン主義、新ピュタゴラス主義などに影響を受けて、神からいろいろな領域へ放射す
　ることを旨とする。詳細に見ると、分離、創造、形成、製作、観念の世界、諸力の
　世界、形相の世界、質料の世界、天使の国、精神の国、魂の国、生命の国が輝き出
　て、これらのあらゆる領域にまたがり、打ち立てられたのが世界である。その中心
　に位置するのは神である。人間は神の意に沿い、それらの領域に関わりつつ行動す
　るのである。

15）Schaller, Klaus: Die chassidischen Wurzeln der Pädagogik Martin Bubers（1959）.
　In: Der Gebildete heute. Bochum 1962, S.56.

16）Ibid., S.57.

17）ザッバタイ・ツヴィ（Zwi, Sabbatai 1626 ～ 76）はユダヤのザッバタイ派の創始
　者で、スミュルナで生まれ、アルバニアのドゥッツィグノで死す。かれは、近世の東
　ヨーロッパで、メシア待望の気運に応えて自らをメシアとして宣言した。

18）ヤコープ・フランク（Frank, Jacob 1726 ～ 91）はフランク教の教祖であり、ポ
　ーランドのユダヤ教の霊的指導者（ラビ）の子である。本名はヤンキェフ・ラボヴ
　ィチ（Labowicz, Jankiew）、ザッバタイ派の影響を受ける。三位一体の教理を唱え、
　自らを聖なる王であるメシアだとした。タルムード派に攻撃され、カトリックに改
　宗。その後も自らをメシアとして信者に礼拝させたため捕えられる。1773 年のポ
　ーランド併合に際し、釈放される。1791 年にオッフェンバハで死す。娘エーファ
　（Eva）が後を継ぎ、信徒を率いた。

19）平石善司『マルチン・ブーバー』創文社、1991 年、48 ～ 52 ページ。本章中の
　ザッバタイ・ツヴィやヤコープ・フランクのメシア運動とその後のバール・シェム
　の登場も同ページを参照した。

20）カワナ（Kawwana ; Kawwanot はその複数形）というのは、信仰者が宗教的な
　行いを通じて、自己の全存在を神へと向ける献身・専念を意味する。ハシディズム
　研究の最初はツァディキームの格言やかれらの生涯の伝説を収集することにある。
　「ブラッツラヴのラビ・ナハマンの物語」（Rabbi Nachmann von Bratzlaw）はその

一つである。ブラッツラヴ（Bratzlaw）はポーランド北部の町の名。ラビ・ナハマン（Nachmann, Rabbi）は1772～1810年の人。生まれはミェンズィブッシュ（Miedzybož）である（ⅢS.895～934）。

21）新プラトン主義は3世紀から6世紀にかけて形成されたギリシャ哲学最後の学派であり、思想的にはプラトンの思想を受け継ぎつつ、ここではとくに宗教的にはオリエントの宗教やキリスト教の神秘主義が入って形成されたものである。この学派は直接の弟子プロティノスやアメリオスといった人たちに代表される第1期に属する。ギリシャ哲学を宗教的側面から完成させたところに特色がある。コメニウス（Comenius, Johann Amos 1592～1670）は、『大教授学』のなかで、「我〔神〕は汝〔人間〕をあらゆる被造物の支配者として創造したのである。すなわち羊も牡牛も野獣も、空の鳥も海の魚も、ことごとく汝に従属せしめ、汝〔人間〕を栄光と名誉とを以て飾ったのである」（稲富栄次郎訳、1969年、玉川大学出版部、40ページ）と述べて、神の顕現たる外的な自然・世界の現象を秩序づけたのである。

22）Schaller, K.: a. a. O., S.65.

23）前掲『マルチン・ブーバー』56ページ。

24）Schaller, K.: a. a. O., S.67.

第3章　思想的基盤としての人間論

　まず、J. H. ペスタロッチ（Pestalozzi, Johann Heinrich 1746 ～ 1827）ですら、『隠者の夕暮』（1780 年）のなかで、よく「まことの人間というこの『人』とはそも何ものであるか」[1]と語る。人間の本質がまず明確にされるべきであって、この本質に則してこそ人間教育が可能となるというものである。ペスタロッチはこのように貧児教育の際に人間に関する問いかけを試みた。

　ブーバーもじつは人間の問題に果敢に挑んだのである。つまり、かれはやはり自らの教育論の思想的基盤を「人間論」（anthropologisch）[2]に求め、人間をどうとらえるかに苦闘することになる。以下、前章のハシディズムに続いてこの人間論について言及していく。

第1節　人間論に基づく教育

　事実、ブーバーは人間の問題として 1948 年に『人間とは何か』（"Das Problem des Menschen"）を著した。そこでは、カント（Kant, Immanuel 1724 ～ 1804）の問いでもあり、同時代人のペスタロッチの問いでもあった「人間とは何か」という問いを、ブーバーは提示している。

　カント自身はすでにこの問いをあらゆる哲学の主要なテーマへと高めていた。かれは、「私は何を知ることができるか」、「私は何をなすべきか」、「私は何を望むことを許されるか」、そして「その人間とはいったい何か」という各問いに対して、それぞれ順に形而上学、倫理学、宗教、そして人間学でもって答えることができるとした（Ⅰ S.310, p.12）[3]。加えて、カントの見方はすべて四つの問いを根本的には人間学という公分母に集約し、算入することができるというものであった。つまり、最初の三つの問いはすべて、最後

の人間学的な根本的問いである「人間とはいったい何か」に還元できるというものであった。

　カントによれば、人間学は人間存在を根本的に問う「哲学一般の基礎」（die fundamentale philosophische Wissenschaft）になり得る分野だという。だが、カント自身は、我々に、じつは格別な人間学的な意味で、「人間とは何か」という問いに対して明確に答えを出してはいなかった。カントのいう 17・18 世紀頃の「人間知」（Menschenkunde, I S.313,p.17）の特質は、ブーバーが語るように、対他者との関係を直接的にもつような人間固有の存在に言及していなかった点にある。それは逆にエゴイズムとかファンタジーとか、率直さや嘘などに関する人間知の貴重な学問の蓄積に対してのみ貢献したのであった（I S.310 ～ 311,p.13）。

　一方、「人間とは何か」という問いに対するブーバーの答えはどうであろうか。この問いに対しては、ブーバーは誰においても目標とするような普遍妥当的な形態の像が崩れ去っている今日、いったい何を形造ることができるというのだろうか、と投げかける。このとき、かれは、「神の似像をつくる以外には何もない」と応えざるを得ない。「これこそが、責任を担っている現在の教育者の、定義することのできない、ただ事実的な《どこへ》（Wohin）行くのか」（I S.808,8p.38 ～ 39）という問いに対する唯一の方向性を与えていよう（第 10 章第 3 節でも詳述）。

　ブーバーの目指すべき教育の目的は人間を神の似像にまで形成することにある。そうだとすれば、「創造者たる神が神の似像を救い、完成せんがために」、人間は自己と他者を創造者に明け渡し、創造者に呼びかけることを使命づけられているという（I S.808,8p.39）。そこには、ブーバーは第一に、自らの課題でもって直接に神の面前で責任を担おうとする教育者を期待する。この教育者の資質に、ブーバーは真正な神の似像性に相応するところの、人間の自律を見て取る。すなわち、「もはやこれ以上裏切ることなく、応答する（verantworten）ことによって」、存在者の面前で責任（Verantwortung）を

とるような自由の産物、「それこそまさに人間の真正な自律（Autonomie）なのである」（ⅠS.808,8p.39）。

　人間が神とその似像、すなわち他の人間の面前で責任を担おうとする決意においてのみ、教育の仕事は始まり得る。つまり、人間が神に応答し、人間たる《我》が神としての《汝》と関わるように導こうとするのが教育の仕事である。そして、人間と人間とが直接的に関わるという考えがブーバー人間論の思想的中核にある[4]。

第 2 節　人間存在の精神史的帰結

　以上のように、教育の仕事は人間と人間とが神を介して真の関わりをもつように導くことであった。次に、この人間と人間との関わりをもつという人間存在のありようを如何にとらえ、それがどう精神史的に帰結していくのかを考察したい。次節では、ブーバー人間論はどういう内容を有するのか、それがカントの「人間とは何か」という問いに対する答えになるはずである。

　さて、ブーバーの生きた 20 世紀前半の時代に至って、人間の問題はようやく熟してきた。当代の危機は何といっても人間存在が根底から脅かされたときに顕現した。当時の哲学はこの危機の克服に思想史的にどうかかわるかである。このときに当って、ブーバーは人間存在のありようについて、社会学的（soziologisch）な要因と、心魂史的（seelengeschichtlich）な要因の二つからとらえ、この二つの要因によって人間の問題を真摯に認識しようとしたのである。

　前者の第一の要因は、「人間の直接的な共同生活の有する古い有機的形式」（ⅠS.352,p.87）がますます崩壊にさらされるようになったという事実に由来する。ブーバーはこの崩壊の危機を「フランス革命による人間の政治的解放と、それを通じてのブルジョア社会の成立とに対して支払われた代償」（ⅠS.352～353,p.88）だとして特徴づける。古い自然的な結びつきを有する

人間共同体の喪失にともなって、人間はたしかに新しい合目的的な社会形式
―たとえば結社、労働組合、政党など―に自らの生命を再び点火することは
できた。しかし、人間はそれと引換えに生の故郷喪失感を否応無しに味わざ
るを得なくなった。「人間は孤独の深さを経験し、その孤独のなかで自己の
存在の根底に直面しつつ、人間のもつ問題性の深さを知ったのである」（ⅠS.353,
p.88）。

　後者の第二の要因は次の事実に由来する。つまり、人間がたしかに20世
紀前半の歩みのなかで最新の技術を獲得したが、それはやがて自らの手から
滑り落ちてしまい、人間自らによってそれをもはや支配できなくなってきた
という事実である。ブーバーはこの事実を「仕事の背後への人間の落伍」
（ⅠS.353,p.89）と呼んでいる。それは、人間がしだいに自らの発明品の周辺
に退いてその搬入や搬出を司る手足となり、人間が発明品の奉仕へと後退し
たことをいうのである。同時に、第一次世界大戦という戦争も人間が敵味方
の両陣営に分かれて壊滅をもたらし、「自分が悪魔デーモンの生みの親だ」
（ⅠS.354,p.90）とせしめた。そして、凄まじいといわれるほどの原子力兵器
への飽くなき追求の姿勢が、今日では世界人類に重くのしかかる悪夢のよう
に横たわるようになったのである。

（1）人間存在の宇宙での被護性と自己意識

　このように、ブーバーは人間が孤独の深さを体験し、人間のもつ問題性の
深さを知り、人間が自ら創造した技術から落伍している、と指摘した。かれ
はこの問題意識のもとに、カントの提起した「人間とは何か」という人間学
を手掛かりにして、先達の各思想家の人間観や世界像を批判的に検討し、そ
の意義と限界を明確にしようとした。

　まず、古代ギリシャの哲学者アリストテレス（Aristoteles　384 ～ 322B. C.）
の世界像では、ブーバーがいうように、人間は世界の諸事物と同様にその一
つの事物的存在であり、一つの客体的で経験可能な種族であると見なされる。

つまり、人間は第三人称における自己について語りつつ、自己を「かれ」として意識するが、第一人称における自己を語りつつ、自己を「私」や「自我」として意識するまでには至っていなかった。しかも、アリストテレスにとっては、「人間だけが知り得る自己認識の特殊次元は、まだ踏み入れられていない領域であり、まさしくそのために宇宙における人間の特殊的地位は発見できないままでいる」（ⅠS.317 〜 8,p.25）という。アリストテレス的な宇宙観による人間というものは、単純に世界のなかに包まれ、宇宙の真っ只中では確固たる地歩を占める一つの閉じた空間のなかに囲まれて存在するのみである。

　次に、イタリアの神学者トマス・アクィナス（Aquinas, Thomas 1225/6 〜 74）の世界像では、人間は同様に自己が次のような神学的な宇宙において庇護されているのを知るようになる。

　　世界像の図式は十字架であって、その縦の柱に相当する有限的空間は天国から地獄までを人間的人格の心臓のまん中を貫いて走り、そしてその横の梁は世界の創造から終末にまでいたる有限的時間である。この際、時間の中心であるキリストの死は、空間の中心である憐れむべき罪人の心の上に、その心を蔽い、救済しつつ留まっている。この図式の周りに、中世的な世界像は築かれた（ⅠS.320,p.30）。

キリストの死に庇護される有限的宇宙観にあっては、トマスは人間と精霊たちの生活に概念的な輪郭を与えた。かれはアリストテレスと同じように、ここに登場する憐れむべき人々をいわば「我」や「あなた」ではなくて、第三人称の「かれ」で語っている。憐れむべき人間において、「最低の精霊である人間の精神が、最高の肉体的事物である人間の身体と実体的に結合し、したがって、人間は、いわば《精神的自然と肉体的自然との限界と境界線》として姿をあらわす」（ⅠS.320,p.30 〜 31）のである。ここでは、トマスは人間を死滅しがたい純然たる存在として把握しているがゆえに、有機的肉体─

生命に合目的に外的に作用するような精神的自然をあえて持ち出した。そして、有名な句である「恩寵は自然を完成する」としたのにとどまったのである。やはり、人間への問いかけは根本的に試みられていなかったというべきである。

　ドイツの神秘主義的哲学者クザーヌス（Cusanus, Nikolaus von Kues od. Nicolaus 1400/1～64）の世界像にあっては、大いなる宇宙の調和は世界の空間的・時間的な無限性において保たれているとする。絶対的な最高地位としての神は、あらゆる有限的な諸々の個物の対立を自己のうちに包括し、自己をそれら個物のうちに展開する。小宇宙のどの個物も、全能で完全無欠の神・大宇宙を反映するところの鏡像である。クザーヌス哲学の信奉者であるボヴィルス（Bovillus, Carolus 1472？～1552？）も、世界というものを「人間の巨大な家」だとして喜び讃えている。と同時に、人間は全宇宙でのすべての実体を映し出す小宇宙でもあると称されるのである。

　さらに、人間は、自分が宇宙に単に庇護されるという従来の被護性（Geborgenheit）[5]から、自分が大宇宙を反映し、認識する小宇宙だとする自己意識へと進んだのである。だがしだいに、「人間は自己のなかにいっさいを内包し、したがっていっさいを認識しうる」（ⅠS.323,p.34～35）と誇ったクザーヌスの地動仮説が、ポーランドの天文学者コペルニクス（Copernicus, Nicolaus 1473～1543）によって実際に証明されたときに、人間はもっと深刻に自らの孤独さへと苦悩に満ちた道を歩まなければならなかった。人間がもはや従来のように宇宙を住家と感じられず、生存の根拠を喪失したときに、人間への問いはいよいよ歴史的に現実味を帯びて投げかけられてくる。さらに、コペルニクスの死より約100年後には、「世界（宇宙）の新しい現実性〔の問題〕よりも一層強力な人間の新しい現実性〔の問題〕が現れる」（ⅠS.322,p.34）ようになる。

　こうして、多くの先達の宇宙観の獲得におけるさまざまな「努力の賜物」が、人間をしてより一層の孤独さ―人間のもつ果敢無さ、限界さ、無力さな

ど―を認識するようにせしめた。フランスの哲学者パスカル（Pascal, Blaise 1623 ～ 62）はその流れのなかで登場してくる。かれは『パンセ』のなかで、宇宙という「この無限の空間の永遠の沈黙は私を恐怖させる」[6]と語ったほどである。パスカルのこの明晰な考えはそれまでの宇宙観における人間の位置づけとは明らかに異なっていた。

　　　人間はひとくきの葦にすぎない。自然のなかで最も弱いものである。だが、それは考える葦である。彼をおしつぶすために、宇宙全体が武装するには及ばない。蒸気や一滴の水でも彼を殺すのに十分である。だが、たとい宇宙が彼をおしつぶしても、人間は彼を殺すものより尊いだろう。なぜなら、彼は自分が死ぬことと、宇宙の自分に対する優勢とを知っているからである。宇宙は何も知らない[7]。

　パスカルは、この無限の宇宙のなかにいる人間とはいったい何者であるか、と問いている。人間が唯一他のありとあらゆる万物と相違する点は、かれが宇宙と自己自身との関係を思考し、認識し得る実在であるということである。しかし、同時に、いよいよ宇宙的住家を喪失したと自覚した人間こそが無限の宇宙のなかで自らの孤独さと弱さを意識しはじめたともいえる。

(2) 人間存在の孤独さ

　パスカルは、こうして先験的な方法でもって住家喪失となった人間の現実性を認識するようになった。そして、人間は宇宙の不気味な深淵の前におののき、あたかも自己の有限性でもって無限な宇宙の前に弱々しく自己の無防備に対峙しつつ、孤独な人間像を描かざるを得なくなった。その際、人間が理性の力によってのみ自らの人間存在をもはや把握することは不可能となった。むしろ、人間は畏敬と謙虚の心を通じて、新しい状況に踏み堪えたり、自然界の真空を充填したり[8]、宇宙論的に定住したはずの人間の不本意な孤独さを無限の星空のもとで引き受けたりするほうがうまくいくと思惟された。

「まさに自覚がかような明瞭さをもって成就されたという事実から、この人間学的な思想の更新に際して、宇宙における人間の特殊な地位は明らかとなる」（ⅠS.323,p.35）。その特殊な地位とは、人間が宇宙のなかで、もっとも弱い一本の葦にすぎず、またそのことをよく知り得るという特異な存在のことである。

　オランダの哲学者スピノーザ（Spinoza,Baruch de 1632～77）は、かれと同時代人のパスカルが無限的な空間の不気味さに対して抱いた不安というものを、吹き飛ばそうと次のように試みた。つまり、スピノーザにあっては、宇宙への畏敬と驚愕ということではなく、静寂さと快活さとが自然の規則や秩序の前にかれの心情を満足させ得るということである。精神と自然との一体化は人間を豊かにすることができる。人間が自然を把握し、それに精通すればするほど、神は人間において自己自身を愛すると同様に、人間は神を愛するようになる。スピノーザによると、神という無限の能産的自然（Natura naturans）は自己自身を愛する。それはまたとくに神の本性や属性から生ずる一切の所産的自然（Natura naturata）[9]としての人間において自己自身を愛する。人間の神に対する知的な愛は最高の善であり、最高の徳である。が、この人間の愛は「神が自己を愛するときの無限な愛の一部」にすぎない。「ここに、いわば、無限のなかにいる人間とは何者であるか、というパスカルの問いに対する回答が与えられている。すなわち、人間とは、神がそこ（人間）において自己自身を愛するような実在である」（ⅠS.326,p.40）と。

　スピノーザは、もはや十分に住家とは感じられないような世界のなかで、故郷があって、安住が確保されるという心情に戻りはしなかった。しかも、スピノーザは、神の愛が自己自身において実現されるという認識に至ったからこそ、世界-内-存在という確信―その確信はパスカルの肩に重くのしかかったが―を必要としていなかった。ブーバーによると、その結果として、「人間はかれの住家喪失と世界喪失とを、それらが永遠にして無限の神の本質の十分な認識を可能にするという理由で、また神がいかに人間において自

己自身を愛するかを認識させるという理由で、かえって受け入れてしまったからである」（ⅠS.326,p.41）。

スピノーザの神への敬慕に心酔したドイツの詩人ゲーテ（Goethe, Johann Wolfgang 1749 ~ 1832）は、人間の特性を、《自然が神との間で交わす最初の対話》だと見なしている。これは、スピノーザの、人間と神との関係を対話的に解釈したものである。一つの宇宙的な調和がまずあって、ゲーテはそこでは「現実に宇宙のなかで生きることができた一方で」、「孤独の深さを測ったことのある《多くのものについて、ただ神とのみ語ることができた》」という。そして、かれはむろん、ブーバーが語った「一つの時代の臨終前の恵み深き幸福感」（ⅠS.327,p.42）に浸ることもできたが、ウェルテルの悩みと同様に、「まったく自己のなかに幽閉され、自己を喪失し、そしてとめどなく転落してゆく人間という被造物があげる悲鳴」（ⅠS.327,p.42）[10] を聞きとっていたのである。

次いで、同じドイツの哲学者ヘーゲル（Hegel, Georg Wilhelm Friedrich 1770 ~ 1831）の汎論理主義的な思想体系には、もはや神秘を擁護し、その部分の占めるようないかなる快適な場所もないし、それゆえに人間に関する問題提起を引き起こすようないかなる誘因もなかった。ブーバーが指摘するように、ヘーゲルのいう新しい「世界住居」（Welthaus, ⅠS.332,p.51）の計画とは、現実の人間がその家に立ち入って居住するには不可能な企てであるというものだった。カントが提起した「人間は何を知ることができるか」という問いですら、絶対的な学としてのヘーゲル哲学には存在しないし、したがってこの人間に関する問題もまた難無くその哲学の背後に隠れ、消滅してしまっている。逆に、ヘーゲルの世界理性はすべて現実のうちで弁証法の原理にしたがいつつ、自ずと展開するというものである。また、人間は世界理性のなかで自分自身を認識し、その思惟と自己存在とを一致せしめるという。

りっぱな構えをもつ「世界住居」の計画であっても、じつはその土台にまで亀裂が入っている。人間の未来の確実性を先取するのは、ヘーゲルの計画

に見られる思惟の特権ではなくて、信仰のほうの唯一の特典である。いかなる哲学も世界史の未来的な目的を先取りすることはできないというのである。なぜならば、どの哲学も、宗教の如く「信頼するに足る者への信頼」を勝ち取ることはできないし、宗教の如く「未来への絶対的な確実性の態度」（ⅠS. 329～336,p.48～57）を創造することはできないからである。「この信仰に特有の要素を哲学的体系に書き換えて、その体系にメシア的な救済の性格をただちに与えるというのはやはり尊大というべきだろう」[11]。

　ドイツの経済学者マルクス（Marx, Karl Heinrich 1818～83）は人類社会を階級のないような未来の社会像を描いた。かれはプロレタリアートを階級のない社会主義の担い手として規定した。しかし、マルクスにあっては、社会の運命を自ら参加して決定すべきところを、まったく他の人間、すなわち指導者の決断力に委ねてしまったということが課題として残った。ブーバーによれば、「いかなる弁証法的な保証も人間を破滅から救うことはできない。むしろ、自ら足をあげ、自らを深淵から離れさせる一歩を歩むかどうかは、人間自身にかかっている。この一歩を歩む力は、その人間に向けて、未来の確実性から来るのではなくて、人間が絶望の影で蔽われつつ、そこから人間本質への問いに自らの決断をもって答えるあの不確実性の深さからのみ来るのである」（ⅠS.339,p.62～63）。この人間論的な自己決断によってのみ、人間は自己の社会の運命に参加できるのである。

　ドイツの哲学者ニーチェ（Nietzsche, Friedrich Wilhelm 1844～1900）はかれ以前のいかなる思想家も果たし得なかった人間論的な問いに対して大いに貢献した。では、かれの思想がブーバーの人間論にどんな影響を与え、寄与したのだろうか。ブーバーはそれについて心理学的に生態学的に検証している。

　心理学的に見ると、たとえば「人間の偉大さはその本質により力を含んではいるが、〔ニーチェのいう〕権力への意志を含んではいない」（ⅠS.345, p.73）とする。人間の偉大さは本来、内的な強力さに基づくべきなのである。人間が自分の目的を追求するのは、権力の意志への完全な心理的欲求のため

ではなく、自己の意識のなかにあるものの実現のためであり、精神の受肉のためである。この実現のためには、ブーバーは、ニーチェがいう権力の概念に付与された「酒神バッカス的激情」を否定し、除去するべきだ、と強調する。なぜなら、人間の内的な力とは、ただまったく「人が実現しようと欲するものを実現する能力以外の何ものも意味してはいない」（ⅠS.346,p.74）からである。

　もう一方、ニーチェの生態学的な見方では、生の目的を自己に委ねられ、自ら決定できる人間は、動物界の法則に支配される一つの類（Gattung）としてはいったん発生し、その後動物界から離脱した存在となり得る。それは他の動物には自らの未来を自身で決定できる力がないことに依拠している。ニーチェはこうして人間を類による発生と離脱の末の存在だと見なしたのである。だが、かれにあっては、「一つの世界を認識する人間は、じつに人間と共存しつつある人間（der Mensch mit dem Menschen）なのである」。ただし、この共存的な人間が存在するという問題は、ただ一つの類の存在（Sein einer Gattung）の領域からこの類の生成（Werden dieser Gattung）の領域へと移行したにすぎなかった。このニーチェの解釈はどこまでもその基盤を動物界におくがゆえに、そのようになるのであろう。「かりに、動物界から、存在について、かつかれ自身の存在について知っているような生物が発生したとしても、この発生の事実と発生の仕方とは、必ずしも動物界自身からは理解され得ないし、また、必ずしも自然概念でもっては把握され得ないのである」（ⅠS.351,p.82）。

　そこで、人間という動物はいよいよ明確に単に一つの類（eine Gattung）に属するのではなく、一つの部門（eine　Kategorie, ⅠS.351,p.82）、すなわち人間界もしくは「共同体という勢力」（die Macht der Gemeinschaft, ⅠS.351,p.83）に属するべきだ、とブーバーはいう。我々は、ニーチェの情熱的な努力を経由して、ブーバーのいう人間と人間との直接的な関わりへと進まなければならないが、この関わりについてハイデッガーの基礎的存在論からも把握してお

く必要がある。

(3) 人間存在の基礎的存在論

　ハイデッガー（Heidegger, Martin 1889 ～ 1976）の基礎的存在論は、現存在を、あるいは自己存在としての現存在を分析することを通して、人間の本質への問いに迫ろうとするものである。

　ハイデッガーによれば、人間存在は時間的に時熟する存在であり、それゆえに人間存在は時間性として規定される。現実的には、人間の「我が現に存在している」という現存在は、かれの有限性によって特徴づけられる。人間現存在の本質は不安のうちに、また無のうちに顕在化する。人間が自己に不安を抱くのは、人間的実存のもっとも象徴的な態度である。そして、死を身近に体験する、または死に臨む過程においてはじめて、人間の有限性は否応なしに思い知らされ、開示されてくる[12]。人間が無や死へと運命的な道を歩み、またそう歩んでいるのだという自覚は、かれにとって大きな課題となる。真理は人間が自ら実存することを通じて顕在化するという純然たる実存においてこそ、人間は自己存在へと再びもどり、それによって思惟する。そして、人間が自己存在と真に関わり合うようになるのは、その自己存在を本来的に存在せしめていないのだという良心の叫びに由来する「負い目」[13]からそのようにさせるのである。

　加えて、人間存在はその本質上、世界–内–存在（In-der-Welt-Sein）でもある。現存在としての人間はすでに世界のうちに存在することのゆえに、周囲の事物や他者に関わり気遣いつつ、それを契機にして自己存在に関わり、自己をあらわにするという関心（Sorge）を自らのありように反映させる。関心の様態には、配慮（Besorgen）と顧慮（Fürsorge）の二つがある。前者の配慮は、事物や自らの対象たる事物によって取り囲まれ、それを契機にして自己存在に関わり自己をあらわにすることである[14]。後者の顧慮は、自らの相手たる他者によって取り囲まれ出会いつつ、それを契機にして自己存在に関わり、

自己をあらわにすることである[15]。この関心の二つの根本的契機は、とも
に人間が事物や他者に気を配りつつも、最終的には自己存在と関わることを
主題としている。

　このように、ハイデッガーの人間観は、じつのところ人間が他の人間と本
質的に真に関わるという関係を含意しているとはいい難いだろう。ブーバー
から見れば、ハイデッガーにあっては、「かれがそれのみに注目している顧
慮という関係は、それ自体としては、いかなる本質的な関わりにもなり得て
いない。なぜなら、この関係が、一人の人間の実在と他の人間の実在とを直
接的な関わりのもとにおくのではなく、まさしくただ一人の人間の顧慮的援
助と顧慮を必要とする他の人間の欠乏とを直接的な関わりのもとにおくにす
ぎないからである」（ⅠS.367,p.110）。たしかに、顧慮という根本的契機は、
現実的な人間と人間との直接的関わりから発生はするが、それはやがて本質
的関わり以外の単なる客観的かつ制度的なもののなかへと拡散していくもの
である。「したがって、人間と人間との共同現存在における根源的なものは、
顧慮ではなくて、本質的関わりである」（ⅠS.367,p.111）。つまり、実在と他
の実在との間の本質的な関わりを通してこそ、その人自身の「自己存在の
枠」が突き破られ、かれは他者に向かって真に自己を開いていくのである。
これがブーバーの主張する人間存在のありようである。

　一方、近代の、個人主義的に自己の内側に向いて完結するという「一つの
閉じた体系」においても、その人は存在論的に他者の自己と関与することが
閉ざされている。たしかに、ハイデッガーは人間が自己に対して《開かれ
る》という。しかし、人間が自分に対して《開かれる》というときのこの自
己のありようは、その本質上、閉鎖的であり、独話的である（ⅠS.369〜370,
p.115）。

　キルケゴール（Kierkegaard, Sören Aabye 1813〜55）ですら、「単独者は神に
対してのみ開かれる」という。それは一つの開かれた体系である。ブーバー
にしたがえば、この命題はハイデッガーによって、「どの人間も本質的には

自己自身とのみ語らなければならない」というように修正される。この「ね
ばならない」（sollen）という助動詞もまたついに脱落する。そして、「どの
人間も本質的には自己自身とのみ語り得る」と落着していく。「換言すれば、
この〔自己自身とのみ語り得るという〕言葉は、単独者の本質を超越し、単
独者を、他者の本質性へと、すなわち、実在と実在との間で実在相互の本質
的関わりを通してはじめて成立する他者の本質性へと転換させることはでき
ないのである」（ⅠS.370,p.115）。

　こうして見てくると、人間が自己自身とのみ語り得るという独話における
人間存在の場合には、他者たる〈汝〉は当然なことながら登場してこない。
また、他者たる〈汝〉が独話的な人間にあっては、全存在をもって決して語
られることはないようである。要するに、ハイデッガーの世界では、ある実
在から他の実在へと、己れの全存在をもって語られた真実の〈汝〉は存在し
ないのである。そして、この〈汝〉の不在という精神史的帰結は、ブーバー
がもっとも懸念したことなのである。

第3節　人間論―他者と関わる人間存在―を求めて

　前節では、ブーバーの思想に即して、人間の問題に関する精神史的帰結に
ついて概観してきた。カントの「人間とは何か」という人間の本質への問い
については、かれ以前においてもかれ以後においても、さまざまな解釈がす
でに多くの思想家によって試みられ、提示されてきた。
　簡単に整理しておくと、アリストテレスの宇宙的世界像や中世のスコラ的
世界像による見方には、カントのいう人間学的な問いは存在していなかった。
パスカルの宇宙観に至ってはじめて人間の孤独さが人間の問題として浮上し
てきた。だが、パスカルの人間についての関心事はスピノーザの神と自然と
の同一視によって隠蔽されてしまった。カント以降のゲーテはその同一視で
もって孤独を癒そうと試みた。ヘーゲルの汎論理主義的思考では、カントの

人間学的な問いはもはや現れてこなかった。マルクスの社会像では、人間の未来を自ら決定するという人間的な自己決断の思想はなかった。ニーチェにあっては、権力意志という命題が心理学的に生態学的に見て動物界からの所産であったが、人間についての問いは復活した。だが、その後、ハイデッガーは人間の現存在に対する分析を通して、他者たる〈汝〉を欠いたまま、「存在の末端に到達した人間とは何か」（ⅠS.380,p.133）という知識を得たにすぎなかったのである。こうして、人間に関する「知識」が一層増加したが、「人間とは何か」という問いに対する様々な答えはブーバーにとっては十分ではなかった。

　そこで、ブーバーは、人間の問題性の熟した時代にこそ、時代の求める人間像の基底的脆弱さに光を当てようとした。かれはそれを課題にして、1922年から41年までに六つの哲学・教育論を集めて、改めて『対話的生』（1947年）という書を著したほどである。その「はしがき」で、この刊行のねらいが、「現代の思索によっておろそかにされている〔人間の〕現実に言及することにあった」とする。その上で、ブーバーは「〔創造と愛の神が生ける〕現実こそが、今日でも人間の現存在にとって本質的な現実である」16)と述べる。こうして、かれはハイデッガーの現存在の分析を手掛かりにして、人間の生の可能性のための新しい基礎を模索しはじめたのである。

　ブーバーは、本章第1節で見たように、人間の本質に関するカントの問いを批判的に分析した。『人間とは何か』17)というブーバーの著作の最終章にある「展望」では、かれの人間像に関する根本構想が提示されている。この構想から、ブーバーはかれの人間像のおもな輪郭を確定したといえる。つまり、人が一般的に人間の本質についての有効な答えを見出そうとするならば、それは「〔他者という〕存在者との全体的な本質的関わりにおける人格の考察からのみ与えられる。換言すれば、自己の全体的な生において、自己の全体的な本質でもって、自らに〔他者との〕可能な関わりを実現する人間こそ、我々をして真実に人間を認識するように寄与することができるのである」

（ⅠS.400,p.168）。

　したがって、ブーバーの人間論の中心的概念は、人間関係論における「関わり」（Beziehung）、「可能な関わり」（mögliche Beziehung）、「関わりの実現」（Verwirklichung der Beziehung）という語である。それゆえ、かれの人間像は、ある人格と他の人格との全体的な本質的関わりを基本的要因とする。併せて、人間には、つねに「一つの生的な新しい課題」（ⅠS.400,p.168）が与えられている。つまり、孤独さという課題は、人間にとっては避けて通れないものである。この孤独さを克服するには、ただ人間の理性のみでもってうまくいかないことを、ブーバーはあえて承知して、次のように提示する。すなわち、「自分自身を把握しようとする人間は、孤独さのもっている緊張と、その孤独さという問題の燃え上がる火の粉とを、それでもなお更新された生のなかへと、世界とともにある生のなかへと救い出し、そしてこの立場から孤独さの問題を思索することである」（ⅠS.401,p.169）と。このように世界や他者とともにある人間の生を課題とすることが、ブーバー教育論の思想的基盤にあるのである。

註

1）ペスタロッチ，J. H. 著、福島政雄訳『隠者の夕暮』（世界教育宝典ペスタロッチ全集第1巻）玉川大学出版部、1969年、197 ページ。

2）カントは人間学（Anthropologie）について「人間とは何か」という意味で使用したり、またはそれを哲学的人間学に代用するときもある（ⅠS.310,p.12）。ブーバーはどちらかといえば、人間学的問題とか、人間学的思想というように「人間学的」（anthropologisch）という形容詞的な語の形で使う場合が多い。本章では、それを含めて、「人間とは何か」を全体的に求めて行くという意味で、「人間論」という語を用いておく。

3）ハイデッガー，M. 著、木場深定訳『カントと形而上学の問題』理想社、1973年、221 〜 224 ページ参照。ハイデッガーによれば、カントは人間の有限性を問題にしている、とする。

4）Reger, Anton: Menschenbild und Erziehung nach der Lehre Martin Bubers. München,

1956, S.6.

5 ）この訳語は『実存主義克服の問題―新しい被護性―』（Bollnow, O. F. 著、須田
秀幸訳、未来社、1969 年）の 20 ページを参照し、参考にした。被護性とは、「何
か確固としたもの、信頼できるものとして、人間の生に意味と内容を与えることの
できるすべてのもの」をいう。

6 ）パスカル, B. 著、前田陽一・由木康共訳「パンセ断章第 206」『世界の名著 24』
中央公論社、1967 年、156 ページ。

7 ）前同書、「断章第 347」204 ページ。

8 ）アリストテレスによれば、宇宙は充満体であって、真空は自然界にまったく存在
しないとされていた。中世スコラ哲学では、自然は真空を嫌う、という真空嫌悪が
一般化された。

9 ）スピノーザ, B. de 著、高桑純夫訳「倫理学（エティカ）」『世界の大思想 9』河
出書房、1967 年、34 ページ。

10）ゲーテ, J. W. 著、内垣啓一訳「若きウェルテルの悩み」（1772 年 11 月 15 日付
け）『世界の文学 5』中央公論社、1967 年、86 ページ。ゲーテの自然観・汎神論的
思想はスピノーザから影響を受けている。

11）Reger, A.: a. a. O., S.13.

12）ハイデッガー, M. 著、細谷貞雄他共訳『存在と時間下』理想社、1970 年、168
〜 169 ページ。

13）前同書、89 〜 90 ページ。

14）前掲『存在と時間上』1968 年、103 〜 104 ページ。

15）前同書、319 ページ。

16）Buber, M.: Dialogisches Leben. Zürich, 1947, S.9.

17）この本は 1948 年の刊行であるが、すでに 1938 年にヘブル大学夏学期で "Die
Verwirklichung des Menschen―Zur Anthropologie Martin Heideggers" と題して
講義したものに手を入れたものである。この講義内容は刊行本の第 2 部第 2 章に所
収されている。

第4章　ブーバーの教育活動論
──1933年から38年まで──

　はじめに、1983年という年は、ドイツではナチス政権誕生（1933年）から数えてちょうど50年となる節目に当たっていた。その前年に、新聞・雑誌やテレビなどを通じてナチス政権に関する特集が組まれ、ついには『ヒトラーの偽日記』が出版される騒ぎとなった。ドイツ国民はヒトラーの亡霊に悩まされる始末であった。一方、当時ナチスに迫害される身となったユダヤ人思想家ブーバーの哲学や宗教思想が、ときあたかも Frankfurter Rundschau 新聞紙上（1982年11月18日付）に「時の喧噪──マルティン・ブーバーとの対話」（'Der betriebstolle Lärm der Stunde ── Dialog mit Martin Buber'）という見出しで好意的に紹介されていた。紙上一面にわたって、回想シーンとしてドイツ出版協会平和賞受賞当時──1953年9月27日フランクフルト／マインの聖パウロ教会にて──の晴れやかな写真と、真の対話──ユダヤ教徒とキリスト教徒との対話や信仰・政治に関する記事が掲載された。こうしたナチス政権に対する論評の特集と平和賞の受賞という二つの事実は、まことに好対照的であろう。

　現在でも、フランクフルト・アム・マイン市の郊外各所にユダヤ人共同体（Jüdische Gemeinde）をはじめとして、青年センター（Jugendzenturm）、教育相談所（Erziehungsberatung）、幼稚園（Kindergarten）、基礎学校（Grundschule）などのユダヤ人教育機関が細々と活動している。これらの教育機関の発足を確認するには、1933年のナチス政権誕生の時にまで遡及しなければならない。そして、これらの教育機関はナチズムの暴虐的支配のなかにあっても踏まれる雑草のごとく継続され、果ては今日に至るまで維持されてきている。いうまでもなく、ブーバーはその草創期における教育活動の参画者の一人であっ

て、その教育活動のなかでかれの対話論、宗教論、そして教育論が実践的に発揮されていた。

　1930 年代に遡っていくと、ブーバーがそもそも教育活動を本格的に始めた理由は、ナチスによる圧政のなかで迫害とテロを受けるドイツ在住ユダヤ人に精神的拠りどころを与えるためであった。この理由によって、フランクフルト自由ユダヤ学院（Freies Jüdisches Lehrhaus）が 1933 年に再開設され、次いでユダヤ成人教育センター（Mittelstelle für jüdische Erwachsenenbildung）も翌年に開設された。1933 年から 38 年までの時期の代表的教育論としては、『教育と世界観』（"Bildung und Weltanschauung" 1935 年講演の出版）が挙げられる。そして、ブーバーがナチス・ドイツを追われ、パレスチナへ移住し、ユダヤ民族教育の実践活動に着手した 1938 年以降の教育活動論としては、『性格教育について』（"Über Charaktererziehung" 1939 年講演の出版）がある。

　本章で取り上げるのは 1933 年から 38 年までのブーバーの教育活動論である。それは最初に触れたユダヤ人教育機関の 1930 年代の教育活動についてである。この時期は、ブーバーが折に触れて『構想と計画』（"Entwürfe und Programme" 1933 年 5 月）、『われわれの教育目標』（"Unser Bildungsziel" 同年 6 月）、『聖書的ヒューマニズム』（"Biblischer Humanismus" 同年 9 月）、『ユダヤ民族教育の課題』（"Aufgaben jüdischer Volkserziehung" 同年 11 月）、『ユダヤ成人教育』（"Jüdische Erwachsenenbildung" 1934 年 5 月）、そして『教育と世界観』（前出 1935 年 1 月）など、次から次へと講演や論文や書簡の形式で教育活動に関する目的、方法、課題などをもっとも精力的に発表した時代である。なお、これらの講演や論文や書簡はすべて 1936 年 1 月に『時間と認識』（"Die Stunde und die Erkenntnis"）[1]という一冊の本のなかにまとめられ、出版されている。

　そこで、このようなブーバーの実践的な教育活動を考察していくと同時に、その教育活動が第 1 章で述べた 1925 年成立のブーバー教育論に連続していたかどうかをも検討する。その際、ファーバー（Faber, Werner）の研究成果を

借りると、教育活動論の枠組みが状況の（situativ）視点、根源の（fundamental）視点、そして要請の（postulativ）視点の三つから構成される[2]がゆえに、本章はこの三つの視点の順序に従ってブーバーの実践的な教育活動を見ていきたい。

第1節　状況の視点——ユダヤ民族の危機——

ブーバーは1933年から34年までのユダヤ民族の生存の危機と統合の課題をまとめた『教育と世界観』のなかで、教育の概念を次のように規定する。すなわち、それは「真に時代に忠実であり、時代に適応する」（I S.809,8p.41）ものでなければならないと規定される。ここで規定される教育は、一般的知識による将来への準備ではなく、今、ここに生活している人間の状況にどれだけ奉仕できるかという要求に応えることである。つまり、人間の置かれた状況の動きに敏感に反応し、その要求に応えるのがブーバーのいう教育の仕事なのである。

加えて、人間を取り巻く状況という与件が教育で扱われるべき教材の中身を決定する。すなわち、「この状況で存続すべき人間、つまりわれわれの成長ざかりの世代がこの状況で存続するために教材（Bildungsstoff）において何を必要とするか」（I S.810,8p.43）が求められる。こう見ると、状況に、したがって時代に適応する教材は、ユダヤ人社会における統合問題に関する事柄でなければならない。そして、この教材は、かれらのあいだの連帯性や生きた相互的な保証、そして相互性や生きた相互作用（I S.813,8p.48）をどう扱うかで問われる。

ユダヤ人社会における民族統合の問題については追いおい述べる。が、その前に、ブーバーがこのように状況や時代を強調するのは、1933年4月発表の『今日のユダヤ的人間』（"Der Jüdische Mensch von Heute"）のなかで、「今日のユダヤ的人間がわれわれの世界で、内面的にもっとも危機にさらされた

人間である」[3]という危機感によるものである。この危機感は、同年 4 月 1 日、
「宣伝相ゲッベルスの命令で、ユダヤ人の商会、弁護士事務所、診察室など
の前に、ボイコットの歩哨が立てられた」[4]ことで現実なものとなる。一日
間だけであるが、事実あの悪名高いボイコットの土曜日に、一般のドイツ人
がドイツ在住ユダヤ人経営の店から物を買わないとか、事務所を利用しない
ようにした不買運動が起きているのである。その直後の同月 7 日には、ナチ
ス党は非アーリア人、すなわちユダヤ人を官庁、学校、そして軍隊などの官
公的地位から締め出し、そればかりかあらゆる職業に就くことを禁じるとい
う、いわゆる「アーリア人条項」が発令される。これは「職業官吏制度再建
法」[5](Gesetz zur Wiederherstellung des Berufsbeamtentums) のなかの一項である。
こうして、ついに「ドイツ・ユダヤ人はユダヤ的世界の運命に対決させられ
る」[6]ほど、ドイツ国内で生活できるかどうかの瀬戸際の危機的状況に遭遇
するようになった。

　諸々の事件が起きる 1933 年 4 月以前の段階では、ブーバーですら、現実
生活での危機感をそれほどもたず、いまだ漠然たる危機感でしかもっていな
かった。早い時期の同年 1 月 30 日段階では、アドルフ・ヒトラーがナチス
党を率いてドイツ国首相に任命されるが、かれは同党の選挙運動中の演説で
ユダヤ人迫害をたびたび訴えていた。それにもかかわらず、ブーバーは、
「現在の連立政権がなおつづくかぎり、現実にユダヤ人の排斥やユダヤ人に
関する立法文書は考えられないが、ただ行政上の抑圧だけは考えられる。…
中略…ユダヤ人の排斥が問題となるのはナチス党の政権からの離脱と非常事
態の宣言とのあいだのときである」[7]と、ジーモン (Simon, Ernst) 宛ての 2
月 14 日付の手紙のなかで、楽観的に述べている。しかし、現実にはブーバ
ーの思惑とは違って、その後の 2 月 27 日の仕組まれた旧ドイツ国会議事堂
炎上事件を経て、3 月 23 日には「国民と国家の危難排除のための法律案」、
いわゆる「全権委任法」が国会で可決された。これによって、ヒトラー政権
は憲法に違反しても議案を国会に上程・通過させることができる全権を掌中

に収め、ナチス党以外の他党の解散や労働組合・諸団体の排除とそれらの所有する財産の没収という暴虐を露骨に実施する権力をもつに至った。したがって、4月1日のユダヤ人ボイコットは当然予想できる事態であったといえる。

　ともかく、ナチズムのユダヤ人に対する迫害が現実のものとなった1933年4月の段階ではじめて、生存を脅かす危機はユダヤ人にとっては「時代の緊張」(Spannung des Zeitalters)となった。そして、ユダヤ人は「ユダヤ人の運命をだしにして、人間がいかなるものであるかを知る」[8]ことを余儀なくされている。つまり、ユダヤ人は「時代の緊張」を肌で感じることによってこそ、人間が本来の人間として生存すべきことを自覚せざるを得なくなった。ユダヤ人が今受けている試練は、あらゆる困難な状況との対決を通じて真の人間存在に向かう第一歩であることを暗示しているのである。

　このように、ドイツ第三帝国内でのユダヤ人の運命はしだいに苛酷なものとなりつつあったが、かれらがドイツ民族と共存する余地は果たして残されていたのだろうか。否といわざるを得ない。それは、ドイツ民族と共存し、「ドイツの状況と文化に、疑いなく属していると自負していた多くのユダヤ人の上に、この運命は不可解なものとして襲ってきた」[9]からである。つまり、ユダヤ人がドイツ民族と同化する道は決定的に閉ざされてしまったのである。ヒトラーは後に発布するが、この頃にドイツ民族の血と名誉を擁護するため、ドイツ人とユダヤ人との結婚を厳禁するいわゆる「ニュルンベルク法」案（発布1935年9月）を用意していたのである。

　いよいよ、同化の道が閉ざされると、同化そのものに見切りをつけ、一つの運動が勃興してこなければならなかった。それがシオニズム(Zionismus)運動である。この運動は、ユダヤ精神の復興・啓蒙を図る「ハスカラ」(Haskălăh)運動と、ツァディク(Zaddik)と、かれを指導者として仰ぎ、かれに従う敬虔なハシディーム(Chassidim)との精神的に一体となる「ハシディズム」(Chassidismus)の運動とが合流し、発展してきたものである。同化

の可能性がなくなり、民族の生存の危機に直面すると、ユダヤ人指導者は、この運動を通じて何を行ったか。一方では、ユダヤ人指導者は離散ユダヤ人に精神的拠りどころとしてヘブル語学習やユダヤ教信仰を与え、民族意識を強化するとともに、他方では、領土なきユダヤ民族のために公法によって確定されたる郷土をシオン（Zion）、つまりパレスチナの地に積極的に建設しようと推進していくのである。

　しかしながら、シオニズム運動が展開されるなかでも、ナチズムの反ユダヤ政策はますます強化されていく。事実、1933年から37年末までのあいだにドイツを去ったユダヤ人は、ドイツに在住していた約55万人のうち、約13万5千人であった。多くのユダヤ人たちはドイツ国内から他のヨーロッパ諸国、パレスチナ、南米、北米、南アフリカ、そして中国などへ離散していった[10]。だが、ドイツに残留した約41万5千人のユダヤ人たちには、重大な運命が待っていた。それは、かれらがアウシュヴィッツなどの収容所でナチス・ホロコーストに追いこまれる、というものであった。こうして、ナチズムのユダヤ人に対する迫害が熾烈さを加えていくことが現実のものとなるなかで、ブーバーはナチズムに対していかなる態度をとったのだろうか。

　ブーバーは、「アーリア人条項」発令直後のドイツ・ユダヤ人の置かれた状況を、「今後さらにどんなことが次々と起ころうとも、ドイツ・ユダヤ人はこれに対決するという以外にはもはや生きていくことはできないであろう」[11]、と悲壮的にとらえている。ブーバーによれば、ドイツ・ユダヤ人は自らのこの世の運命との対決を避けて通ることはできず、むしろこれを時代の厳しい試練として主体的に受け容れなくてはならない。この厳しい対決や試練を打開できるかどうかの問題は、取りも直さずユダヤ人自身の手に委ねられている。ユダヤ人は危機的な状況のなかに身を挺すれば挺するほど、それだけいっそう自己存在の深みにおいて人間本性をあらわにすることができ、そしてその危機を経験することによってこそ、人間本来の本質に到達することができる。人はもっとも厳しい困難な状況と真剣に戦い抜こうとするとき、

人間存在の根源に触れる体験をもつことが可能となろう。

　もしユダヤ人が自己に課せられた運命との対決を避け、既存のドイツ社会がもつ価値秩序のうちにのみ留まり、同化の道をたどるならば、ユダヤ人はその特異性を喪失し、滅びざるを得ないだろう。「ドイツ・ユダヤ人がこうした試練において必要とする第一のものは、この状況とその変遷に耐え抜く力を自己に与えてくれる人格的・実存的価値の新しい序列である」12)。この新しい精神的序列とは、「ユダヤ人の根源へと、すなわち神との結合へと回帰する」13)ことを指す。ブーバーはさらにつづける。「われわれが〔自己の民族の〕根源や目的にしっかりと結びついているならば、何ものもわれわれを根こそぎにはできないし、またこの世のいかなる権力も、神に真に奉仕して魂の自由を獲得した者を圧服することはできない」14)。換言すれば、人間が自己に使命を与えてくれる至高なる神の秩序のうちにあるとき、また至高なる神の命令に服しているとき、かれはそれぞれの場合でも魂の自由を、変革という真の自由を、そしてまた社会的存在としての真の自由を得るのである15)。そうすることによって、ユダヤ人は民族のかかえている厳しい運命と対決し、自らの生存の権利を自覚しつつ、自らの行動と信念を獲得することができるのである。

　こうして、ブーバーは、ユダヤ人に迫りくるナチズムの迫害の嵐という状況の視点から、次の民族の根源へと、神との結合へと回帰すべく、いよいよ1933年5月、ユダヤ民族教育に関する『構想と計画』を「ドイツ・ユダヤ人代表機関」（Vertretungsorgane der deutschen Judenheit）に提出した16)。この民族教育の大きな課題は、「今どこにも何らの精神的拠りどころをもたないドイツ・ユダヤ人が自らの歴史に基づいて」、民族の歴史—現在と過去—を貫いている「精神的遺産を、ただ教育を通してのみその人の内的な形成力にまで高められ得るか」17)どうかにあった。ここでいう「精神的遺産」とはヘブル語やユダヤ教を指すが、ドイツ・ユダヤ人にとってはこの遺産が精神の拠りどころとなるわけである。

　ユダヤ民族教育の『構想と計画』の内容については次節で詳述するが、先の同年3月の時点でブーバーはドイツ国内のユダヤ人教育施設の責任ある管理・指導を引き受ける心積りでいた――ゲルゾン（Gerson, Hermann）宛の手紙[18]――。これが同年5月の段階では具体化されていたことをここで確認しておきたい。さらに付言すると、ユダヤ人の置かれた状況に素早く応え、何らかの行動をとるのが責任の概念である、とブーバーは説いている。かれはまたつねにそれをだいじにし、後の1939年に著した『性格教育について』のなかでも責任の概念を、「行為や行動を通して、状況の〔課する〕要求に自己の全生命をかけて応答する」（ⅠS.828,8p.73）ことである、と規定している。なお、責任の概念については、第11章で改めて詳細に考察することになる。

第2節　根源の視点――ユダヤ民族の根源――

　ドイツ・ユダヤ人は、いよいよ自ら危機にさらされた人間としてこの世の状況下に存在することを自覚し、その状況に耐えて危機を克服できるかどうか、その試練に立たされている。このときにこそ、ブーバーはそういう状況に耐え、危機を克服できるような人間を形成するべく、民族教育活動を展開しようとした。ブーバーにあっては、民族教育は民族の根源に訴えるものでなければならないものであった。民族独自の根源を象徴するような言語・文献・歴史及び生活経験などの文化的・精神的遺産が、民族教育のもっとも有効な教育内容となろう。

　そこで、最初にブーバーの民族教育活動の構想を明らかにしておきたい。それはすべて1933年5月発表の『構想と計画』のなかに盛られている。この発表によると、「教育局」（Bildungsamt）の創設が提言され、それはまずはドイツ人学校から締め出されたユダヤ人子弟[19]のための学校を緊急につくることをおもな任務としている。具体的には、「教育局」の仕事は幼稚園（Kindergarten）から、国民学校（Volksschule）、職業学校（Berufsshule）、高等

教育課程（Hochschulkurse）に至るまでユダヤ人青少年教育のあらゆる階梯を
用意し[20]、かれらに民族教育を施すこととした。この教育構想が現在のフ
ランクフルト市内のユダヤ人共同体の教育機関の基礎になっていることは、
本章の最初に述べた通りである。それはともかく、当時、民族の運命が今ま
さに左右されやすい危機の時代にあって、その民族教育活動の成果が切実な
ものとして求められていたことはいうまでもない。そして、教材の内容もか
ような運命にある民族の根源に関わる題材を扱うことであった。

　教材の具体的な内容はおもに「根源的諸力であるヘブル語、イスラエルの
古典的文献、栄光と苦渋に充ちたユダヤ人の歴史、そして唯一無二の信仰民
族特有の至高な価値」[21]でもって構成される。いずれの内容もユダヤ人青少
年の心のうちに活力のあるものとして植えつけられるべきだ、とブーバーは
説いている。現実に、ユダヤ人青少年は今このときドイツ人学校から排除さ
れ、不安におののき、また憤激している。かれらは内的虚脱感に悩んでおり、
何かを渇望している。こうしたユダヤ人青少年の現状を十分に配慮して、
「青少年に確固たる心の拠りどころを与え、かれらをユダヤ民族の永遠なる
ものにしっかりと結びつけ」[22]、それによってかれらが内的虚脱感を克服で
きるようにするのがこのユダヤ人学校設立の直接の目的であった、といえる。

　ユダヤ人学校はその他にユダヤ人青少年の将来の生活を援助する役割をも
っていた。手仕事、農業、商業などの分野における職業訓練を施すことがそ
の役割であった[23]。将来、とくに海外に移住して生存し得るためには、卓
越した技術や高度な仕事能力を習得させることも不可欠だったわけである。
しかし、当面何よりもユダヤ人青少年に対してなすべきことは、かれらが今
の危機を乗り切り、人間として生きていけるようにユダヤ的内容——ユダヤ教
の信仰やイスラエルの精神——をしっかりと刻み込み、それを通じてユダヤ民
族の根源に触れ、そしてユダヤ民族の一員であるという自覚をもってもらう
ことであった。ブーバーの「教育局」に関する構想は、約半年後の同年12
月5日付のオットー・ヒルシュ（Hirsch, Otto）宛の書簡でいっそう明確にさ

れるが、結局はアドルフ・レシュニッツァ（Leschnitzer, Adolf）の指導の下で後述の「ドイツ・ユダヤ人代表部」（Reichsvertretung der deutschen Juden）内の「学校局」（Schulamt）に継承されていく[24]。

　次に、ブーバーは今、真っ先に着手すべき急務な仕事として、教師養成機関（Lehrerbildungsanstalt）の設立を考えていた。それはユダヤ人学校の開設条件の一つとして当然のことであるが、もう一つ重要な意味としてドイツの公的学校から「アーリア人条項」によって強制退職させられたユダヤ人教師たちを再教育し、再就職させるためでもあった。

　そこで、教師養成機関の構想によれば、ドイツ・ユダヤ人学校で教えるすべての教師は、その要件として「〈ユダヤ的特性〉（Jüdischkeit）、すなわちユダヤ教の精神とユダヤ教の知識をもっていなければならない」[25]。教師はユダヤ人にとっての規範的知識であるユダヤ学（Judentumskunde）をまず習得するということである。ユダヤ学が教師として身に付けるべき重要な基本的教養であり、ユダヤ民族に関するすべての事柄を説いているがゆえに、教師はこのユダヤ学を通じてユダヤ的特性に目覚め、歴史的現実に十分対応して行動できる力を持ち合わせていなければならないのである。この基本的な考え方に立って、教師養成機関は1934年3月までには設立され、翌4月から活動が開始されるべきである、とブーバーは提唱している。

　教師養成の修学期間は一応二年間であるが、当面の状況を勘案して暫時一年間とする。設置される教科は次の五つである。第Ⅰ教科：言語学—文法、類型学、ヘブル学、第Ⅱ教科：聖書学—聖書原典の構成と内容、第Ⅲ教科：社会学—ユダヤ的共同体の社会学、ユダヤ民族の社会規範や社会生活の説明、現代ユダヤ的共同体の課題の分析論、第Ⅳ教科：歴史学—学習者とユダヤ史の特性や意味との実り豊かな本質的な関係、第Ⅴ教科：信仰学—歴史的で今日的な生活に必要なわれわれの宗教、人格や共同体の関与する現実としての宗教など[26]。これら五教科は一年間を通じて、週25時数を必修として学習すべき内容となる。

　教師養成における教授方法はすべての教科を単に知識として学習させるのではなくて、それらを一つのユダヤ的信念とユダヤ的雰囲気の下で学びとらせることである。ユダヤ人学校で教師となるべき人は、教師養成学校の全体的雰囲気となっているユダヤ的精神を忠実に受け継ぐことが必要となる。ここに、ブーバーのハシディズム的発想がうかがえる。つまり、ツァディクとしての教師となるべき人は、ハシドとしての被教育者に信頼されるようになるためには、その人自身の生きたユダヤ的人格のうちに先述の五教科を統合し、あらかじめ身につけていることである。そして、「教師は被教育者のそのときそのときの問いに対して、ユダヤ民族にまつわる事柄についてどう答えるかが重要である」[27]。逆に、被教育者が教師と結びついて、教師のユダヤ的人格に触れ、その人格に庇護されながら、世界の出来事や民族の運命を知ることによって、それに耐えていく力を培うことができるようにすることである。この意味では、第12章で述べるように、「世界は教師においてはじめて教育という作用の真の主体となる」（ⅠS.794,8p.15）といえるわけである。ここに、教師、被教育者、そして民族的遺産や学問としての世界という三者の関係が言及されている。

　このように、ユダヤ教の信仰とユダヤ教の知識を内的に根底から習得できるように教師を養成することは、ドイツ在住ユダヤ人にとっては焦眉の急であった。この教師養成機関の構想はマンハイムに実現される予定であったが、それは諸般の事情で設立を見ずに終わった。だが、この構想は、パレスチナ移住後、テルアビブでのユダヤ人教員会議で語った「性格教育について」論（1939年）と、外国より帰還したユダヤ人教師への再教育のための「教師養成セミナー活動」論（1949年）に生かされていくことになる。

　いずれにしても、『構想と計画』のなかで描かれた教育ビジョンが後に展開されるブーバーの教育活動を規定するようになるのはたしかである。一方、この頃、1933年冬学期の始まる前に、フランクフルト大学の学長はブーバーに対して、ナチズムのユダヤ人排外政策を受け、「宗教学の講義をもたせ

られない」という話しを伝えていた。このため、ブーバーは同年 10 月 4 日、同大学員外名誉教授の資格を正式に罷免・剥奪される前に、自らその職を潔く辞した。かれはその直後の 11 月 19 日からフランクフルト自由ユダヤ学院の管理や指導に本格的に取り組むことに専念する。自由ユダヤ学院はもともと 1920 年、ローゼンツヴァイク（Rosenzweig, Franz 1886 ～ 1929）によって迫りくるユダヤ人の運命を予感して開設されたが、一度閉鎖された同学院はその運命が現実のものとなった 1933 年に再び開かれたのである。

　同学院の再開学に当たっては、ブーバーは学院の「プログラム発表」[28] を公にしている。それによると、同学院の教育方針には、〈ユダヤ的人間のためのユダヤ的生活の中心点〉（Mittel-und Keimpunkt für das jüdische Leben des jüdischen Menschen）[29] が掲げられている。同学院はユダヤ人にとって厳しい状況に対応すべく、「今日の若いユダヤ人を精神的に装備するように手助けしなければならない」[30] とした。

　では、精神的に装備されるべき〈ユダヤ的生活の中心点〉とは何か。それは自由ユダヤ学院の基本方針として以下の四点をいう。

1. 歴史的にして今日的なユダヤ的存在に関するユダヤ学がユダヤ人の活動計画の最大かつ中心となり得るような地位を獲得すること。
2. ユダヤ人指導者や教師のもつべき精神が真のユダヤ精神であること。
3. 一般教科を扱う際も教授は今日の多くのユダヤ人の抱いている不安や関心に留意すること。
4. 単に知識や能力が必要とされるばかりではなく、ユダヤ的共同体の意味もまた実際に育まれ、ユダヤ的共同体が平日や祝祭の形式で訓練され、構築されること[31]。

　前途のある若いユダヤ人は、これら四つの〈ユダヤ的生活の中心点〉に自己の生存を確認し、それに自らの生存の根源を求め、そうすることによって

自らの心の拠りどころとすることが可能となる。そして、ユダヤ的共同体の一員としての訓練を経験し、神による民族の統合を図っていくことができる。それゆえに、自由ユダヤ学院は若いユダヤ人に対して、具体的な、寛容的な、予言的な、そして慰撫的な、いわゆる心の拠りどころを与えるユダヤ教信仰を教え示すべきである。このユダヤ学院の方針は『構想と計画』で提示された教育方針とは何ら異なっていなかった。

　一方、ブーバーはこれより以前の1933年9月17日、「ユダヤ成人教育センター」（Mittelstelle für jüdische Erwachsenenbildung）の指導責任者にも就任していた。同センターは「ドイツ・ユダヤ人代表部」のなかに設置された。この代表部そのものも、従前の「ユダヤ教信仰ドイツ市民中央協会」（Centralverein deutscher Staatsbürger jüdischen Glaubens）と「ドイツ・ユダヤ人連盟」（Verband nationaldeutscher Juden）とを統合して結成された。ドイツ・ユダヤ人指導者たちは民族存続の危機に直面して、それまでの内部の意見の対立を超えて一つの方針の下に団結するに至ったのである。ドイツ・ユダヤ人代表部の本部はベルリンに置かれ、その長にベック（Baeck, Leo）が就いたが、ヒルシュやモーゼス（Moses, Siegfried）らもかれに協力した。基金は海外在住ユダヤ人から募り、そして成人教育や海外移住などの方面に支出されることとなった。ユダヤ成人教育センターは、いわば新しいドイツ・ユダヤ人代表部のなかの教育部門であり、ブーバーがその指導責任者に就いていたわけである[32]。

　さて、同センターの実質的活動は1934年5月10日、ウルム市のヘァリンゲンで開かれた「ユダヤ成人教育の問題に関する会議」（Konferenz über Fragen der jüdischen Erwachsenenbildung）[33]より始まった。この会議内容の一部が、ブーバーの教育活動論として『ユダヤ成人教育』（Jüdische Erwachsenenbildung）のなかに収められている。それによれば、成人教育は知識の蓄積ではなくて、生存への準備をすること、つまり現実の生活に関わり、心の拠りどころをもつ人間を形成することである。もう一つ、この教育は、何事にももちこたえ

られ、精神的に打ち勝つことのできるような、すなわち現実の危機から神の火花（Funke）を解放するようなユダヤ的共同体をつくることである[34]。ここでも、成人教育はユダヤ人の生活や民族の不安に目を向けつつ、かれらがユダヤ的共同体の一員となるように指導することであった。

　同センターは漸くユダヤ人の生き方に関する〈ユダヤ学の学校〉（Schule für Judentumskunde）[35]としてスタートした。ブーバーが中心となって社会教育学者カントロヴィクツ（Kantorowicz, Ernst）教授の協力を得ながら、同センターを開いたのである。早速、同年5月22日から24日まで、バート・クロイツナッハ市の孤児収容所で教師補習教育が青年指導者のために聖書コース、ユダヤ史コース、そしてヘブル語コース別に設けられた。同じく、7月1日から8日まで、教師補習教育週間がジーモンやレシュニッツァーの協力の下に設置され、その期間中、ユダヤ史、宗教学、そしてドイツ語が講じられた[36]。その後、ブーバーがパレステチナへ移住する1938年まで、成人教育活動はいろいろな制約を受けながら、粘り強く継続されていった。ブーバーはナチズムのユダヤ人に対する熾烈な迫害の状況のなかで、こうした成人教育活動を通じて、ユダヤ人をして自民族の過去と現在とを関連づけさせることによって迫害の状況に耐え、それを克服するように指導し、ナチズムに対しては「精神的抵抗」（geistiger Widerstand）を試みた。それはジーモンをして〈没落のなかでの建設〉（Aufbau im Untergang）[37]といわせたくらい、まさに民族の破滅という絶壁から這い上がり、生き延びるように指導した活動である。

　以上、ブーバーのユダヤ成人教育センターの活動を歴史的に見てきたが、ここでもいえることはドイツ国内の各地に離散し、危機にさらされているユダヤ人を何とか民族の一つの根源の下にいかに統合させるかであった。それはいいかえれば、「規範的な根源諸力の蘇生」、すなわち「ユダヤ民族の原型」、「ヘブル語」、そして「聖書の言葉」[38]をユダヤ人の各々の心に蘇らせ、かれらがそれを中心にして結合するように導くことであった。

　もう少しつづけると、「ユダヤ民族は国土と政府とを有せぬ『精神的紐

帯』によってのみ存続するところのものだとする。故にその存続は各国にお
ける市民としての資格においてその血縁と歴史と言語との団結によって得ら
れるものである」[39]。この意味では、ユダヤ民族が「規範的な根源諸力」に
帰還することは、ユダヤ民族の存続にとって必要なことであり、重要なこと
であった。人間は一般的に民族独自の存在を確立するためにその根源に立ち
帰られなければならないものであるが、その「人間の根源に帰還すること」
(Rückkehr zum menschlichen Urgrund) は単に思弁的なものとしてそうするので
はなくて、内なる生命を具体的に覚醒することなのである。そして、それは
「あるかつて存在したものを反復し継続しようとする努力などではなくて、
かつて存在したものを真に今直面している姿で更新しようとする努力だと理
解することができる」[40]。要するに、民族が危機的状況に直面して、なおか
つ存続するためには、ユダヤ人はかつて存在したもの、すなわち神の聖なる
言葉に立ち帰られなければならなかったわけである。

　ところで、ブーバーは神の使信としての神の言葉に拠って立つ人間像をヘ
ブル的ヒューマニズムだという。それはとくにユダヤ民族の危機の時代にこ
そ成立するがゆえに、〈もっとも現実的な意味におけるヘブル的ヒューマニ
ズム〉(der hebräische Humanismus im realsten Sinn) [41]と称される。ここでは、
「絶対者の口が命ずることを行為し、それを聴きとろうとする人間のみが聖
書的人間なのである」[42]。神という絶対者の語る言葉を聴きとろうとする者
のみがヘブル語の聖書に立ち帰る人間であり、そして自己の全生命を賭して
その語りかけに応答しようとする人間だということになる。これによって、
かれは運命の課する厳しい試練に耐えていく力を得ることができる。それゆ
え、ヘブル語の聖書に人間存在の根源を見出すヘブル的ヒューマニズムはユ
ダヤ人の生活や思想の底流にあって、「この聖書的視点は現実的に人間をか
れの具体的状況のなかでとらえようとする立場」[43]であった、といえる。

　さらに、「聖書的ヒューマニズム〔に従って人間を形成すること〕がブー
バーの言葉によれば教育目標であった」[44]。民族としての存亡にかかわるユ

ダヤ人にとってこそ、この「教育目標観がわれわれを導かなければならない」45) のだという。ここでの教育目標とは、「あの普遍的ユダヤ的人間像」(jenes allgemeingültige jüdische Menschenbild) を形成することである。それがユダヤ民族を導く指針となるが、ブーバーはその人間像の特性として次の四点を挙げている。すなわち、1. 信心深く教義に忠実な人、2. 神の民としてイスラエルに定住する人、3. 神の命令に精通する人、4. 神や人間の愛において公平無私に神の命令を実現しようとする人46)、と。これら人間像の特性は、端的にいえば、ユダヤ人がヘブル語聖書に帰るべきヘブル的ヒューマニズムの内実であり、このヒューマニズムに基づいて行われる人間形成が民族の教育目標となっている。

　ユダヤ民族教育の目標として掲げられる人間像は、危機に耐え得るような精神的原点を確立し、心の拠りどころをもった人間のことである。ユダヤ人教師はそのユダヤ的人間像を普遍的なものとして人々の心に植えつけることを自らの使命とする。いいかえれば、教師は、「根源的諸力がユダヤ人に規範的な力となり、かれらの生活に自立的秩序 (selbständige Ordnung) を与え、〔神との〕根源的結合がユダヤ人どうしの根本的な結びつきとなり、かれらの生活に確固たる心の拠りどころ (unerschütterlichen Halt)、すなわち揺るぎのない確信を与える」47) ように努めなければならなかった。つまり、教育活動はブーバーにあっては、民族の危機的状況においてこそ、どのようにして根源的諸力を再覚醒 (Wiedererweckung) させるか、あるいはいかにして根源的結合を再結合 (Wiederknüpfung) させるかであった。結局、ブーバーの民族教育活動の内容を規定するのは、ユダヤ人のあいだで民族の根底に眠っているものをいかに呼び覚まし、それによってユダヤ人どうしの結びつきをどう図るか、という根源の視点であった。

第3節　要請の視点——ユダヤ民族の教育——

　ところで、先に述べたように、ドイツ・ユダヤ人代表部は従来の二つの組織を統合して新たに発足し、そのなかにユダヤ成人教育センターが新設され、少し遅れて自由ユダヤ学院が再開された。ここに至るまで、さまざまな紆余曲折があった。というのも、ユダヤ人指導者のあいだでは、多種多様な意見の対立や世界観の葛藤が生じていたからである。ブーバーは、「死活にかかわる分裂がわれわれの時代の諸民族の病弊である」（ⅠS.813,8p.48）と語ったほどである。このように、指導者の足並みがそろわず、民族教育活動も思うようにいっていなかったのである。

　したがって、ブーバーにとっては、ユダヤ人が互いに民族の生存の危機という共通の現実に直面しつづける限り、一つの根源の下に内部分裂を乗り越えつつ団結をせざるを得ないのは必然的な共通の課題であった。それは、ユダヤ人が「諸同盟とか諸サークルとか諸政党間の限界を消し去ることではなく、共通の現実を共同体的に認識することであり、共通の責任を共同体的に確認し合うこと」（ⅠS.813,8p.48）を求められていた。共通の現実と共通の責任を共同体的に確認し合おうとする自覚は、「世界観の良心」（Weltanschauungsgewissn）を培い、かつ教育することによって可能なのである。この獲得されるべき「世界観の良心」の働きによって、相対立し合うさまざまな世界観があるなかで、どの世界観が正しいのか、その正しい世界観を確証して、無責任な世界観を相対化せしめるというのが、ここでいう「要請」（postulativ,　ⅠS.815,8p.51）の視点だというのである。なお、この「世界観の良心」や「世界観」の課題については、改めて第10章で取り上げる。

　現実的には、それぞれの階級やグループが互いに生活上のそれぞれの価値や意義などの世界観を有し、厳しく相対立し、相反目し合っている。泥々とした世界観の軋轢のなかで、真理と虚偽、現実と見せかけ、現実の確信と虚

構の確信が各々に渦巻きつつある。このとき、ユダヤ人は実際にどちらが正
しいのかを見極めて選択しなければならないだろう。ブーバーによれば、こ
の選択は、現実に実証されるかどうかに基づいてなされるべきだという。あ
るいは、「確証されるものこそが真実である」（ⅠS.814,8p.50）のだという。
現実生活において実証されるものが真実であり、現実の確信であり、すなわ
ち世界観の真正さ（Wahrheit einer Weltanschauung）であるという。こうした真
実の力をもつのが人間の教養をそのまま反映しているのであって、逆に「虚
構の確信の力はこの時代の人間の無教養（Ungebildetheit）そのものである」
（ⅠS.816,8p.53）と、ブーバーは断じている。

　次に、民族の課題は、自らの将来に向かって真正な世界観が現実に通用し、
かつそのように実際に機能するかどうかにある。たとえユダヤ人が自己の置
かれた状況を認識し、民族の根源に触れたとしても、それが主体的に正しく
行動するように至らなければ、何もならないだろう。また、そういう状況に
応え、真摯な行動に駆り立てる実存的責任、すなわちその行動の根幹となる
世界観を担うべき人格の実存的責任が重要視される。この、いざというとき
に決定を下すべき実存的責任のもとで、何が正しくて、何が間違っているか、
すなわち真理と虚偽が明確に識別されなければならないというのである。そ
れゆえ、教育の仕事は、人間がつねに世界観の真正さに向かって自己の世界
観と真摯に取り組むように導くことである。

　加えて、民族教育とはどのような内容のものなのだろうか。前にも、若干
触れているが、民族教育はヘブル的ヒューマニズムに基づいてその民族の根
源に訴えつつ同一の民族内の連帯・統合を強化しようとするものである。そ
れはとくに民族の危機に直面したときにこそ切実に求められる教育なのであ
る。ブーバーによると、この同一民族内の統合・結合を可能にさせる中核と
なるものは、ユダヤ民族においては、神の呼びかけを受け容れ、神によって
指導され（führen）、神によって統合されるそのこと自体、つまりは神と民と
の契約（Bund zwischen Gott und Volk）[48]の関係である。

　こうした神との契約は、イスラエルの民族生成の発端のときに存在した契約である。神はユダヤ民族を神の最初の子として召し、ユダヤ民族は神を民族の父として信仰している。ユダヤ民族は神と契約を結んでいる神の民、すなわちイスラエルである。両者の契約内容はモーセの「律法」（Thora）や「命令」（Weisung）で構成される。ユダヤ民族にとっては、律法や命令というのは、イスラエルの歴史を通して示された神の啓示に他ならない。それは民族を一つの根源の下に統合させる神の声である。「神の声は公正と不正、真理と虚偽を区別するように人間を教え」[49]、かつ民族の統合・結合へと導くのである。

　このように、ユダヤ民族は律法を遵守し、神の命令に従い、神との契約を想起しながら、同一民族として一つの根源の下に統合し、結合しなければならないという。さまざまな文化的環境や人種的差別のなかにあっても、神との生きた契約を想い起こすことによってユダヤ民族内の統合へと導こうとするのが、ブーバーの考えであった。ユダヤ民族は生存の危機に瀕してこそ、いよいよ個々の人間に散り散りになるのではなくて、文化や価値観などにおいて多様性を保持しつつ同一民族としての自覚に基づく統合を実現しなければならなかった。ここに、ドイツ・ユダヤ人の民族教育の課題があり、その課題は民族の統合をたえず更新し（erneuern）つづけることによって解決される。すなわち、神の民であるユダヤ人にあっては、今、民族の危機の克服は、神との契約関係を再び想い起こそうとする更新による以外にはなかったのである[50]。

　加えて、民族教育を実効のあるものにするためには、次の三つの要因が必要となる。ブーバーによれば、第一の要因は「想起の共同体」（Erinnerungs-gemeinschaft）を自覚させる教育である。それは繰り返し述べているように、生きた神との契約をユダヤ的人間の心に想い起こさせることである。第二の要因は民族教育の方向性の問題である。それは相互生活の直接性にのみ基礎づけられる新しいユダヤ的共同体（neue jüdische Gemeinschaft）を創造しよう

とする方向性をもつことである。第三の要因は労働共同体（Werkgemein-schaft）を構築することである。この第三の要因は、先の二つの要因と相俟って、今日の予見不可能な時代の運命の下に、それぞれの立場に立って、新たな統合・結合へと向けて、ユダヤ人の明るい将来生活を唯一目指して労働することを意味する[51]。こうした民族教育が実質的に行われるならば、ユダヤ人は民族の運命を転回させ、民族の新しい統合・結合に向かって歩むことが可能になってくる。

　究極的には、要請という視点のもつ意味は、ユダヤ民族がいかにして自らの運命を前にして、内部抗争を止め、分別のある世界観を形成しつつ、神との契約に基づき一つの根源の下に団結するか、という大局的な立場に依拠することであった。したがって、教育は、第10章第4節でも言及するように、どんな世界観であってもそこに帰属する人々を導き、民族の根源から出発し、そして目標の真理に向かって自己の世界観とまじめに取り組むように導くということになろう。

　こう見てくると、1933年から38年までのブーバーの実践的な教育活動は、明らかに生存の危機にあえぐユダヤ民族に対する成人教育活動のことであり、それは根源的なものを通じての同民族内の人間と人間との結びつき・統合を図ることであった。したがって、この時期の教育活動は成人教育を中心とする活動であったため、1925年のハイデルベルク会議で主張された、教師と子どもとの教育関係に関するブーバー教育論に連続させて、さらにその教育論を発展させたものではなかった。

　だが、教育が神を介しての人間と人間との結びつきや対話に基づく共同体の構築に向かうべきことは、ブーバーの不変的な考え方である。また、当然子どもの教育に関する発言も見られる。たとえば、この世を信頼できず不安を抱いている子どもたちに対して、「〈安心しなさい、お母さんがそこにいるよ〉と、われわれ〔教師〕が子どもたちにいえるようになるかどうかは、われわれ〔教師〕にかかっている」[52]と。これはユダヤ民族の危機のなかで語

られる親・教師と子どもとの教育関係のことであったといえる。

註

1）Buber, Martin: Die Stunde und die Erkenntnis. Berlin, 1936. 以下本文中、略記号
SE とする。

2）Vgl. Faber, Werner: Reale Bildung. in: Berthold Gerner（Hrsg.）: Martin Buber
Pädagogische Interpretationen zu seinem Werk. München, 1974, S.101 ～ 108.

3）Buber, Martin: Der Jüdische Mensch von Heute. in: SE, S.13.

4）シャロム・ベン＝コーリン著、山本誠作訳『ブーバーとの対話―回想と手記』ヨ
ルダン社、1976年、40 ページ。

5）ドイツ社会からのユダヤ人排除はその後 1933 年の年のみで以下のようにつづく。
4月 22 日のユダヤ人開業医の健康保険適用からの締出し、同日のユダヤ人特許弁
理士の職業活動の禁止、さらに同日のユダヤ教儀式に不可欠な動物殺傷の禁止、4
月 25 日のユダヤ人児童生徒や学生の一定就学への制限（ドイツでのユダヤ人人口
1％程度に比例）、5月 26 日のユダヤ人税理士の開業の禁止、6月 2 日の健康保険適
用の禁止範囲のユダヤ人歯科医と歯科技師への拡大、7月 14 日の第一次世界大戦
後国籍取得東方ユダヤ人のドイツ国籍の剥奪、そして 10 月 4 日のユダヤ人著作家
の著作活動の禁止などとある（大澤武男『ヒトラーとユダヤ人』講談社現代新書、
1995年、128 ～ 129 ページ）。

6）Buber, Martin: Das Erste. April 1933. in: SE, S.14.

7）Hrsg. v. Schaeder, Grete: Martin Buber Briefwechsel, Bd. Ⅰ. Heidelberg, 1972,
S.104.

8）Buber, Martin: Der Jüdische Mensch von Heute. in: SE, S.13.

9）前掲『ブーバーとの対話』46 ページ。

10）小辻誠祐『ユダヤ民族』誠信書房、1975 年、104 ページ。最終的には、第二次世
界大戦直後のドイツ残留のユダヤ人人口は約 5 万人である。

11）Das Erste. a. a. O., S.14.

12）Das Erste. a. a. O., S.15.

13）Buber, Martin: Briefwechsel, Bd. Ⅰ. a. a. O., S.105.

14）Das Erste. a. a. O., S.15f.

15）Das Erste. a. a. O., S.16.

16）Buber, Martin: Entwürfe und Programme. Mai 1933. in:SE, S.128.

17）Briefwechsel, Bd. I . a. a. O., S.106.

18）Briefwechsel, Bd. I . a. a. O., S.105.

19）5）の註にもあるように、1933 年 4 月 25 日にユダヤ人児童生徒や学生がほとん
　　どドイツ人学校から締め出された。ユダヤ人子弟が学校に就学できる割合はわずか
　　であって、ドイツ国内でのユダヤ人人口の 1 % 弱に比例した数にとどまる（前掲
　　『ヒトラーとユダヤ人』128 ページ）。

20）Entwürfe und Programme. a. a. O., S.129.

21）Ibid., S.129.

22）Ibid., S.129.

23）Ibid., S.130.

24）Briefwechsel, Bd. I . a. a. O., S.108.

25）Entwürfe und Programme. a. a. O., S.131f.

26）Brief an Dr. O. Hirsch, 5. Dez. 1933. in: Hrsg. von Grete Schaeder: Briefwech-
　　sel, Bd. II , 1918 〜 1938. Heidelberg, 1973, S.508f.

27）Ibid., S.507.

28）Buber, Martin: Programmerklärung des Frankfurter Jüdischen Lehrhauses. in:
　　Der Jude und sein Judentum. Köln, 1963, S.616ff.

29）Ibid., S.617.

30）Ibid., S.617.

31）Ibid., S.617.

32）Buber, Martin: Mittelstelle für Jüdische Erwachsenenbildung. in: Briefwechsel,
　　Bd. I . a. a. O., S.110.

33）Ibid., S.109.

34）Buber, Martin: Jüdische Erwachsenenbildung. Mai 1934. in: SE, S.111.

35）Ibid., S.110.

36）Ibid., S.110.

37）Ibid., S.110.

38）Buber, Martin: Biblischer Humanismus. in: SE, S.96.

39）前掲『ユダヤ民族』248 〜 249 ページ。

40）Biblischer Humanismus. a. a. O., S.97.

41）Ibid., S.95.

42）Ibid., S.97.

43）Caselmann, Christian: Martin Buber als Erzieher. in: Gerner, Berthold（Hrsg.）:

Martin Buber Pädagogische Interpretationen zu seinem Werk. a. a. O., S.112.

44）Weltsch, Robert: Martin Buber 1930−1960. in: Kohn, Hans: Martin Buber — Sein Werk und seine Zeit. Köln, 1961, S.422.

45）Buber, Martin: Unser Bildungsziel. Jun. 1933. in: SE, a. a. O., S.88; 92.

46）Ibid., S.92.

47）Ibid., S.94.

48）Buber, Martin: Aufgaben Jüdischer Volkserziehung. Nov. 1933. in: SE, a. a. O., S.104.

49）Simon, Ernst: Martin Buber, der Erzieher.in: Schilpp, Paul Arthur und Friedman, Maurice（Hrsg）: Martin Buber. Stuttgart, 1963, S.483.

50）Aufgaben Jüdischer Volkserziehung. a. a. O., S.108.

51）Ibid., S.109f.

52）Buber, Martin: Die Kinder. Mai 1933. in: SE, S.22.

第Ⅱ部　ブーバー教育論の展開——〈間の領域〉を基に——

第5章 〈間の領域〉(das Reich des Zwischen) の意義

　第Ⅱ部では、前章までで述べてきたブーバー教育論が、教師と子どもとの〈間の領域〉を軸にさまざまにじっさいに展開されていくのを扱うこととする。もともと、教師と子どもとの間そのものにあっては、呼びかけと応答、信頼と裏切り、愛情と憎悪、結びつきと疎遠などが、いろいろと心情的に渦巻き、作用し合う。教師と子どもとの中間の領域では、力学的なものが作用しつつ、両者の間で交わされる具体的事象というものが、「対話」、「出会い」、「感応」、「包括」[1]、「感得」[2]などといわれる行為でもって顕現するのである。

　このように、教師と子どもとの〈間の領域〉でさまざまな作用があり、その作用如何によっては両者の関係はいろいろな様相を呈する。最終的には、個々の主体に還元し得ないような中間の領域にあってこそ、全体としての人間、人格的統一性をもつ人間が形成され、出現するのである。そこで、本章では、〈間の領域〉(das Reich des Zwischen) について取り上げ、その意義を明らかにするのである。

　この〈間の領域〉の概念を取り上げるには、もう一つの理由がある。すなわち、ブーバーの考えは、つねに現代特有の、孤独や疎外などの人間の問題や、民族の危機と共存の課題などから出発し、これらの諸課題を解決するには、教育の力が重要不可欠であるとする。そして、教育の力によって対話が真に行われるような全体的で統一的な人間の実現を目指しているからである。このことからも、教師と子どもとの両者独自に作用する〈間の領域〉を取り上げようとするものである。

第1節　人間のあり方——個人主義的か集団主義的か——

　まず、ハシディズム最後の偉大な教師ラビ・ブーナムは弟子たちに向かって次のように語る。「私は『アダム』という題目の本を著作しようと思い、そのなかでは全体的人間が描かれるはずであった。だが、やがて私は思い直して、この本を書かないことにした」（ⅠS.309,p.9）と。ブーバーもたえずこの「全体的人間」というあり方に関心をいだいていた。

　人間がつねにかかえる孤独や疎外などを解く鍵は、現実の世に生きて格闘している生そのものにある。社会において他者と人格的に接触することによって、人間は孤独や疎外を乗り越え、人間の全体性を回復しようとする。ブーバーから見れば、人間と人間との間における生きた本質的、直接的、全体的な関わりを求めることでもって、個人的存在の枠に嵌められているゆえに陥る孤独や疎外を突き破ることが可能だとする（ⅠS.367,p.111）。人間と人間との間でとり結ばれる関係が孤独や疎外を克服し得る鍵となることを、ブーバーは理論的に示したのである。

　だが現実的には、人間は自らのあり方として、人間の全体性の回復に向けて、集団主義（Kollektivismus）のあり方か、個人主義（Individualismus）のあり方か、いずれかを選ぶべきなのだろうか。たとえば、前者の集団主義のあり方を選択して、個人が集団的組織の中に埋没し、その埋没を通じて孤立するのを避けられると考えるとすれば、それは安易なことだろう。集団主義はまた、いわば一種の幻想と虚構の上に拠って立っているに過ぎないのである。そこには、自己の真の責任を自覚し、その徳性を基調とした人間と人間との人格的結合は生じ得ないだろう。そして、その場合に見られるような個人の自己自身との真剣な向き合いや関わりすら、不問に付されるおそれがある。

　だからといって、人間が体験する孤独や疎外の問題は次に逆に、個人主義へとその問題の逃げ口を求めるとどうなるだろうか。これもやはり真の問題

解決策にならないだろう。つまり、個人主義のあり方は、人間相互の積極的な社会的関係から回避していることであり、ここでは人間は自己自身との関わりにおいてのみ把握されるのである。

　ブーバーによれば、個人主義のあり方も集団主義のあり方も、人間存在の一部分のみを見て、人間存在の全体性や全体としての人間を把握していないとする。もし、個人主義が人間存在の一部分だけを把えているにすぎないとすれば、集団主義は集団的組織の一員としての人間を、あるいは巨大な機械の一部の歯車としての人間を把えているだけである（ⅠS.401,p.169）。個人主義も集団主義も、人間存在の一面だけしか見ておらず、人間存在の全体的人格的統一性を把握するには至っていない。両者はいずれも人間存在の一面だけしか見ず、それをむしろ絶対視するという誤りを犯している。ブーバーによると、この絶対視するという誤りを犯しているのは、人間の実存と神の存在との間に、たとえば地球と太陽との間に月が介入して太陽の光をさえぎるように、何かが介在して神の光を遮断しているからである（ⅠS.597,5p.156）。絶対視するという誤りは究極的には神と交わりをもたない傲慢な個人主義的自我に由来するというものである。

　つねに個人主義かそれとも集団主義かという二者択一を迫られながら、大衆社会に生きている現代人は、だからこそこの二つを乗り超える第三の立場を模索しなければならない。それは人間と人間との間における生きた全体的関わりに向けられていく。ブーバーはそれについて、「虚構と幻想が終息した後で、ようやくあり得るべき、しかも不可避的となった人間の自己自身との出会いは、単独者と隣人との出会いとして実現され得るし、そういうものとして実現されなければならない」（ⅠS.403,p.172）と主張する。単独者の〈我〉と単独者の〈隣人としての汝〉との間における生きた関わりという実存的な出会いにこそ、個人主義と集団主義とを乗り超える第三の立場が到来する。つまり、単独者は一面的な個人主義や集団主義に陥ることなく、隣人との、世界との、神との関係のなかに自己の主体性や独自性を見出すべきで

ある。これがブーバーのいう対話の思想であり、出会いの思想である。

　それゆえ、第三の立場とはこの対話や出会いの思想を指す。ブーバーは、明確にこの第三の立場に、「主観性の彼岸に、客観性の此岸に、つまり〈我〉と〈汝〉とがそこで出会う狭い尾根の上に、〈間の領域〉が存在する」（ⅠS. 406,p.177）のを見出した。かれは、個々の個人的実存からではなく、個々人の両者を超えつつ、両者の間に実在するような〈間の領域〉（das Reich des Zwischen）という象徴的な言葉でもって、第三の立場の可能性を示したといえる。そして、第三の立場が人間存在の全体性や全体としての人間に到達できる道である、とブーバーは確信する。

第2節　〈間の領域〉という概念

　ところで、第2章第1節でもすでに触れたように、ブーバーは青年時代にハシディズムのもつ雰囲気を実体験している。この実体験はその後のかれの思想形成に大きく寄与することになるが、かれが真にハシディズムに求めたものは何であろうか。

　それはヨーロッパのヘレニズム思想に見られる人間とその自己自身との独話という個人主義的人間学ではなくて、〈我〉が隣人としての個々の〈汝〉に向かって語りかけ〈汝〉に答え、これを通して〈我〉が永遠なる〈汝〉としての神に語りかけ、神に答えようとする対話的人間学である。つまり、永遠の〈汝〉としての神との垂直的関わりを求める人間が、現実には自らの全存在をもって個々の〈汝〉としての他者との水平的関わりをもちつつ、この関わりを共同体のなかに実現しようとする考え方が、ハシディズムの思想なのである。この思想から〈間の領域〉という考え方が芽生え、成立している。

　さて、この〈間の領域〉について言及していく。

　〈間の領域〉は、端的にいえば「人格と人格との間の出来事の実際の場であり、これを支えているものである」[3]。〈間の領域〉は人間と人間との間に

生ずる実際的な対話的出会いの場でもある。したがって、個々人の内面性のうちにのみ、あるいは個々人を包み、かつ規定している一般的世界のなかにのみ〈間の領域〉を求めることはできないだろう。〈間の領域〉は二人格という単なる個々の個別的存在を指すのではなくて、個々人の両者を超えつつ、両者の間につねに両者独自に実在する現実を意味するのである。換言すれば、〈間の領域〉は、二人格の出会うその程度・質に応じて、その出会いを事実可能にするような「人間的現実の根源的範疇」（Urkategorie der menschlichen Wirklichkeit; I S.405,p.175）である。この根源的範疇から第三の立場は出発しなければならない。

　〈間の領域〉は人格と人格とが相対する次元であるが、その領域で両者の関わり方によっては独自の「根源的形成力」（Urbildnerische Kraft）が力学的に作用し得るのである。この意味では、〈間の領域〉の概念は、人間形成を考える上での特異な研究対象となる。ブーバーはこの研究対象として、よく身近に見られる「間の人間的事象」（Zwischenmenschliches Geschehen）を挙げている。その実例としては、あらかじめ定められていない、つまり自発的な応答を引き出すような会話（Gespräch）、相互間に思わぬ展開を見せて繰り広げられるような授業（Lehrstunde）、習慣的でなく真心を込めた男女間の愛の交わり（Umarmung）、そして戯れではない真剣勝負（Zweikampf）（I S.405, p.175 ～ 176）などがある。これらの事象に見られる感動的で宿命的・真摯的な両者の出会いが人間形成の力として作用する。たとえば、ある人の何気なく発した言葉が、相対する他者にその人の人生行路を決定づけるような光明をさす場合がある。あるいは、二人の間で運命的に交わされる会話で人生上の完全な応答を求められる場合もある。

　ブーバーは実際例として、1910 年か 11 年の頃、ブコヴィナでの講演後、ある中年のユダヤ人に、自分の娘婿は「判事になるべきでしょうか、それとも弁護士になるべきでしょうか」[4]と、その答えを決然と求められた。それに対して、ブーバーはその婿についてよく知らないがゆえに、答えようがな

いと応じた。そうすると、中年のユダヤ人は、「先生、あなたは言おうとはなさらないのだ」5)と悲しそうにいった。この出来事はハシディズムが何であるかについて重要な示唆を与えている。すなわち、ブーバーは突如として完全な答えを求められ、それに対して責任をもつべき人間のあり方、つまりツァディクとして果たすべき役割を実感した。と同時に、突発的で主体的な人間どうしの独自の〈間の領域〉での関わりにおいてこそ、その人の進路を決めるような人間の力が真に作用し得ることをもブーバーは身をもって体験したのである。

　二人の人間の間に実在する出会いの場として両者独自に醸し出される〈間の領域〉は、人間形成の力を生じ得るが、この〈間の領域〉を成立せしめ、そこに作用する要件は如何なるものだろうか。

　まず、人間は互いに各々の主体性を尊重しつつ相対することからすべてが始まる。すなわち、両者の〈間の領域〉において互いが互いに相手と隔たりを保ち、かつその「根源的に隔離されて存在すること」（die Urdistanzierung）から出発するが、この根源的離隔が互いの存在の原理としてあってこそ、両者は「関わりへ参入すること」（das In-Beziehungtreten, I S.412,4p.7）が可能となる。なお、この二つの存在原理の関連については、第7章第3節「現前化としての包擁」の箇所で後述する。

　もう少し人間どうしの関係を見ると、私がまさに他者との間で相手を一個の人格として見なすことである。いわば、私が他者を主体的人格として承認し、しかも唯一回的なあり方かつ代替不可能な固有性を具えた他者として受け入れることである。私が他者をその人固有の人格として見なし、まさに他者存在をその人の自立性（Selbständigkeit）において認めることである。他者もまた私との間で私に対して、私を固有な自立的なあり方において承認することである。ここに、両者が互いに内面的に相対し、互いに相手をあるがままな存在として心を許し合い、打ち明け合うということが第一の成立要件である。

　第二の成立要件は、私が他者との間で相手と根本的に関わり、他者との独自の共同的な状況にあって他者を人格的に育み、現前化すること（personale Vergegenwärtigung）に努めることである。その現前化には、両者が共同的状況にあって相互性（Gegenseitigkeit）を保つことが必要である。したがって、私が他者との共同的状況にあって、他者がいだいている関心に、私が自らの全存在をさらけ出し、胸襟を開いて両者の共同的状況に積極的に参加するときにこそ、そうした現前化が実現し得るのである（ⅠS.278 ～ 280,2p.101 ～ 104）。つまり、両者が独自の共同的状況のなかで、互いの人格的存在をかけてその状況に参与することによって、はじめて互いの人格的現前化の開花・展開が見られるというものである。

　第三の成立要件は、私が相手との関係で他者の内にも正しいもの、他者にも固有なものがあることとして確信して、その人に固有なるものが開花・展開するように積極的に働きかけること、つまり他者の能力の開花（Er-schließung）を手助けすることである。私が自分の意見や態度の決定を他者に強制するとなると、他者の固有の素質や人格性が開発されるどころか、逆に埋もれてしまうおそれがある。それゆえに、真の開発のための基本的な態度においては、「人が自分自身のなかで正しいこととして認めたことを、他者の心のなかにも、賦与されたものとして発見して、それを助成しようとするのである」（ⅠS.281,2p.105）。

　このように、主体的な人間と人間との独自の〈間の領域〉を可能にする要件として、両者の相互的承認、人格的な相互的現前化、そして相互的開花の三つが挙げられる。そして、これらの要件は両当事者の〈間の領域〉を成立せしめるのである。〈間の領域〉で作用する根源的形成力は、両者が熟知の間柄でそれぞれの人間性を互いに深めようと望み、互いの全体性を高め、互いの完全性に到達しようと志向せしめるものである。自己としての人間の生成への手助けや、創造にかなった人間の自己実現への相互扶助（Einander Beistehen）といった、人間どうしの両者独自の〈間の領域〉における開花的

機能が、人間の間柄（das Zwischenmenschliche）をより高め、より完全なものにするというものである（ⅠS.284,2p.109〜110）。

　こうして人間本性が開花・展開する全過程は〈間の領域〉において見られる。これは、ブーバーが神を世界の内に実現し、この世に完全な人間の理念を求めようとするハシディズムの教えに由来する考え方である。

　この〈間の領域〉が典型的な形で現れるのは、「真の対話」（das echte Gespräch）においてであるので、それについて以下に考察する。

第3節　真の対話

　「真の対話」は、人間と人間が互いに真摯に相対するときに交わされる。人間は本来的には孤立して存在するということはない。人間は他者との間で相手とのつながりや関係をもつことによって、はじめて自らの人間性を培うことができる。この両者がごく自然に相対するという基本的な共存在（Mit-sammensein）の力動的な関係から、両者で交わされるべき言葉が真に生まれ、情愛・情感が心底から育まれてくる（ⅠS.286,2p.113）。われわれがよく「肝胆相照らす」というのは、そうしたことを指すといってよいだろう。

　こうした「真の対話」を可能にするような雰囲気をつくるには、一方が他者を唯一無二の独立した人格的存在として承認し、いわば他者がもつ自立的な目的を損なうことなく他者との相互関係に立つことが必要である。逆に、一方が自己の考えを他者に一方的に押しつけようとする時、あるいは他者に影響を与え得ると思い込んでいる場合など、「真の対話」は成立しないだろう。だとすれば、「真の対話」が成立するためには、対話に参与する両者が互いに胸襟を開き、共通に理解し合い得る状況をあらかじめつくらなければならない。この状況においてこそ、一方は思わず他者に言葉を発し、腹蔵なく真実を語ることができる。この場合、他者もまたその言葉を聴いて、責任をもってそれに答える形で自分のいうべきことをいうことができる。ここに、

両者で互いに相応に責任をもつという倫理、つまり〈間の領域〉で作用する基本的精神が生ずる。こうした人間と人間との真の関係は、責任のある呼びかけと責任のある応答という呼応的関係を基本とする。もともと、真に応答を求めている者に対して、誠実にそれに応えようとする倫理が責任というものである。つまり、第11章で後述するように、それぞれが責任を果たす(verantworten) ということは、真に相手の呼びかけにきちんと応答する (ant-worten) ことを意味している。「それゆえ、人間の一つひとつの行為は無限の責任の容器である」[6]。互いに責任を果たすという行為は、両者の関係をより緊密にし、相互に切磋琢磨し合う人間形成の力となり得るのである。

　ブーバーは、呼びかけと応答という呼応的関係について、すでに1923年に著した評判の高い『我と汝』("Ich und Du") のなかで、根源語〈我―汝〉(Ich―Du) という象徴的な言葉で特徴づけている。すなわち、根源語〈我―汝〉において、「〈我〉が〔汝を〕〈汝〉と呼ぶこと (das Dusagen des Ich) が個々の人間すべての形成の根源になっている」(I S.293,2p.121) と。このように、ブーバーは〈我〉と〈汝〉との間における「真の対話」そのものに、人間形成の根源的な力を認めている。この〈我〉と〈汝〉との間で「真の対話」が交わされるような両者独自の領域が、すなわち〈間の領域〉なのである。ブーバーは〈間の領域〉を人間学的にとらえ、その意義を明らかにしたのである。

　ところで、前述の通り、〈我―汝〉の関係は〈汝〉の呼びかけに〈我〉が人格的に応答するような対話的関係である。相手たる〈汝〉が全存在でもって語りかけてくることに対して、〈我〉は全人格的に受け止め、応答するのである。その逆も想定される。ともかく、応答するということは、〈我〉が〈汝〉の呼びかけに対して自己の全存在でもって応答するということである。この呼びかけと応答という関係のもとに、「私は〈汝〉との関わりにおいて〈我〉となり、〈我〉となることによって私は〈汝〉を語る」(I S.85,1p.18)。すなわち、〈我〉は〈汝〉との関わりの過程で人格的存在者となり得る。し

たがって、私という人格は、〈我〉と〈汝〉との間における対話的関係によって形成されるというものである。

　根源語〈我─汝〉の関係において、人間は互いに相手と全体的な人格者として関わり、出会っている。〈間の領域〉を中心にしてその領域を求めつつ、〈我〉と〈汝〉が人格的に出会っているのである。ここでは、〈我〉と〈汝〉が互いに相手との関係のなかで全体的人格的統一性を得ようと志向する。この全体的人間性に到達しようとする精神的態度は、神の住まう世界が精神の助力者を、世界のもつ意味の教師を、神の火花への導き手を、あるいは完全な人間を待ち焦がれている、繰り返し待ち焦がれている[7]、という気持ちと同じである。こうした〈我〉と〈汝〉の両者が描く全体的な人格的統一性をもった人間像は、ブーバーにあっては、その両者独自の〈間の領域〉に成立する人間のことである。

　さらに、ブーバーの人間像について触れてみよう。かれによれば、「人間の本質は、〈汝〉との出会いか、あるいは〈それ〉についての考察かという、存在する者に対する二様の関わり方において成立する」（ⅠS.536,5p.63）。つまり、同じ〈我〉でも、人格をもった〈汝〉と相対する場合の〈我〉と、客体的な非人格的存在者である〈それ〉に対する場合の〈我〉とは異なるのである。ブーバーは根源語〈我─汝〉と根源語〈我─それ〉（Ich─Es）との相違から、まさにこの二つの関わりのとり方によって、〈我〉という現存在のあり方を説明する。

　前者の〈我─汝〉における〈我〉は〈汝〉と出会い、〈汝〉と応答する現存在であり、いわばつねに〈汝〉と対話を交わし、〈汝〉を人格的に現前化するように努め、〈汝〉との関係をつねに「今」の状況において生かしていこうとするあり方である。〈我─汝〉の〈我〉は、〈汝〉との関わりのなかで自己を、主体性をもった一人の人格として発現し、〈汝〉を他者と見なすが、対象化することはしない（ⅠS.120,1p.84）。一人格としての〈我〉は他の人格との対等な関係のなかに存在する。これに対して、後者の〈我─それ〉の

〈我〉は、客体的な〈それ〉を観察・分析する現存在である。そして、いわばつねに〈それ〉を客観化した対象物としてとらえ、〈それ〉について経験することを過去のなかに対象化し、固定化するあり方である。〈我―それ〉の〈我〉は、〈それ〉に対する個我として発現し、〈それ〉を経験・利用する主体として自己を意識する（ⅠS.120,1p.84）。個我としての〈我〉は他者の個我とは没交渉的に存在し、他者との関係の欠如のままに行為する。

　このように、〈我―汝〉における〈我〉と〈我―それ〉における〈我〉とは本質的に異なり、それは存在者に対する現存在たる人間の二様のあり方を意味する。しかし、人間は日常生活において同じ自己を二つの〈我〉というように別々に規定し、区別できるだろうか。それは何よりも、その人がこうした二つの〈我〉があいまって自己の現存在を構成していることを知り、その両者のうちのどの〈我〉がいかなるときに、いわば棟梁（Baumeister）であり、どの〈我〉が、いわば補助職人（Gehilfe）であるかを自覚していることである。つまり、〈我―汝〉の関係における〈我〉が棟梁であり続けることができるか、それとも〈我―それ〉の関係における〈我〉が補助職人になりさがるかである（ⅠS.598,5p.158）。この二つの〈我〉のあり方とその関係を自覚しないとなれば、〈我―汝〉の関係がもつ意義は理解できないだろう。

　したがって、〈間の領域〉では、〈我〉と〈汝〉が互いに相手を、主体性をもった人格として認め合い、つねに真の対話を繰り返しながら全体的な人格的統一性を志向していくというものである。〈我〉と〈汝〉との間柄を成立せしめている責任の倫理や呼びかけ―応答の関係こそ人間を全体的人格的統一性として形成していく両者独自の根源的な力となり得るのである。そして、〈我〉と〈汝〉が描く全体的人格的統一性をもった人間像を、両者独自の〈間の領域〉に生きる人間のことである、とブーバーはとらえている。こうした倫理を基調とした〈我―汝〉の対話的関係は、そのまま教師と生徒という教育関係にも当てはまるのである。

第4節　教師と生徒との関わり

　まず、教師と生徒との教育関係はつねに生きた一つの現実である。そこには絶えず対話が繰り返されていなければならない。この関係においては、教師は予想すらもしなかった応答を生徒から引き出すとか、逆に生徒は教師を全体的人格者として見なし、かつ教師から人生上の指針を得たりするものである。教師は生徒と同じ状況にあって生徒を見守り、生徒は教師の語りかけをまって応答しようとする。つまり、両者の「教育的関係は純粋に対話的関係である」（ⅠS.803,8p.30）。教師と生徒との対話を欠いては、両者の関係は本来成立し得ないというのである。

　ブーバーは両者の対話的関係で、すでに第1章第3節で〈子ども〉という現実性を明らかにしたように、子ども自身はもともと成長期のさなかにあって創始者本能（Urhebertrieb）を有するものである。たとえば、子どもは製作する過程で、ある事物を造ることに自ら参加しようとしたり、人間の内面性のもつ根源的な多声音楽（Polyphonie）を現にあるハーモニーにおいて聴き分けようとしたりする。この子どもの主体的に活動しようとする自立的衝動と、何ものからも導き出し得ない不可演繹性（Unableitbarkeit; ⅠS.789,8p.7）とが創始者本能の特質である。だが、子どもの一つひとつの行為はこの創始者本能だけによっては十分に説明できないという。なぜなら、子どもは、作品を製作するという作業のみでは自己の孤独から真に逃れられないばかりか、他者との相互性や結びつきを育むこともできないからである。

　ブーバーがもっとも重視したのは次の点にある。すなわち、芽生え、伸びつつある解放された創始者本能を人間どうしの結びつきにどう導いていくか、したがってその本能から何が生ずるかは、ひとえに教育の純粋さ、そしてその愛の力と思慮分別とにかかっているのである（ⅠS.791,8p.10）。この意味では、子どもは本質的に創始者本能と結びつきの本能（Trieb der Verbundenheit）の二つを併せもつ存在であると把握され得る。

　創始者本能はもともと生徒が事物の成立ちや構造を観察し、その事物の組立てを体験することによって十分培われる。しかし、「我々を、〔汝〕を〈汝〉と呼ぶという経験へ導いていくのはもはや創始者本能ではなくて、それは結びつきの本能である」（ⅠS.792,8p.12）。つまり、創造的な力は事物への関与において芽生えるが、結びつきの本能は人と人との相互性、あるいはその両者独自の〈間の領域〉の現実性に立つことにおいて培われる。教育の本質は人と人との結びつきにあり、これを通じて創造的な力を涵養することである。というのは、「創造というものは根源的には非存在のうちに隠れている生きとし生ける物への神の呼びかけ」（ⅠS.788,8p.6）、すなわち人間と神との結びつきを意味するからである。

　生徒は教師との人格的な結びつきを通して、はじめて文化遺産・知識や多くの価値に充ちた社会・自然という環境の総体としての世界を知り、それを具体的に表象することができる。生徒は教師の語りかけによって、働きかけてくる世界から、人間の諸々の能力や素質を自分のものとして見出すことができる。世界は教師の一寸としたしぐさや問いかけの眼差しという行為を通して、生徒の内面へ生徒の自己存在の樹立に必要なものとして働きかけてくる。というのも、教師は真の神の代理人であるからだ。換言すれば、神が「光をつくり暗闇を創造する」とき、教師はこの両者を愛する―「光をそれ自身において、暗闇を光に向かって愛する」（ⅠS.799,8p.25）―ことができるからである。教師はいかなる生徒をも創造に向かって愛することができるというものである。これは光の欠如という創造の未完成さに対する神の愛であり、ハシディズムの使信や教えによる神の救いである。それゆえに、「〔神の住まう〕世界は偉大な教師においてはじめて、教育という作用の真の主体となる」（ⅠS.794,8p.15）。世界は生徒にとって文化遺産に満ちた宝庫であり、かれに働きかけてくる主体であるが、その働きかけは教師の生徒との教育的行為を媒介にしてこそ可能なのである。教師によるこうした教育的な営みが、

働きかけ、作用する世界を生徒という素地に刻印して（einprägen）いくことになる。

　ところで、「教育における結びつきはまさしく結びつきであり、それは〔他者に〕胸襟を開いていること、また〔他者のうちに〕編み込まれていることである。教育における自由とは結びつけられ得ることである」（ⅠS.795,8p.18）。自由はそれ自体では何ら意味をもたない。だが、教育の力、すなわち教師の人格的責任によって、それ自体としては空疎な自由に内容が付与され、あるいは振動し旋回する自由に方向性が与えられる。生徒は教師との結びつきを自覚するということでもって、自由における自己の意志的決断を通して、自己存在の樹立に必要とするものを、働きかけてくる世界から取り込もうとする。また、生徒はこの結びつきを自覚することでもって、自らの決断の重みに堪えながら、自己のうちに人格的責任を形成していくのである。このように、生徒は教師との結びつきや対話を通して、自らの素地に文化・知識や多くの価値などを刻印することができる。ここでも、一方がたえず他者に対してかれを人格的に現前化しようとする意志が働いている。

　したがって、教師と生徒との間に実在する出会いの場としての両者独自の〈間の領域〉は、人が生得的な自由から、相手との結びつきを求める雰囲気を醸し出すのである。この両者の間でとり結ばれる関係で、生徒はまさに生きた独自の具体的状況のなかで、教師の人間性のうちに働いている世界を選択し、かつそれを自己の可能性から取捨選択し、実現させるのである。教師の生徒に対するこうした教育は、教師が自らの人格を通して、かつその人格のうちに作用している世界を選択することを意味する（ⅠS.807,8p.37）。生徒は逆に教師との結びつきにおいて、教師の人格に触れつつ全体的人格的統一性を志向していくというものである。

　かくして、ブーバーは、全体的な人格的統一性に充ちた人間を形成するという教育を目指していた。最終的には、この教育は共同体の実現という目的に向かって営まれる。ブーバーは、真の教育とは「共同体〔の実現〕に向け

ての教育のことである」（ⅠS.831,8p.78）と述べる。ブーバーの目指すところの、教育の目的でもある共同体は、〈我〉と〈汝〉との間で対話が真に交わされる人格的な共同体であり、かつ個人主義と集団主義という二元性を超越する有機的な共同体である。

人間社会はもともと人間が相互に結びつこうとする傾向を有し、人間と人間との絶えざる対話を基本とする。それは意見や考え方を異にする人々の間にあっても、〈我〉と〈汝〉との対話を可能にし、相手とともに生活のできるような社会である。〈汝〉の呼びかけに〈我〉が人格的に責任をもって応答するような社会が、ブーバーのいう共同体なのである。そして、ここで描かれている人間像は、状況から課せられる厳しい要求に対して自らの全存在でもって応答しようとする全人格的な人間を内実とする。

現実はいろいろな世界観やイデオロギーが葛藤し、対立・反目し合う諸社会集団のなかで、全人格的な人間にとっては社会的制約が多いようである。ブーバーによれば、社会的制約の多いこの現実に対して、それに対峙する理想的人間像を掲げて、その両者で互いにせめぎ合うような「弁証法的内部線」（die dialektische Innenlinie; ⅠS.813,8p.49）が生まれる状況が必要である。ここにこそ可能性と欲求に、あるいは渇望と恩寵に基づく一つの課題が熟し、この課題を真正な生の対話的な力のなかへ迎え入れること（ⅠS.214,1p.259）が望まれるとする。

また、労使の対立やイデオロギーの衝突などの制約の下にあっても、「一つの作業秩序、そこでは職務がその果たされるべき課題の許す限り、そのつど生きた対話的なものによって浸透されているような作業秩序への渇望がすでに生起しているのではないだろうか」（ⅠS.212,1p.255）。人はいかなる場合でも相手を人格として、自分との対立者をも人格者として接するならば、その人は対話的責任を果たすことができる。社会的制約が多ければ多いほど、人は生ける神を介して他者との〈間の領域〉で成り立つ対話をいっそう切望するようになるだろう、とブーバーは考えた。となれば、〈間の領域〉は、

人間と人間とが個々の立場から一歩踏み出して、両者の出会うべき両当事者独自の場であり、そこには個人主義と集団主義という二元性を超えるような全体的人格的統一性・人格共同体を志向せしめる磁力の場でもある、と意義づけられる。

註

1）「我―汝」の教育学は、教育作用を「我―汝」の間のこととして扱う。教育作用の本質は「感応」であり「包括」である、と考えることによって、真理の教育・生徒の自由な可能性の実現（決断）への参与が意図的になされるとする。松本昭「第三の道としての『我―汝』の教育学」『鳥取大学学芸学部研究報告』教育科学編第1巻創刊号、1959年12月；第2巻1号、1960年6月、30ページ参照。

2）対話的関係において、教師は生徒の全体性を、また生徒は教師の全体性を、互いに「感得」し、両者はそれぞれ真に自らの人間形成を遂げていく。海谷則之「ブーバーにおける『感得』（Innewerden）と人間生成」『龍谷大学論集』400号、1973年3月、455ページ参照。

3）小林政吉『ブーバー研究』創文社、1979年、423ページ。

4）ブーバー , M. 著、児島洋訳『出会い―自伝的断片―』理想社、1970年、55ページ。

5）前同書、55ページ。

6）ブーバー , M. 著、板倉敏之訳『祈りと教え』理想社、1971年、29ページ。

7）前同書、30ページ。

第6章　出会い論

　本章では、まず高橋勝の教育関係論に関する研究に言及する。かれは教師と生徒との間に潜む意図的で狭隘的な関係についての問題を鋭く指摘している。つまり、近代以降、学校が制度化され、整備されるのにともなって、教師は学校の権威のもとに教育の専門家としての地位を確立するようになった。それにしたがって、「子どもはすっかり操作対象になり、『教育的意図』という名の操作空間に囲い込まれていくという事態が顕在化」[1]してきた。教師はこの事態で、相手に対して、教えるという狭い意図的行為において、予期しない無意図的なマイナスの影響、たとえば無神経な注意や叱責、思わぬ心の傷などを無意識のうちに与え、予想さえしない反発・反抗を招く場合が往々にしてある[2]、というのである。とすれば、両者の関係論では、教師が生徒に対しかれを他者として人間的に全体的にありのままに受け容れて、かれの成長を促すような要因がともすれば希薄にならざるを得ないのである。

　教師の相手に対するこうした意図的で狭隘な支配的関係が、教師をして子どものありのままの存在をとらえにくくさせ、かれを非人間的に扱う結果に至らしめる。非人間的な事態に対しては、ブーバーは、教師と子どもとの間において互いが互いに相手の「他者性」を認め合うところの開かれた対話的関係としてとらえて、それを強調する。教師と生徒との間では、「もはや教師のモノローグに生徒が吸収されることなく、互いに相手の『他者性』を自覚したディアローグの関係が成り立つ可能性」が求められてこよう。ただし、ここで自覚される生徒の「他者性」は、「あくまでも非日常的で実存的な次元の問題に限られている」[3]。

　当然なことながら、〈我―汝〉の対話的関係は一般的な人間関係でよく見られる。しかしここでは、対話的関係といっても、それを教育の世界で考え

てみたい。教育の世界においてこそ、教師と生徒との間に対話が真に成立する、また成立しなければならない、と強調する。この対話論で重要な契機となるのが、教師と生徒との出会い論である。

　そこで、ブーバーの出会いについて以下の順序で見ていく。最初に、ボルノーの出会い論を介して、ブーバーの出会いを神の恩寵との関連においてどのように解釈し、そこに何を見て取ることができるか、そしてその出会いをどう特徴づけるか。次いで、出会いの具体的な一例——ここでは新任の教師と生徒との間における出会いについてのブーバーのよく使用する実例——を示して、子どもを全体的に寛容的に受け入れられるかどうか、出会いの生ずる瞬間とそこで始まる対話がどういうものか。最後に、出会いの展開過程で何が期待できるかを明らかにする。この考察を通して、教師と子どもとの両者独自の〈間の領域〉における教育関係、あるいは出会いを展開することが教育という仕事にとっていかに重要であるかが理解できよう。

　なお、ブーバーがいう教師は、いうまでもなく「19世紀初期のドイツに登場した『教育者（Erzieher）すなわち人格者』としての教師」[4]を指す。ブーバーの場合、教師といえば、教育者と同義だと考えてよい。以下の論述でも、それにしたがって教師と教育者との厳密な使い分けはしない。

第1節　ボルノーの出会い論

　はじめに、ブーバーの思想に注目した人がボルノー（Bollnow, Otto Friedrich 1903〜91）であって、かれは「出会い」について実例を挙げて次のように解釈する。比喩的にいえば、「二隻の船が、正反対の方向からやってきて、互いにそばを通り過ぎるとき、これが両船とも航行中に互いに出会う」[5]という。「出会い」というのは、つまり人間の場合でも、双方とも意欲的に相手を求めつつ同時につねに〈相向かって〉の結果として生まれ、しかもその事象は偶発的であって、予見し得ないものである[6]。出会いは人間と人間との〈間

の領域〉にあって互いが互いに人格的に触れ合いつつ前もって予見すること
もできず、それどころか運命的に独自に生ずるというものである。

　出会いはいつどこで生起するか、わからない。それが教室という日常的な
場における教師と生徒との間で生じにくいだろう。この意味で、出会いは教
育学的考察に馴染まないのではないか。ボルノーは事実、生徒の「教師との
出会いは、教育学上の特別な問題とはならない。教育学的な意味における出
会いという特殊形態はない。ただ、人間的な出会いそのものがあるのみであ
る」[7]という。

　ボルノーが教育学的に認めるのは、教材に登場する歴史上や作品上の人物
などとの出会いの例である。この場合でも、教材中の人物との「出会いは、
決して即座に、ただ行きずりの交わりから、偶然、われわれにあたえられる
のではなく、ながいあいだきびしい努力がつづけられ、それによってその人
のうちに出会いを受けいれるだけの準備がととのってから、はじめて生ずる
ものである」[8]。この種の出会いは、それに先行する教授の営みがふだんか
ら行われていることを前提にする。

　だが、ブーバーはボルノーの場合とは異なる。つまり、ブーバーは、「人
間は〈汝〉との関わりにおいて〈我〉となる」（ⅠS.97,1p.40）という。人間
は相手との間のとり方によっては、いついかなるときでも、非本来的なあり
方から本来的なあり方へと目覚め得る機会があるという。それは人間が〈間
の領域〉の事象として互いに向かい合い、ともにつねに成長しようとするか
らである。教師と生徒との教育関係においても、教師の適宜な言葉・行動に
よって、たとえば、荒くれの生徒が自己の生き方に目覚めることは日常的に
ままある。この教育関係の場合、「根本的に求められることは、教師と生徒
が私と汝の関係として出会うことであろう」[9]。

　ブーバーは何よりも、教師と子どもとの〈間の領域〉の事象としての出会
いが生じ得るためには、それが神の恵みともいうべき両者にかかる恩寵によ
るものだととらえることから出発する。じつは、ボルノーもブーバーの出会

いを評して、人間的には「〈汝〉は恩寵（Gnade）によって私に出会う」[10] というように、出会いは神の恩寵によるものである。ブーバーの中心的思想は象徴的にいえば、「人間の〈我〉と神の〈汝〉とのまったく二重に方向づけられた関係に、すなわち相互性（Gegenseitigkeit）と出会い（Begegnung）にある」（ⅠS.297～298,2p.129）といえる。

第2節　ブーバーの出会い論の特徴

(1) 神の恩寵によるもの

　教師が生徒との間においてかれと真に出会うためには、先にも述べたように、かれが子どもをいわば神の恩寵であると受け止めることから始まるとする。ブーバーはそのことに関して、1926年刊行の『教育的なるものについての講演』のなかで次のようにいう。

　　教師が今はじめて教室に入っていき、そこでかれは、生徒たちが雑然と入り乱れて長腰掛に座っているのを目の当たりにし、いいかえれば、しつけの悪い者もいれば、良好な者もいて、あるいは動物的な顔もあれば、うつろな顔や高貴な顔もあり、かれらが雑然と入り乱れて──まるで天地創造の世界が繰り広げられるように──座っているのを目の当たりにする。教師であるかれの眼差しはかれらすべてをしっかりと受け止め、受け入れるのである。この教師はたしかに自分の好きな者を誘拐したかのギリシャの神々の末裔ではなくて、私〔ブーバー〕にはかれが真の神の代理人であるように思われる。どうしてかというと、この神が〈光をつくり、闇を創造する〉[11] とき、人間はこの両者を愛し、光をそれ自身において、闇を光に向かって愛することができるからである（ⅠS.799,8p.24～25）。

　したがって、教師にとっては自分の受けもつべき生徒たちは、いわば神の

授かり物であると解釈できる。教師は「自分の方から生徒らを選ぶことはできず、自分の人生行路において、クラスという形で送られるあるがままの世界と毎年運命的に出会う」（ⅠS.827,8p.72）。教師は、この運命にこそ自分の仕事の意義を見出すべきであるとする。クラスの子どもたちにとって、教師は話しかけの相手であり、呼びかけの相手である。そして、教師は話しかけや呼びかけに、人間あるいは教育者としての行為や信頼によって応答しなければならない。

　教師は子どもとの間で自ら赤裸な人間として微妙にブーバーのいう二つの根源語〈我―汝〉の関わりと〈汝―それ〉の関わり[12]との狭間のうちにさまざまに立たされる。教育における出会いの現実の考察に詳しいグリュンフェルトの論にしたがえば、かれは教師と子どもの教育関係を次のように展開する。

　教師としての〈我〉は、子どもを教育する意図の単なる客体としての〈それ〉であるとして見なすことができるし、また教師は子どもの顔の表情で相手を人格的な〈汝〉だと見て取ることもできる。教師はクラスの子どもたちを術策・計略に充ちた具体的・抵抗的実在として看取することができるし、またかれは個々の生徒を個別に全体的にとらえ、全体的に感得することもできる。教師は生徒を対象的に計り得る現実存在として、生徒の言動や成績の点で閻魔帳に記録し、秩序づけ、目録化することができるし、またかれは自ら心を開いて、子どもの人格的な自己実現への道の開かれる瞬間を待ちこがれることもできる。教師は生徒への強制や束縛を通じて人格的な生成の可能性の萌芽を摘み取ることができるし、またかれは生徒に自らの教育的意図において的確な方向を示し、自らの教育的な無作為的行為において生徒の最良の可能性を認めることもできる[13]。教師は自分の受けもつ生徒を個々において「一つのさまざまな特性や性向や抑制の単なる総和」としてとらえることができるし、逆にかれは「生徒を一つの全体として感得し、かれを一つの全体においてまるごとに肯定することもできる」（ⅠS.167,1p.172）。

　このように、教師は子どもとの間における出会いを神の恩寵によるものだと受け止めることによってこそ、子どもをあるがままに把握できるし、生徒との間でさまざまなスタンスで積極的に教育関係を取り結べるのである。

　さらに、ブーバーは神の恩寵という考えに立って、子どもを次のようにとらえるべきだという。つまり、第1章第3節で触れたように、子どもは、世界との関係でその文化・素質や状況のなかに生まれてくるというすでに規定された可能性と、自らのなかに枯渇することなく滔々と流れているという十人十色の新たな可能性とをもっているとする。

　ブーバーは、この子ども観に対して、教師の任務を農夫の鋤で掘り起こす姿に例えて明らかにしようとする。すなわち、「若い土地を柔らかく耕し」[14]、そこにいわば芽を再び吹かせることは重要であり、したがって、若者が人間的に民族の「復活」や「再生」を体験するように導かれることは重要である、と。教師は一方では「今や生活の糧のために自覚的に田畑を耕す」（ⅠS.794,8p.16）ことである。だが、かれにとってもっとも重要でかつ実りの多い仕事は、「現実に堅くて困難でもある土地に規範的な原理という鋤の刃を入れようとする」[15]ことである。教師が堅固な土地という現実には歯が立たずして挫折するならば、それは教師がその任務を果たせていないということだろう。しかし、突然思いがけず、「たとえば、鋤の刃が、まるで地面が自ら進んで口を開けたかのように、柔らかく、深く土のなかを走ったときに」、また「農夫が事物の恩恵を体験したときに、つまりどんなに抵抗はあっても、かれが再びもう一度人間と世界の存在との間には協力関係があると体験したときに」[16]、はじめて教師の、教育という困難な仕事が果たされるという。

(2) 包摂から出発するもの

　一方、一般的な人間関係における出会いは、先にも触れたように、人間と人間とが互いに人格的に接するうちに生ずる。しかも、それは瞬間的に思いがけず非連続的に突発的に起こる。出会うべき両者が具体的かつ相互的な、

互いに相手を包み込むような包擁のうちに出会いを体験するのである。出会いの代表的な形態として、人間の魂と人間の魂との間に対等に真にもたれるところの友情が挙げられる。

　ところが、出会いはこの友情の場合とは違って、具体的かつ両極的な立場に立ちながらの一方的な「包擁」（Umfassung）の体験として特徴づけられる。教育の領域では、そもそも「〈我―汝〉の関わりは、すべて完全なものとなることが強いられない相互性の力でもって」（ⅠS.168,1p.175）成り立っている。完全なものへと発展することが許されず、かつ制約が加えられるような相互性こそが出会いを構成する。だが、制約のある出会いは、「具体的に」という点から、すなわち「充実した現実性の包擁」（ⅠS.804,8p.33）から出発しなければならない。第7章第4節で言及するように、この包擁という教育的行為の絶えざる反復とその行為との絶えざる新たな結合から、自らの真の本来的な力を得てくるのが教育の営みである（ⅠS.805,8p.34）。

　次いで、ブーバーは『教育的なるものについての講演』のなかで包擁という教育的行為に関して次のように語る。

　　教育され得る存在者の存在に影響力を行使することをその使命とする人間は、まさしくこうした自己の教育的行為―たとえそれがどんなに無為という形態をとろうとも―をつねに向かい合う者の側から体験しなければならない。かれは、自分の魂の行為がいささかも弱められることなく、同時に向こう側に、つまり自分の行為を受け取るその他者の魂の側にいるのでなければならない。子どもという他者の魂というのは、およそ概念的な、構成された魂といったものではなく、教育者と向かい合って生きており、「教育する」「教育される」という共通の本来一つの状況のなかでかれとともに立っている。それはただし、この状況の他方の極に立っているところのこの単独にして独自な存在者のそのつどかなり具体的な魂である。教育者がこの子どもの個別性を想像するというのでは十分ではない。しかしまた、かれが子どもを精神的人格として直接に体験し、そういうものだと認識するということでも十分ではない。かれが子どものいる向こう側から自己自身を捉え、そして《子どもがいかに行為するのか》、つま

りこの子どもが他者の人間にいかに働きかけるのかを感じ取るときにはじめて、かれは真の限界を認識し、自分の意志しようとする意欲に現実のなかで洗礼を施し、自分のパラドクシカルな合法性を更新するのである（ⅠS.805,8p.34〜35)。

　ここでの包擁体験は、教育者と子どもとの間では子どもの立場から見て少なくとも相互的なものではない。それは教育者が子どもとの間で具体的かつ両極的な立場に立ちながらの一方的な関係をもつことである[17]。なぜならば、教育者は上述のように「教育する」「教育される」という共通の一つの状況の両極に立つことはできるが、子どもは「教育される」という一方の極にしか立つことができないからである。包擁体験が本来相互的なものであるがゆえに、ここは一方的なものという点においては、パラドックスをかかえこむことになる。ただし、子どもが「自己を、〔教育者のいる〕向こう側に投企し、〔教育者のいる〕向こう側から体験し得る瞬間においては、教育関係は破砕されることになるか、もしくはそれは友情に転じたことになる」（ⅠS.806,8p.35)。つまり、子ども自身が実際に教育者の立場という相手の極に立ってしまうことになるならば、もうすでに教育を必要としない立派な人間に成長したことになろう。

　こうした包擁体験における両極的な立場に立ちながらの一方的な両者の間の関係では、「生徒の全体性に真に影響力を行使する」（ⅠS.819,8p.58）のは、教育者の有する全体性のみである。教育者が全体的に溌剌と行動することにおいてはじめて、かれの生命力を生徒たちに放つことができる。なぜなら、教育者が「かれらに無理に影響力を及ぼそうなどと毫も考えないときにこそ、かれらにまさしくもっとも強烈にかつ純粋に影響を与える」（ⅠS.819,8p.58）からである。

第3節 出会いの実例

　次に、ブーバーのいう出会いの実例を示しておこう。かれはそれを1939年に「性格教育について」というテーマでもって、テルアビブでのパレスチナ・ユダヤ人教員会議の席で語っている。ユダヤ人に対する迫害的状況下のナチス・ドイツを脱し、パレスチナへ移住してから2年目のときである。1939年のこの講演で語られた実例は、前出の1926年『教育的なるものについての講演』のなかで示された「はじめて教室に入っていく…以下略…」という新任教師の最初の面持ちと同じである。前出の1926年著書の引用の一部と重複するが、後述の考察のために敢えて引用しておく。

　　若い教師は、もはや自分の能力をどうこう問う師範学校の一学生としてではなく、はじめて独り立ちして教室に入っていく。教室はかれの眼からすれば、かくも種々雑多であり、かくも矛盾に充ち満ちており、かくも近寄りがたく、あたかも人間世界そのものを映し出した場のようである。かれはこう感じる。すなわち、「そこにいる少年たちをありのままに──かれらが今この瞬間にある在りようではなく、真に在り、将来成り得る在りようにしたがって──受け入れなければならない。しかし、私は、かれらのうちにある可能性にいかに気づき得ようか、そして私は、その可能性が形を取ってくるためには何を為し得るだろうか?」と。そして、少年たちは簡単に若い教師にそうはさせまいとして、騒いだり、乱暴を働いたり、厚かましい好奇心でもってかれの顔をじっと凝視したりする。かれはもうすでにこのとき、こうした妨害者を制止し、秩序の規則を提示し、行儀のよいふるまいの習慣を強制して否といい、つまり下から始まりかれに向かってくるすべての事柄に対して否といおうとする誘惑に駆られる（Ⅰ S.826,8p.70 ～ 71)。

　この引用文から、ブーバーにおける出会いの現実と展開を明らかにしてみたい。

(1) 子どもの全体的受容か拒絶か

　まず、教師なりたてのうら若い先生が、まったく見知らぬ少年たちの教室に入って行く。かれは少年たちを、矛盾に満ちて近寄りがたい顔というよりは自分に見慣れた種々雑多な顔に感じる。かれはこの若い教室で、まず自分にとって教員生活という人生行路の船出に当たって自己規制へと強いられる妨害を目の当たりにする。だが、この教師はすでにかれらのなかに、ある種の運命を見て取る。かれはこの少年たちを、何か求めている要求とそれに応えるべき課題として見ている。かれはそれを何もかも承知のうえで教室へやってきたのである。

　教師がとかく入室するや否や、それがそのまま最初の出会いとはならない。ブーバーによれば、真の出会いは、教師がこの少年たちと向き合う〈間の領域〉の質・程度に応じて生まれる。教師は、少年たちが感ずるこの人間世界の創造の一端に触れつつ、まさに肯定的にかれらに対して〈汝〉[18]といい、語り出す瞬間からすべてが始まる。若い教師が人間として、子どもたちに「ヤー」（はい）といって肯定的になるか、もしくは「ナイン」（いいえ）といって拒絶的になるか、そのいずれかである。真の出会いは、このどちらかの瞬間においてはじめて呈される。ことに前者においては、教師が子どもたちに「はい」といえば、かれらを受け入れたことになる。そして、相対する相手に「はい」ということは、すでに実際に相手に対して〈汝〉と語ることを意味する。「他者性」として子どもを受け入れるような包擁的で肯定的な言葉においてこそ、教師は「〈汝〉をいう能力が某かの人間の限界によって制約され、拒否される」（ⅠS.88,1p.24～25）のを克服したことになる。

　だが、教師がこのクラスで求めているものは依然として実現されないままにある。かれは子どもたちの胸襟をどう開かせるか、かれらの可能性をいかに目覚めさせるかなどを模索している。かれはこうした課題をもちながら、現実の子どもたちの顔に接してまず困惑するが、すぐにかれらの現実性と可

能性の渦巻くなかで一人悠然として立とうとする。

　グリュンフェルトもいうように、教師は実際上自らが相手との間の関係で根源語〈我―汝〉の関わりに立つのか、もしくは根源語〈我―それ〉の関わりに立つのか、または二つの根源語の間を往来する緊張状態に曝されるのかを感じる。あるいは、〈我〉としての教師はさしあたり相手を〈汝〉として全人格的に受け入れ、運命や課題として丸ごとに肯定すべきかと考える。だが、現実のクラスはそれどころか、最初は突如としてさまざまな小グループに分かれ、ばらばらに雑然としている。明らかに新任教師に興味を示さない二三の少年たちは騒いだりする。あるいは、他の少年は頬杖をつきながら、教師を、単に教室に入ってくる対象としてあからさまに漠然と見やったりする。このように、生徒はさまざまな顔や表情をもちながら、「他者性」として表出している。

　教師はこの段階では自己を生徒から〈それ〉[19]として物珍しげな対象的存在の程度しか見られず、また自らを〈それ〉に対する〈我〉として認識してしまうことすらある。かれは生徒たちの物珍しげな対象として見られているのみならず、かれもまた生徒たちを〈それ〉として対象的に見なし、喧嘩を起こし乱暴の働く者として受け止める態度をとることもある。こうして、教師は相手と向き合うことにおいて渦巻くさまざまな要因のなかで、自分の方から子どもたちに一定の方向を与えなければならない、と判断しつつある。

　また、教師は決然たる否定的態度をとることもある。かれはやはり教師である。かれはやはり権威者である。かれはやはり合法的な権力をもっている。それゆえ、教師はあくまでも規則を持ち出して、秩序を「下から」(von unten) 安易につくり出し、生徒の存在を「下から」拒絶するべきか。あるいは、教師はともかく子どもたちを全体的に包擁的に「上へ」(nach oben) と受け入れるべきか。どちらにすべきか、逡巡する。教師のいわば実存的決断が迫られているともいえる。

(2) 出会いの瞬間と対話の始まり

　やがて、張り詰めた状況で渦巻く無秩序の真っ只中で、突如として急転直下し、火花の散る《そのとき》（Da）という瞬間がやってきた。その即刻性において、教師の包擁的な視線がある少年の眼と合った。教師の鋭い眼差しが図らずも一つの的に到達した。ついにこの両者の〈間の領域〉が極限に高まったといえる。教師は眼差しを一点に据えつつ、たしかに皆の前に立っている。だが、この電撃的な現実の招来は当初の予定にはなく、ただかれは次のとるべき行動を探るのみであった。あれやこれや思案するうちに、不意に《そのとき》が突如として生じたのである[20]。

　こうして、教師が実際にとった行動は、きわめて現実的な出会いの兆候であると見なされ得る。つまり、結びつきの世界では、ときおり〈我〉と〈汝〉の間において「把握しがたく、あたかもおののくような関係」[21]が突如としてあらわれ、それが出会いに発展し得るというものである。ここでは、すべて教師の双肩にかかって運営される教室では、出会いという「把握しがたく、あたかもおののくような関係」は、決定的な雰囲気になるにちがいないし、またそうなる必要があった。

　いよいよ、教師はこの雰囲気のなかで自分の視線の合った子どもの方から直に「あなたよ」と呼びかけられた。教師はこの呼びかけで、さらに子どもから「あなたは誰ですか」、「あなたは何をもたらしますか」、「あなたは私に関することを知っていますか」、そして「あなたは私にある事柄をもたらしますか」（ⅠS.827,8p.71）と問いかけられたのである。それに対して、教師は子どもとまともに向き合っているので、そうした問いを正確に読み取れるだろうし、また読み取れるものである。

　出会いとそこで展開される対話は、教師と子どもとの間の双方向的な出来事ではあるが、前節で見たように、それは教師が子どもに対して具体的で両極的な立場に立ちながらの一方的な包擁の関係でもある。この一方的な関係

は、人間が内奥から神という絶対的人格との対話で、自己の罪責感の伴った「〔そのときの〕我と共にある〔真の〕〈我〉」（ⅠS.491,4p.137）の場合と類似する。ブーバーによれば、この「〔そのときの〕我と共にある〔真の〕〈我〉」ということにおいて、「大いなる良心の行為の端緒を開く最初の経過」（ⅠS.498,4p.147）、換言すれば、自己の罪責の深みに漂っている闇を照らすという「自己照明」（ⅠS.493,4p.139）²²⁾の経過が生じるというのである。この経過の過程と同様に、教師が生徒との間においてその顔の表情から読み取れる〈汝〉というのは、教師をして、まず自己自身のなかの闇を「真に突き破ること」へと至らしめることである。つまり、それは、教師が生徒らといっしょにいる教室のなかで、いわば「世界という家の内側」で、突然に自己の闇を覆う「門を開くこと」（ⅠS.497〜498,4p.146〜147）を意味しているのである。

第4節　出会いの展開

(1) 問いかけの意味の読み取り方

　次に、教師が生徒から自分へ返される問いかけの意味内容を正確に読み取るにはどうしたらよいか。それはたとえば列車時刻表から読み取るというように、そう正確に読み取れるものではない。時刻表の場合、記載してある数字・文字を額面通り確実に読み取ればよい。しかし、生徒から返される問いかけの場合、読み取りは、眼光が時刻表の紙背に徹しなければ不可能なときもある。つまり、出会いにおける問いかけの読み取りを可能にするような方法は、現実にはそう簡単にはないということだろうか。

　ブーバーは、問いかけの意味内容の読み取り方に関連して、1935年の『教育と世界観』のなかでテキスト解釈の例を取り上げている。かれ自身の書いたテキストが目の前にあるとする。それに対する読者の解釈・読み取り方は当然さまざまにあろう。テキスト内容の根本的な意味を読み取り、汲み尽く

すその解釈はなかなか容易なことではない。むろん、テキスト内容の解釈は解釈者の考え・立場に規定されるが、それ以上にテキスト内容を表現する「言葉と構造」を誠実に理解しようとするそのことにすべてがかかっている。テキスト内容に誠実に取り組む姿勢が「テキストの作用する力」や「テキストの現実性」（ⅠS.811,8p.45）を自ずとつくり出すのである。

　となれば、テキストの適切な解釈はそれに取り組むその人の姿勢にかかっている。「真理を所有することはわれわれに保証はされないが、真理の存在を信じ、それに奉仕する者は真理の王国を構築することになる」（ⅠS.812,8p.46）。出会いのときにも、出会いの後にも、不確実性はその出会う両者の間にたしかにある。それゆえ、真理の存在を誠実に信じ、それに誠実に奉仕すればこそ、問いかけに対する確実な意味の解釈・読み取りが可能となる。

（2）応答への発展

　さて、生徒から教師に返される「あなたよ」という呼びかけは、教師から見て、何か内容のある応答へと発展する。その応答は、生徒自身の現在および将来にわたる生き方に関係する。ブーバーは『教育的なるものについての講演』のなかで応答の中身について次のように語る。

　　　向かい合う側の体験をし、それにじっと堪える教育者は、一度に二つのこと、つまり他者性に自己の限界を、他者との結びつきに自己の恩寵を体験する。かれはまさしく歩み寄ってくる者─かくてまさしく教育者の立場から見ると歩み寄ってくる者─の受容と拒否を〈向こう側から〉感じ取る。もっとも、それはしばしば〔歩み寄ってくる者の〕単なる一時的な気分であったり、ふたしかな感情であったりはするが、そこから〔歩み寄ってくる者の〕魂が実際何を必要とし、何を必要としていないのかが明らかになるはずである。（ⅠS.806,8p.35〜36）。

ここでの課題は、教師が生徒からの応答において相手から自分に委託され

た生命・生き方に深く関わり、相手の立場に即してその要求にどれだけ応えられるかということである。

　教師は適切に子どもからの応答を引き出そうとする。事例として、教師が子どもに実際に「では死海とは何か？」[23]（ⅠS.827,8p.71）と問いかける。以前に郷土科（Heimatkunde）で学習したことのある「死海」を話題にするが、ここは単なる地理上の知識として取り扱っているのではない。「死海」という話題については、パレスチナ・ユダヤ人の子どもたちには自明の事柄であることからも理解できる。むしろ、若い教師は、「死海」に滞在したことのある少年の感動的体験を一つの応答として引き出して、それを授業の中心テーマにもっていこうとする。ヘブル的な考えに立つ教師の課題は、やはり神の世界創造の出来事に関連して、ユダヤ人の子どもたちに神の面前に立つような「偉大な性格」（der große Charakter, ⅠS.827,8p.72）をいかに形成するかにある。この点では、教師は子どもへの問いかけとその応答の引き出し方に熟練を求められてこよう。

　見方を変えれば、教師が適宜に少年に問いかけて、かれはそれに対して「紛れも無く」はじめて死海の印象を喋り、物語ろうと決心する。両者の問答関係それ自体がすでに両者の間に信頼のきっかけをつくっている。結果的には、信頼は「教育関係のもっとも内的な成果」（ⅠS.803,8p.31）の現れとも見なし得る。そこには、ともに「我々が神の恩寵によって存続しているという真理」[24]が前提にあったのだろう。

　ついに、少年は、事実若い教師の問いに応えて「死海」での感動的体験を喋り、真に物語った。ブーバーはこの語るという行為について重要視する。人間は語ることを通して、「心の閉鎖的な殻を突破し、不安な心の回りにチャックされた締め金を断ち切る」（ⅠS.821,8p.61）ようにして、相手を心底から信頼できるようになる。あるいは、教師が他者とともに存在し、他者の要求に応えるという人格的な責任のある行為が、少年らの心のなかに信頼感を呼び起こした、ともいえる。

　1939年当時の混乱期にあったパレスチナ・ユダヤ人の少年たちにとって、人間関係における信頼というものがどのくらい大切であるかは、想像に難くない。かれらにとって信頼できる環境においてこそ、かれら生徒が教師を人格者として受け入れることに発展する。「生徒はこの人を真に信頼できると感じ、またこの人が自分に対してしていることは、ビジネス・ライクのような仕事ではなく、自分の生へ真に参加していると感じ取る。また、生徒は、この人が自分に影響を及ぼそうと欲する以前に、自分を人格者として承認しているのを感じ取る。このようにして、生徒は問い、語ることを学ぶようになるのである」（ⅠS.820,8p.59～60）。

　以上、出会いについてブーバーの論に即して詳述してきた。かれによれば、教師は出会いを神の恩寵によるものだと把握することによって、自分と子どもとの間のさまざまな教育関係や子ども自身のいろいろな在り方を看取することができるとした。ここでは神の恩寵がなければ、出会いは起きないのかという素朴な疑問が出てこよう。だが、ありていにいえば、神の恩寵によるというのは、相手の存在に神を見て取り、相手を大いに信頼し得ると考えるべきである。

　もう一つ、通常の出会いは人間どうしの相互的な〈間の領域〉で生ずるが、その出会いが教育においては教師の子どもに対する具体的で両極的な立場に立ちながらの一方的な関係のもとで包擁として生起する。ここには、H.ノールのいう、両者の熟知や技能における「成熟の落差」が前提にあることは否めない。ブーバーはそのことを、教師が子どもという「他者性」をありのままに全面的に認めかつ受け入れ、子どもの立場に即して相手を包み込むような包擁の点で補おうとしたのである。ただし、教師と子どもとの間のこうした一方的な関係がやがて相互的な関係に発展した場合には、それは友情的関係と見なし得る。この段階では、すでに子ども自身は立派に成長したと考えることができる。そして、教育関係は解消されたと見なすことができよう。この包擁の概念については、次章で詳細に考察していく。

註

1 ）高橋勝「技術論から相互関係論へ─〈教師─生徒〉関係の組みかえ─」『教育哲学研究』第 75 号、1997 年、6 ～ 7 ページ。

2 ）渡邊光雄「学校教育と教育学─教える行為を改めて問う─」『教育学研究』第 63 巻第 3 号、1996 年、270 ～ 277 ページ参照。

3 ）前掲論文「技術論から相互関係論へ─〈教師─生徒〉関係の組みかえ─」8 ページ。さらに生徒の「他者性」を日常的な次元でも認めて、教師と生徒との両者関係を一つの社会的文脈のなかにおける「コミュニケーション的相互行為」として捉え直した人が、ハーバーマス（Habermas, Jürgen 1929 ～）である。かれは生徒という「他者」との日常的な相互行為を基にした新たな〈教師─生徒〉の関係を打ち出した。この「他者」という視点には、一方、教師の教育的意図の限界や独善性を明示してくれる効用があるという（丸山恭司「教育において〈他者〉とは何か─ヘーゲルとウィトゲンシュタインの対比から─」日本教育学会『教育学研究』第 67 巻第 1 号、2000 年、118 ページ）。この類いの議論は「教育的関係の概念装置─〈教え─学ぶ〉関係を問い直す─」と題して『近代教育フォーラム』（教育思想史学会、第 11 号、2002 年、87 ～ 150 ページ）誌上で展開されている。本章はあくまでもブーバーの立場に即して「他者の他者性」を認め合う教育関係に言及する。なお、齋藤は〈他者〉の問題を西洋哲学史上の〈自我〉の問いとの関連で存在論的に明らかにし、さらにこの問題を教育関係のなかで位置づけようと試みている（齋藤昭「教育と他者」『教育的存在論の探究─教育哲学叙説』世界思想社、1999 年、154 ～ 196 ページ）。レヴィナス（Levinas, Emmanuel 1906 ～ 95）も、自我に対応する「他者」の基本的ありようを解明している。

4 ）田中智志「教師の二重モード─代理審級、事後心象、そして虚構の時代─」前掲『教育哲学研究』12 ページ。ブーバーの場合は、Erzieher ─ Zögling（ⅠS.794,8p.16 ～ 17）、Lehrer ─ Schüler（ⅠS.792 ～ 793,8p.13 ～ 14.usw.）とそれぞれ対語で使用している。二つとも教師─生徒と訳されている。

5 ）Bollnow, Otto Friedrich: Existenzphilosophie und Pädagogik. Stuttgart, 1968, S.98. 邦訳峰島旭雄『実存哲学と教育学』理想社、1966 年、158 ページ。ここでは、人間において両者が相向かう場合の例を示しているが、ある人がかれにとって芸術上の立派な作品に一方的に向かって出会うことも考えられる。

6 ）Ibid., S.98 ～ 99. 前同書、159 ページ。

7 ）Ibid., S.130. 前同書、215 ページ。

8 ）Ibid., S.117. 前同書、190 ページ。

9 ）川村覚昭『教育の根源的論理の探究』晃洋書房、2002 年、61 ページ。

10）Bollnow, O. F.:a. a. O., S.89. 前掲『実存哲学と教育学』143 ページ。

11）『創世記』1・3 ～ 5（日本聖書協会『旧約聖書』1993 年）に、「神は言われた。『光あれ』。こうして、光があった。神は光を見て、良しとされた。神は光と闇を分け、光を昼と呼び、闇を夜と呼ばれた」とある。

12）人間と他の人間との関係のしかたには象徴的に二つあるとする。一つが〈我—汝〉という根源的な関係であって、それは主体性としての〈我〉が相手を人格者たる〈汝〉として見なして、接し合う関係である。もう一つが〈我—それ〉という根源的な関係であって、それは個我としての〈我〉が他の人間を一つの事物〈それ〉として見なして、相手を自己の経験と利用の対象にすることである。

13）Grünfeld, Werner: Der Begegnungscharakter der Wirklichkeit in Philosophie und Pädagogik Martin Bubers. Ratingen, 1965, S.154.

14）Buber, M.: Regeneration eins Volkstums. In: Der Jude und sein Judentum. Köln, 1963（1. Aufl.）, S.259;Gerlingen, 1993（2. Aufl.）, S.253.

15）Buber, M.: Judentum und Kultur. In: Der Jude und Judentum. 1963（1. Aufl.）, S.162;1993（2. Aufl.）, S.159.

16）Ⅰ S.394 ～ 395. 邦訳児島洋『人間とは何か』理想社、1971 年、158 ページ。

17）教育者と生徒の真の関わりは包攝に基づく。この包攝は一方の他者への両極性に立ちながらの一方性で成り立つ。したがって、両者の間には、両者から対等に作用し合う相互性は存在しない。大人どうしの包攝のような相互性はない。これが教育関係の特殊性でもある。

18）〈汝（Du）〉と表現するのは、自己（〈我（Ich）〉）が全人格的に相手に向き合い、他者として認めつつ接し、関わる態度を意味することからそうしている。日本語としては「あなた（たち）よ」と心から親しくいう呼びかけ言葉に近いし、口に出さず心から語りかける言葉にもなる。

19）ブーバーは教育関係で〈我—それ〉の関わりを看過しているという指摘が以下のようにある（新井保幸書評、宮野安治『教育関係論の研究』（溪水社 1996 年）、日本教育学会『教育学研究』第 64 巻第 4 号、1997 年、441 ページ）。たしかに、「『我—汝』の間に『それ—区間』を強調的に介在させることは、少なくとも表面的にはブーバーには見受けられない」（宮野 104 ページ）。だが、これは宮野がいうように教育者と生徒との教育関係の理念型的あるいは範例的な形式を問題にしたので

あって、現実的には両者の間で教育者が生徒を対象的に〈それ〉として見るような
こともしなければならないし、両者の間にはモノ的な教材が〈それ〉として割り込
んでくる場合もあるかもしれない。論者は本論文で展開しているように、教師がつ
ねに生徒の言動や目によって〈我―それ〉の関わりに曝されているのであって、む
しろその関わりより脱出して、いかに〈我―汝〉の関わりを構築するかに現実的に
苦慮することに重点を置きたい。この立場にたてば、「個々の子どもが有する諸々
のニーズ、人間的な悩みをまっとうに受け止め、子どもと共に考える教師のありよ
う」（窪島務「教育実践学の再構築としての臨床教育学―『特別ニーズ教育』の観
点から」日本教育学会『教育学研究』第69巻第4号、2002年、474ページ）が容
易に模索されよう。

20) Grünfeld, W.: a. a. O., S.158.

21) Shilpp, P. A. und Friedman, M.（Hrsg.）: Martin Buber. Stuttgart, 1963, S.603.

22) 他者との関わりで真に罪責を感じる者は良心の行為に駆られる。その行為には
三段階があるとする。すなわち、自己照明、自己同一化、そして償い。自己照明と
は自己自身のなかの罪責の回りに漂っている闇を照らすことである。自己同一化と
は過去の自己と現在の自己とを同一にすること、つまり本来の自己に戻ることであ
る。償いとは自己の罪責感を世界との結びつきに振り向けることである。ブーバー
は罪責・良心というものを自己と他者との関わりで考えようとしている。

23) 死海という語が頻出するが、聖書が意味しているのは何か。最初の天地創造の際、
「神は乾いた所を地と呼び、水の集まった所を海と呼ばれた。神はこれを見て、良
しとされた」（「創世記」1・10、前掲『旧約聖書』）。海は生命の泉になると同時に
恐るべき破壊的な力にもなる。

24) Buber, M.: Vertrauen. In: Der Jude und sein Judentum. Köln, 1963（1. Aufl.）,
S.755.

第7章　包摂論

　本章では、前章で登場した包摂の概念を考察する前に、まず教育関係（pädagogischer Bezug）の概念を見ておこう。教育関係は1920年代にノールによってはじめて提起された概念[1]である。

　ノールによれば、教育者と被教育者との教育固有の教育関係は、本質的に愛と権威（Liebe und Autorität）によって支えられるべきだとする。被教育者の立場から見ても、教育関係は愛と服従（Liebe und Gehorsam）によって支えられる[2]。愛と権威・服従の二つの要因が、教育者と被教育者の間における教育固有の構造を規定している。

　教育者の被教育者に対する愛には、子どもの全き現実にあるその子ども自身への愛と、子どもの目指す理想・目標の実現そのものに向けられる愛の二つがある。つまり、教育的愛は子ども自身と、その人の誰にもかえがたい素質・能力などの行方に向けられる。教師による教育的愛に基づく教育関係によってこそ、子どもの才能や能力などが知らずしらず伸びていくというものである。

　一方、教育者の権威というものは、かれの被教育者に対する知識や技能などにおける優越性に由来し、かれの人望や品位や信頼などにも裏づけられる。この権威はノールのいう「成熟の落差」による。それに対して、被教育者は自発的に自らの知識や技能などの習得に向けて教育者の権威を受け入れるのである。この種の権威は相手に強制するような政治的で権力的な権威とは異なる。被教育者の従う服従も教育者の権威を受け入れる場合と同じである。教育者が被教育者に対して権威を行使する、その結果、被教育者の心の内に、おのずと「畏敬、尊敬、敬虔、そして感謝の念」が生まれてくる、そういう権威が教育関係にふさわしいものである。このように、ノールのいう教育関

係は、教育者と被教育者との間の愛と権威、または愛と服従による、いわゆるタテの人間関係に基づくものであるといえる。

　こうした教育関係とは相違する伝統的な親方と徒弟との徒弟制度というものがある。それは親方と徒弟の結びつきの緩やかな関係である。たとえば、鍛冶屋で見られるように、親方は徒弟に対し鉄の冶金の技術を無為的に行動や態度で見せるが、決してその技術を直接的に教えたり、仕込んだりすることはしない。熟練を積んだ親方は技術的に未熟な徒弟に真っ正面に向いて物を教えたりはせず、つねに斜に構えて接する。親方は日常的に仕事をそつなくこなすのみであって、徒弟は技術を見よう見まねで無意識のうちに会得するようになる。親方と徒弟との関わりはつねにナナメの関係にあって、徒弟はこの関係を通して親方からひそかに技術を盗んでいくようなものである。かたや、徒弟どうしが同じ親方のもとにあって、互いにはヨコの関係で切磋琢磨し合いながら技術を修得していくものである。こうした親方から徒弟へと技術が無意図的に伝えられる実例は、身近な所で容易に見いだすことができる。

　そこで、次の指摘は大きな示唆を与えていよう。すなわち、「まわりの年長者がそれぞれになんらかの意味で子どものモデルであり、そのタテ、ヨコ、ナナメの人間関係が全体として子どもを社会化する機能を担う」[3]ことになる、と。宮澤康人はいろいろな人間関係の一つであるナナメの関係の例として、また近代学校における教師と生徒の人間関係の問題点を把握するために、産業革命後のイギリスのある学校教師ジョン・パウンズの絵を紹介し、そこでの徒弟制度の特徴を取り上げている。

　　パウンズは靴作りの仕事をしながら、子どもたちの方をふりかえり、読み方を教えている。靴作りを教えているのではない。当時はこのように、いわば副業として教師をつとめることが珍しくなかった。…中略…学校の場合は、それと逆に、教師は、全面的に子ども＝生徒の方を向く。そして教えるという仕事

に専念する。ところが生徒たちは、教師のその教えるという仕事を見習うわけではない[4]。

　パウンズの徒弟制度とは際立って異なる上述の学校における教育関係は、教えることを専門にしたきわめて特殊的な近代的関係である、と宮澤は指摘する。そして、教育者による「教育する」という専門性の行き着くところの限界・問題点を看取する。

　つまり、近代学校が発展し、整備されてきたのにともなって、子どもの結ぶ相手との関係は同年齢・異年齢の子どもとの、および学校教師という特別な大人との関係にだけ限定されるようになる。教育関係は、子どもの成長・発達に直接に寄与しないと見なされる雑多な人間関係を切り捨て、さまざまな大人と子どもとの関係を純化して、教師と児童・生徒の一定の関係に狭められるようになった。近代学校では、教師が相手に対する教育的影響力をかなり強くもつようになったが、その反面教師の子どもに対する全体としての人間形成力が弱められた、ともいえる。これが教育関係における近代の特殊性という問題点である。

　だとすると、特殊な教育関係から、もう一度無意識のうちにもたれる身近な親子関係や隣人関係や徒弟制度―今日では社会的生産活動における技術者・経験者と未熟者・後進者の関係など―などに立ち返って、そのことに何らかの意義を見いだすべきだろう。日常生活のなかに見られるそうした関係は、子どもの人間形成に何らかの影響を与え、学校教育に豊かな人間関係をもたらすことが可能になるからである。

　じつは、ブーバーも、伝統的な徒弟制度やあるいはマイスター制度における「師匠は依然として教師の模範である」（ⅠS.794,8p.16）と語ったほどである。ここでは、徒弟制度そのものに直接言及しないが、教師と子どもとの間の教育関係を、学校教育における教育者と被教育者の狭い関係の枠から超えて、身近な、幅の広い人間的関係においてとらえ直してみたい。その幅広い

人間関係を端的に表す概念がブーバーのいう「包摂」（Umfassung）であって、以下この概念について考察を進めていく。

第1節　向かい合う側の体験としての包摂

　最初に、ブーバーのいう「旧教育」と「新教育」の違いについては、すでに第1章において考察した。それによると、前者の特徴は、教育者が諸価値を生徒のなかへ詰め込むか、それとも生徒を諸価値のなかへ引き入れるか、そうした、強引に保証付きで諸価値を伝達するという権力意志（Machtwille; Ⅰ S.797,8p.22）にある。後者の特徴は、教育者が生徒の素質や能力などを相手から引き出そうとするが、そのじつは自分の嗜好や価値という規準で生徒に接し、ときには生徒を自分の好みで選ぶというエロス（Eros; Ⅰ S.797,8p.22）にある。教育関係で見ると、前者の根底にあるものは、教育者が生徒に接するときの、強制的指導力としての権力意志である。後者の根底にあるものは、教育者が生徒に接するときの、嗜好に基づく選択としてのエロスである。

　こうした二つの教育観に対して、ブーバーはそれらとは別な立場をとる。つまり、権力意志やエロスを超える第三の道を探ろうとする。

　ブーバーによれば、人間は当然のことながら、権力意志やエロスなどの本能的な衝動を持ち合わせている。問題は、そういう主観的な衝動から、一つの敷居（Schwelle）や架橋（Brücke）を超えて、真に教育的なるもの（Erziehertum）に歩み入る転化ができるかどうかである。それが転化できない場合は虚偽（Lüge）となろう。この転化は根源的体験、すなわち相手の側から共通の状況を体験するという「向かい合う側の体験」（Erfahrung der Gegenseite）によって惹き起こされる（Ⅰ S.800～801,8p.27）、という。

　また、権力意志やエロスは、教育者が得てして抱きやすい個人的な衝動であり、かれの衝動の特性でもある。この二つの性向そのものは、当の人間のなかにあっては、主観的なものを練り上げ、固められたようなものである。

教育者の衝動が権力意志やエロスによって規定され、凝り固められると、かれの主観性というものは突き破られないだろう。つまり、真の教育者の衝動として、他者との結びつきや相互性が生まれてこないだろう。権力意志やエロスの衝動の転換を図り、その衝動から脱却するためには、「向かい合う側の体験」という根源的な体験が必要になってくる。

　さらに論究すると、向かい合う側で相手を体験し、実感したとするならば、このことは権力意志やエロスを否定し、その主観性を止揚したことになる。教育者の立場に当てはめれば、かれは「人格と人格との間に生じている動作・行動の二元性」（ⅠS.801,8p.28）を体験したことになる。それが〈間の領域〉における、いわゆる「向かい合う側の体験」である。

　卑近な例を引くと、教育者が生徒との関係において、共通の出来事を自己側からも、相手側からも受け止める。あたかも、ある男がある婦人を愛撫し、彼女は愛撫されるままに身をまかせ、そのとき、かれがこの接触を自分の掌中と、また彼女の肌でも、というように両方の側から感じ取るようなものである（ⅠS.801,8p.28）。「自己の行動は二重に経験されるという。つまり、教育者はいかに、自分の行動が生徒に及ぶかに気づくように」[5]しなければならない。

　次に、ブーバーは「感情移入」（Einfühlung）という概念を提起し、その概念との比較によって、「向かい合う側の体験」としての包摂を一層明確にしようとしている。「感情移入」とは、「何かあるものが自己の感情でもって、ある対象―たとえば柱、水晶、木の枝、さては動物とか人間―の動的構造のなかへとすべり込み、それをいわば内からたどり、この対象の構成と動きを自己の筋肉感覚でもって理解し、自己をそこへとそしてそのなかへと《移し変える》こと」（ⅠS.802,8p.29）を意味する。

　「感情移入」というのは、対象を自己の感情でもって理解し、自己を対象のなかへと《移し変えて》しまうことである。その結果、対象は自己のイメージでもって審美的に形づくられ、自己は対象のなかに埋没してしまうので

ある。それゆえ、「感情移入」の特色は、①自己自身の具体性の排除（Ausschaltung der eigenen Konkretheit）、②生の具体的状況の消滅（Verlöschen der gelebten Situation）、③人間が関与している現実の、純粋な審美性への解消（Aufgehen der Wirklichkeit, an der man teilhat, in purer Ästhetik）の三つである。

　それに対して、「向かい合う側の体験」としての包攝の特色は、まったく「感情移入」の特色の正反対のものである。すなわち、①自己自身の具体性の拡大（Erweiterung der eigenen Konkretheit）、②生の具体的状況の充足（Erfüllung der gelebten Situation）、③人間が関与している現実の、まったき現在的ならしめること（vollkommene Präsenz der Wirklichkeit, an der man teilhat）（ⅠS.802, 8p.29)[6]の三つである。

　となれば、包攝を構成する要素は、教育者と生徒の二人格の関係でとらえ直すと、次の二つとなる。一つは、教育者と生徒との間において共通に体験されるが、その両者のいずれかが能動的に関与している出来事という要素である。もう一つは、教育者がこの共通の出来事を、自己自身が行為しているという実感を何一つ損ねることなしに、同時に生徒側からも体験する事実という要素である。この二つの要素から成る状況のなかで、包攝は、教育者が自分を見失うことなく、相手の生徒を、その人の立場にたって、ありのままに思い描き、現在的ならしめることである。包攝という、このもっとも外的な経験は、教育者にとって、生徒という他者が何を考え、知覚しているかをつねに他者の側から体験し、如実に思い描き、現在的ならしめること（ⅠS.801, 8p.28〜29）である。

　加えて、もう一つの要素を挙げるに当たって、ブーバーは、たとえば後に1933年のナチスによるユダヤ人の支配・圧迫の深まるなかで、次のように語る。「魂がもちこたえ、成長し得るためには、子どもは持続できるもの・信頼できるものを必要とする」[7]と。この持続でき、信頼できる相手としての大人や教師がつねにそばにいてこそ、子どもは成長し続けることが可能となる。包攝という教育的行為は、信頼し得る相手を要する。ブーバーはこの

信頼をも包摂のもつ重要な一要素として考える。

　こう見てくると、次のようにまとめることができよう。権力意志やエロス
といった「〔衝動の〕浄化（Läuterung）がその認識とともに始まる包摂の要素
は、教育関係（das erzieherische Verhältnis）を構成するものと同じものであ
る」（I S.803,8p.30）と。ここでいう衝動の浄化・転化とは、権力意志やエロ
スの衝動から他者との結びつきの衝動へ移行することを意味する。そして、
他者と積極的に結びつき、他者の現実存在を現に承認し、他者を向かい合う
側から純粋に体験し、他者の成長を願うことが包摂の意味するものである。
むろん、包摂はある人と他者の関係がエロチックな関係にあることを指すの
ではない。この包摂における両者の関係は、まさしく教育者と生徒の間で呼
びかけと応答を相手の立場にたって繰り返す対話を基調とする教育関係であ
る。

第2節　包摂という概念

　上述してきた、向かい合う側の体験としての包摂の概念は、1926年に刊
行された『教育的なるものについての講演』のなかに見られるものである。
　しかし、包摂という概念は、すでに1913年の『ダニエル―実現について
の対話―』（"Daniel ― Gespräch von der Verwirklichung ―"）という著書のなか
にも見られる。この著書は1923年の『我と汝』（"Ich und Du"）という本より
も早く執筆されている。つまり、包摂の概念は対話の思想より前に成立して
いる。
　さて、初期の頃の著作『ダニエル』という書において、包摂という概念に
関連して二者対応の芝居（Schauspiel der Zweiheit）の話し[8]が出て来る。それ
によると、二者対応とは、一方の極と他方の極があって、両者が互いに反発
し、また互いに結合するところの、存在（Wesen）と対存在（Gegenwesen）の
関係を意味する。たとえば、ギリシャ神話に登場する二人物、クレオンとア

ンチゴーネのような、悲劇の二人が両極に立ち、芝居を演ずる。重要なのは、観客である私がその芝居を見て、何を感じ取るか、である。

　芝居の上では、観客の私はじっさいに両極に立つかれら二人を前にして、かれらの声を、かれらの態度をありのままに受け止めることができた。やがて、私は、自分自身がかれらを前にして、まるで精神のもつ自我—かれらがその私のもつ根源的で神秘的な二者対応を啓示する自我—でもあるかのように、私のなかで大きく感じられた。そのとき、すでに、私はかれらの前にいたのではなく、真にかれらの真っ只中にいたのである。一方の極から他方の極へと流れるその流れが私の心臓を貫いて流れたのである。こうして私のなかに両極性が見いだされる。事実、私のなかにおいて、両極性があらわになり、一つとなり、それを体験することができた。かれら二者は、私による「包擁（Umfassung）のおこなわれる場で一つとなった」（ⅠS.52,4p.226）。

　このように、観客の私が二者対応の芝居から、「二極的な体験」をもち得たが、むろん二者対応の役者の間でも「二極的な体験」は互いに実感される。それは具体的には、二者の間の対話、さらに象徴的な〈我〉と〈汝〉の間の対話へと止揚される。後年の著書においては〈我〉と〈汝〉との間の対話でもたれる二極的な体験が強調されるようになる。こうしたことにより、『ダニエル』（1913年）と『我と汝』（1923年）の両著書には、思想的に発展し、関連する契機が見られる。

　次に、「二極的な体験」（bipolares Erleben）と「包擁」の関係を若干明確にしておく。その手掛かりとして、ブーバーが『ダニエル』の序文で述べているたとえ話しを以下のように引用しておこう。

　　　私は自分の杖の先を一本のとねりこの樹の幹に押しつけた。そのとき私は、二重に存在者との私の触れ合いを感じたのだった。つまり、私が杖を握っていた〈ここ〉と、杖が樹皮に触れていた〈そこ〉とに。私は自分自身を、一見、私の手もとに見出したにすぎないのだが、しかも、私が樹を見ていたあそこに

も、やはり自分自身を見出したのだ。…中略…当の相手がいるそこにもまた、私から何ものかが派遣されている。それは、あの〈私に触れる存在〉（Beimir-sein）のような実体的なものでは決してなく、純粋な振動であり、把握するべくもない。それがあそこに―かれの側に、私によって思念されている人間のもとにとどまり、そして、私の言葉を受け取る際に参与するのだ。私は、私が身を向けるその人間を包みこんで（umfassen）いるのである（ⅠS.11,4p.157〜158）。

　私という存在が当の相手という対存在に対向して存立する。私から相手側へ派遣されている何ものかが、私によって思われている相手の人間のもとにとどまる。相手も私の言葉を受け止めることによって、私という人間に関わる。そのとき、私は相手のなかに私自身を見いだすことになる。私による、私自身と相手のなかの私自身の発見という「二極的な体験」を指して、私は私が思念する相手を包み込み（umfassen）、包摂（Umfassung）するようになった、ということができる。

　別な言いかたをすれば、私は、「自己をそれの対極（Gegenpol）へと投げかけ、自らの生をそれと共に悩んでいるのだ」（ⅠS.52,4p.226）。私がその対極と関わるその関わりかたの態度として、二つがある。一つは、どこまでも自己を主張するところの〈自己にとどまること〉（Beisichbleiben）という態度である。もう一つは、相手とともに苦悩をともにするところの〈自己から去って行くこと〉（Ausfahren）という態度である。こうした二つの態度に見られるように、一方が同時に自己と相手のなかの自己という両極に関わる「二極的な体験」を「包摂」と呼ぶのである。

　なお、それとは別に、愛する人の包摂もある。愛する人が「彼に対立するものをもっとも根源的に自己のものとして包摂し（umfaßt）」（ⅠS.52,4p.226）、結合するのがそれである。愛すれば愛するほど、すべての対立を超越してしまう場合がある。愛でもって、包摂でもって、二極的に相対立するものが融合され、一つとなり得るのである。

第3節　現前化としての包擁

　前節では、包擁という概念は1913年の『ダニエル』において見られるように、一方が同時に自己と相手のなかの自己自身という両極に関わる「二極的な体験」として特徴づけられるのを見てきた。先の第1節で言及したように、1926年の『教育的なるものについての講演』では、包擁は「向かい合う側の体験」として意義づけられている。つまり、包擁というものは、一方が相手との間における共通の出来事を、自らの本質を何一つ損ねることなしに、同時に相手側から体験し、他者の本質をありのままに思い描き、完全に「現在的ならしめること」(Gegenwärtigung)を意味した。平たくいえば、未熟なものを愛する愛情でもって、生徒との関係の可能性へと導き、生徒を生徒の側から理解し、究極的には生徒の成長を願うのが、ここでいう教師による包擁の概念である。

　となれば、『教育的なるものについての講演』では、他者の本質を、他者の側から体験し、ありのままに思い描き、現在的ならしめる「現前化」という契機が明確に加えられた、といえる。つまり、「現前化」の概念が1913年の『ダニエル』における「二極的な体験」の概念に加味されたのである。別な指摘として、「現前化(Vergegenwärtigung)という概念が『包擁』という概念にとって代わり、その際『教育的なるものについての講演』のなかで、包擁は現前化として定義づけられる」[9]、と。ブーバーはたしかに『教育的なるものについての講演』を著した1926年の段階で、「現前化」という概念を使っている。しかし、この「現前化」の概念を意識的にもっと明確にしたのが、『原離隔と関係』("Urdistanz und Beziehung", 1950)という著書のなかにおいてである。

　『原隔離と関係』によると、「人間存在の原理を人間と人間との間という領域において実現するとすれば、その実現は一つの事態においてその頂点に達

する。その事態を我々は『現前化』（Vergegenwärtigung）と名づけようと思う」（ⅠS.422,4p.23）。この「現前化」というのは、感覚的には経験し得ない現実を魂の面前に招来し、そこで保持するという「現実想像」（Realphantasie）の能力に基づいている。したがって、「現前化」という言葉は、「他者の他者性をありのままに私の心の中に『描き出す』こと」[10]を意味する。

　「この『現実想像』は、これを人と人との間の交わりということに適用すれば、私が、他の人間がまさしく今意欲し、感じ、受け取り、考えていることを表象するということ、しかもそれを切断された内容としてではなく、まさしく他者の現実の内で、すなわちこの人間のこの生の経過として、表象するということである」（ⅠS.422,4p.23 ～ 24）。「そこでは、表象する『表象』に、『表象されたもの』自身の性格がいっしょになって入っている」（ⅠS.422,4p.24）ならば、こうしてはじめて「現前化」を全うすることが可能となる。

　この「現前化」という概念を明確に使うようになったのは、人間存在の原理を人間と人間との関係のカテゴリーのもとで把握しようとしたことによる。

　ブーバーは人間と人間との関係のカテゴリーに注目する。一般的に見ても、人間は個々に単独で存在するというのではなく、ある人と他の人との間の関係の下に人間学的に実存するということである。ブーバーによれば、この人間関係のカテゴリーは二つの運動から成り立つ、とする。二つの運動とは第一の運動としては、一人の人間と他の人間が根源的に離隔すること（Urdistanzierung）、第二の運動としては、その両者が関係へ参入すること（In-Beziehung-treten）（ⅠS.412,4p.7）をいう。

　二つの運動の関連性として、まず「第一の運動が第二の運動の前提となっている」（ⅠS.412,4p.7）ということである。第一の運動が前提となって第二の運動へ進んでこそ、人間存在が真に実現されるとする。換言すれば、人間が根源的に互いに離隔することは、互いに相手を自立化させ、その上で相手を互いに相対（gegenüber）する存在へと導かれる。つまり、「根源的離隔は人間的状況を建立し、関係はその状況のなかでの人間生成を建立することで

ある」（ⅠS.416,4p.15）。

　このように、人間と人間との関係のなかで成立する「現前化」の概念に対して、もう一方の「人格の現前化」（personale Vergegenwärtigung）という概念が、後の著作の『人間の間柄の諸要素』（"Elemente des Zwischenmenschlichen"）のなかにも見られる。

　『原離隔と関係』（1950年）では、単に「現前化」という一語にとどまっていたところだが、わずか4年後の『人間の間柄の諸要素』（1954年）では、「人格の」（personal）という形容詞が「現前化」（Vergegenwärtigung）という語の前に付せられた。これは、ブーバーが明確に現前化の際、一人の人間を人格としてとらえるようになったからである。すなわち、「一人の人間を感得する（innewerden）というのは、特に精神によって規定された人格として彼のすべてを認めることであり、彼の表現、行動及び態度のすべてを通じて把握し得る唯一性の徴証（Zeichen）を刻印する活力的中心を知覚することをいうのである」（ⅠS.278,2p.101 〜 102）。唯一無二の人間をとらえるその感得（Innewerden）というのは、その人の個性を全体的に正確に把握し得るのである。

　しかし、この感得は、そのつど人間という人物を個別的に把握するとか、あるいはそれらの寄せ集めを総和として観察し（beobachten）、照察する（betrachten）ということは異なる。あくまでも、感得は人間の行為を本質的に全体的にとらえることである。この意味における感得は人格の現前化だということができる。そして、人間が存在し、行為することにおいて、その存在や行為には何らかの中心や中核があるとする。それを人間に付与しているのが当の人間の精神である。精神によって規定された人間の存在や行為の中核を把握することが、すなわちその人間を感得するということなのである。「なぜなら一人の人間は、われわれが彼を、それらすべてのなかでただ人間にのみ特有な精神の賜物（Gabe）からも把握することなしには、ほんとうに把握できないからである。しかも、その精神とは、この生物体のもつ人格的

存在にここで決定的に参与する精神、すなわち人格を規定する精神を指して
いるのである」（I S.278,2p.101）。

　ブーバーは、こうした精神によって付与される人間のすべての行為の中
核・中心を、「活力的」（dynamische）であると特徴づけ、その活力的中心が
その人の成長の過程で明確に顕現することを「個の原理」（Individualitätsprinzip）
として規定づけている。教育者が生徒をかれの個的存在から他者との結びつ
きへと導くため、生徒の活力的中心はいったい何か、この個の原理をかれの
側から現前化しようと試みることが、教育者にとってきわめて重要なことで
ある [11]。このことからも、教育的行為において占める「人格の現前化」の
意義は大きいといわなければならないだろう。

第 4 節　包擁と教育関係

　前節までにおいて、包擁の概念を、「二極的な体験」、「向かい合う側の体
験」、「現前化」、「感得」そして「人格の現前化」の概念を使って考察してき
た。次の課題として、包擁という行為が教育者と生徒の教育関係においてど
ういう意味をもつのか、を見てみたい。ブーバーは、教師における包擁の
「行為がまさしく教育的なるものにとって、その他の領域にとってと同じよ
うに規制的であるばかりでなく、全く構成的である」（I S.805,8p.34）と意義
づけている。

　まず、包擁のもつ規制的という前者の要素は、自己の行為をつねに向かい
合うものの側から体験し、自己の行為を律することである。この向かい合う
相手の側からの体験が愛するべき人をつくる。愛は対話を高める。しかし、
愛は対話と同一視できない。

　　対話的な関わりかたは愛と同一視されるべきではない。しかし対話的な関わ
　　りかたを欠いた愛、つまり真に他者にむかって出ていくことなく、真に他者の

ところに達し、他者のもとにとどまることなき愛、つねにみずからのもとにとどまっている愛は、闇の悪魔ルシフェル（Luzifer）と呼ばれるべきである（ⅠS.194,1p.223 〜 224）。

このように愛には対話を欠くような独占的性質を有する愛もある。愛はエロチックな愛である限り、それは「選択であり、嗜好にもとづく選択である」（ⅠS.799,8p.24）。したがって、愛と対話は全く別なものである、とブーバーは考える。

　だが、愛は対話から独立して存在するかというと、そうではない。愛は対話的な関わりを得てはじめて真の愛となるのである。自己の行為をつねに規制し、向かい合う相手の側から体験する包擁は真の愛を生み出す。これが包擁の行為のもつ規制的要素の意味である。

　もう一方、包擁の行為は「全く構成的である」。包擁のもつ構成的という後者の要素は、何を意味するか。教育がより教育的になるため、包擁の行為のもつ意義を生かさなければならない。ブーバーによれば、「教育的なるものはその真の固有的力をこの行為の絶えざる反復とその行為との絶えざる新たな結合から得られる」（ⅠS.805,8p.34）とする。教育者はややもすれば、一方的に限定的にとらえてしまう生徒の可能性に対し、なおかつ影響力を自己の使命として行使しがちである。そうではなくて、かれは自己の行為をつねに向かい合うものの側から、すなわち生徒の側から自己の使命として構成し、確認しなければならない。そうだとすれば、教育者は生徒との教育関係において、相手に影響力を及ぼしているのだという傲慢さをもつことはないだろう。むしろ、教育者が謙虚にふるまい、己の「真の限界」（ⅠS.805,8p.35）を知るようになろう。結局、「かれの魂の行為がいささかも全く弱められることなく、かれは同時に向こう側に、つまり自分の行為を受け取るその他者の魂の側にいるのでなければならない」（ⅠS.805,8p.34）。

　このように、包擁の行為のもつ「規制的」と「構成的」の二つの要素が、

教育者と生徒の教育関係を真に対話のある関係へと構築せしめるように作用する。この教育関係の本質は、教育者自身や第三者の恣意・欲望などの介入を許さないという意味において、純然たる対話的関係だということである。

　では、対話的関係において教育者自身や第三者の恣意・欲望などの介入を許さないような純然たる関係とは、どういうものだろうか。

　そもそも、当然誰しもが人間の恣意・欲望を有し、これらは権力意志・エロスの衝動や善悪の衝動でもって表面化する。ブーバーも「悪い衝動」（der böse Trieb）と「善い衝動」（der gute Trieb）の二つを挙げる。かれによれば、両者とも、人間にとってもっとも本質的なものであり、人間にとってもっとも具有的なものである。「悪い衝動」であっても、どの人間にもその衝動をもっているものである。ブーバーはそれを次のように述べる。

　「『悪い衝動』とは情熱、したがって人間に固有の力であり、その力なくしては、人間は生みだすことも産出することもできないが、しかしそれは成行きにまかせて放任せられると、いつまでも無方向的であって、また道を迷わせる」（Ⅰ S.626,5p.232）ものである。それに対して、「『善い衝動』とは純粋な方向、いいかえれば神へ向う唯一の無制約的な方向をいうのである」（Ⅰ S.626,5p.232）。

　こう見てくると、衝動はブーバーにあっては、人間に固有の力・エネルギーとして、否定されるべきものではない。かれが問題にするのは、その衝動に方向性を与えられるかどうかである。つまり、衝動はすべて神へ向かう方向、すなわち神との結びつきに転換されればよいというのである[12]。ここでいう神とは、他者との結びつきにおいて責任を果たすとか愛をもつといった倫理的なものを志向する相手、それでいて自己を庇護する相手と考えてよいだろう。

　この神との結びつき・対話が、人間の恣意や欲望などの介入を認めないという点において、純然たる性質を有するというものである。となると、包摂の行為は、ブーバーにあっては、神との結びつきの方向に至る、いわば現実

の人間と人間との間の営みである。「包擁する力にしてはじめて、それが神の導きとなる」（ⅠS.801,8p.28）。

第5節　包擁の行為における教育的態度
──教育的禁欲と生命への奉仕──

　次に、包擁の行為における教育者の教育的態度とはいかなるものかを見てみたい。

　その一つは教育的禁欲である。「教育者の行為というものは禁欲的である」[13]。ブーバーはその禁欲を「高度な禁欲」あるいは「現世の快楽的禁欲」（ⅠS.800,8p.25 〜 26）だという。この禁欲は己の道徳的態度のためではなく、健やかに成長しつつある被教育者の生命のために求められる。禁欲はまた教育者に託された生命領域に対する責任のために求められる。教育者の精神は被教育者の「生命へ奉仕」（ⅠS.800,8p.26）するというものである。

　教育者の禁欲という態度は自らの権力意志やエロスの領域において必要とされる。前者の権力意志の領域においては、禁欲は被教育者の「はつらつとした自発性が抑圧されるべきではなく」、むしろ「この自発性が供給され得る」（ⅠS.792,8p.13）ように要求される。後者のエロスの領域においては、教育者が「エロスに従うならば、授かっている生徒の成長の芽を摘み取ってしまう」（ⅠS.799,8p.24）。それゆえ、「嗜好にもとづく選択」（ⅠS.799,8p.24）は戒められる。これが教育的禁欲である。

　しかし、どのような場合でも、教育者はつねに人間の教育者としては自分に委託されたどの子どもをも受け入れなければならない。かれはどの子どもをも、それぞれの個性に応じて愛する。かれは「光をそれ自身において、暗闇を光に向かって」（ⅠS.799,8p.25）愛する。こうした教育者の精神による子どもの「生命への奉仕」が、教育的禁欲の根拠になろう。

　さらに、ブーバーは、この教育者の精神による子どもの「生命への奉仕」

について、対位法（Kontrapunkt）という教育的態度でもって次のように説明する。つまり、教育者は教育における子どもとの真の仲介者を自負するならば、かれは「献身と抑制」（Hingabe und Zurückhaltung）や「親密さと距離」（Vertrautheit und Distanz, I S.800,8p.26）といった対位法という態度を取らざるを得ないというのである。

　たとえば、教育者が何か教育的に振る舞うとき、かれは否応なしに子どもにのめり込んでしまうことがしばしばある。それが「献身」という言葉で表現されよう。だが、子どもの真の成長を願うならば、教育者は自己の行為に歯止めをかけて「抑制」を求められる。

　もう一つ、教育者が子どもとの関係をもつとき、関係の根底にあるのは両者間の「親密な」関係である。その「親密さ」は、ただ教育者が子どもにべったりと接していればよいというものではない。教育者が子どもと持続的な関係をもちつつ、実効ある教育活動を展開したいと望むならば、かれは子どもとのある程度の「距離」を保つ必要があろう。

　こうした対位法を取る教育者の態度は、結局は「いうまでもなく反省によって按配されるのではなく、自然的＝精神的人間の本質的なタクトから沸き上がってくるものでなければならない」（I S.800,8p.26）。教育者は子どもへののめり込みや子どもとの密着さといった自然的・衝動的行為も時には必要である。と同時に、己の行為に「抑制」や相手との「距離」が求められ、要するに自律的な精神的態度が要求される。したがって、教育者は衝動的な生命と自律的な精神との対位の真っ只中に立たなければならない。

第6節　包擁の行為における一方性
──その内的成果としての信頼関係──

　最後に、前節では包擁の行為における教育者の態度を問題にしたが、次にそれと関連して教育者の包擁行為の有する一方性を取り上げる。

まず、ブーバーは対話的関係の主要形態について以下の三つを挙げる。

1　抽象的ながら相互的な包擁体験に基づく形態—議論。
2　具体的ながら一方的な包擁体験に基づく形態—教育的包擁。
3　具体的ながら相互的な包擁体験に基づく形態—友情（ⅠS.804〜806,
　　8p.32〜35）。

　教育者と生徒との真の関係は、上の対話的関係の主要形態でいうと、まさしく第2の形態の教育的包擁の関係そのものである。両者の関係の取り方において、そのどちらが先に働きかけるか、すなわち教育者から生徒へ働きかけるか、あるいは生徒の方から教育者へ働きかけるか、そのいずれかになる。むろん、対話的関係に基づく教育は相互的でなければならないが、今問題にしているのは教育者の方から包擁の行為を取る前者の場合である。
　ブーバーによれば、包擁の行為は、教育者が自ら行為を主導的にすすめてはじめて成立するという。生徒の方から教育者へ包擁の行為を取ることはないようである。したがって、包擁の行為は、教育者のみがその行為を取り得るのである。となれば、包擁の行為は「教育者と生徒との関係にこそ、一方性へと指し向けることができる」（ⅠS.804,8p.32）。
　そこで、ブーバーは教育者による包擁（Umfassung）の一方性を次のように間接的に強調する。

　　もし生徒が自分の側からもこうした包擁（Umfassung）を行うならば、つまり共通の状況にある教師の役割を体験してしまうならば、教育するという特殊な関係などは存立し得ないであろう。…中略…明らかになるのは、教育するという特株な関係には完全な相互性が許されないということである（ⅠS.167,1p.173）。

　教育者が生徒との間で指導や授業を進める際、当然相互関係を取るにちがいないが、包擁という行為では、「完全な相互性」が制約される。あくまでも包擁の行為を取り、包擁がそれ相応の対話に発展するためには、相互関係は教育者の方からの一方性を取らざるを得ない。これが教育者と生徒との教育関係の特徴だということであろう。

　ところで、上述の引用の通り、生徒が、教え、教えられるという共通の状況にある教育者の役割を体験してしまうならば、両者の特殊な教育関係は成立し得ないだろう。それは当然のことながら、生徒が教えられるという状況にしか置かれていないからである。

　そうだとするならば、第2の教育的包擁は、第3の形態でいう友情とはまったく異なった性質のものである。包擁が教育的包擁であり続ける場合、その包擁は実際的な行為のともなう「具体的ながら一方的な包擁体験」のことである。それが友情に転じた場合、友情は人間の魂と魂とが真に互に包擁し合う「具体的ながら相互的な包擁体験」へと転ずるのである。友情は両者の対等な関係の上に成り立っている。それに対して、教育者から生徒への一方的な包擁にこそ教育の本質が認められるのであって、その一方性は「一つの不完全性、つまりまさしく未成熟な人間が教育を要する必要性に基づくのである」[14]。

　こうして、特殊な教育関係は生徒の不完全性・未成熟さのゆえに成り立つものである。教育者の生徒への一方的な包擁はそれを前提にしている。だからこそ、一方的な包擁は、生徒の心のうちに、「我—汝の関わりを喚起させ」（Ⅰ S.167,1p.173）、生徒の人格形成を期してなされる。この過程において、先に若干触れた教育者の子どもに対する信頼が醸成されてこよう。

　「信頼、この世への信頼—〔信頼されるべき教育者という〕人間が存在すればという話しであるが—これがまさしく教育関係のもっとも内的な成果である」（Ⅰ S.803,8p.31）。教育関係で初期的に基礎的に醸成される成果は、互いに相手を信頼する心である。ブーバーは信頼関係の実例を「母親の呼びか

けを待ちこがれる」という幼児のありかたに見いだす。幼児は「もの淋しい夜を眼前にして」、「少しも途切れることのない対話において、絶え間なく呼びかけられているのをよく知っている」（ⅠS.803,8p.30〜31）。幼児の何気なく応える反応は、無意識のうちに生ずる信頼に基づくものである。幼児が「信頼という銀の鎖かたびらに不死身に守られ、保護されている」（ⅠS.803,8p.31）ので、かれは母親の呼びかけに対して信頼をもって応答するのである。

　幼児は、母親が「実際にまたそこにいるのでなければならない」（ⅠS.803,8p.31）ことを知っている。ブーバーはこの両者の関係を「隠れた対話」（unterirdische Dialogik, ⅠS.803,8p.31）と称して、その重要性を強調するのである。

　じじつ、潜在的にそこに居合わせるという安心感が子どもに絶対的な信頼を生み出す。逆に、子どもの気持ちのなかにその安心感が喪失してしまうと、母親との信頼関係は決定的に「生来の子ども心にとって破局となる」（ⅠS.803,8p.31）。となれば、子ども心にとって、「信頼という銀の鎖かたびら」がいかにだいじであるかが理解できよう。

　こうした母親と子どもとの信頼関係は、教育者と子どもとの間においても同様の関係である。そして、信頼関係は子どもの人格形成においてもっとも根源的であり、もっとも重要なものである。幼少より育まれ自ずと身についた信頼感覚は、子どもが成長し、やがて現実の社会や普遍的な世界の中に生きていくための糧となるべきものである。

　信頼感覚が子どもの心の基盤に根づくと、かれは自ら心強く生きる気構えみたいなものをもつようになるだろう。ブーバーが1933年以降のナチス時代にひしひしとせまりくる迫害にあえぐユダヤ人の子どもたちに対して、信頼すべき親や堅固な者を必要だと説いたのは、その考えによるものである。このことからも、子どもは、身近に信頼でき、あるいは信頼されるべき親や教育者が存在していればこそ、真に信頼という言葉を理解し得るのである。汝と呼ぶに値する人が身近に存在するということ自体が、子どもをして、恐ろしい不安のうちに救いを、あるいはどうにもならない不条理のうちに真理

を見いだし得るように導くことになる（ⅠS.803,8p.31）。子どもは絶えず成長しつづけるために、身近な人間関係から脱して、さらに外の一般世界、いわゆるこの世へと巣立っていく。このときに、信頼というものが不可欠なものになってくる。そして、この信頼はもとはといえば、教育者の一方的な「包摂が雰囲気となっていることの現れなのである」[15]。

　以上、学校における教師と子どもの狭い教育関係をブーバーの考えに即して、幅広い人間関係においてとらえ直すことができ、包摂という概念に到達した。一般的な人間対人間の関係における包摂の概念は、ブーバーにあっては教育者と被教育者との両者独自の〈間の領域〉における教育的な概念でもある。ブーバーの中心的思想は我と汝の対話論であるが、かれはそれを教育の領域で活かしたい意向をもっていたようである[16]。それは次のことからも理解できる。本章中でも明らかにしたように、1913年の『ダニエル』では二者対応や二極的な体験、1923年の『我と汝』では〈我〉と〈汝〉の対話、1926年の『教育的なるものについての講演』では向かい合う側の体験としての包摂、1950年の『原離隔と関係』では感得や現前化、そして1954年の『人間の間柄の諸要素』では人格の現前化と、概念の使い方が微妙に変わってきている。やはり、これらの概念は、すべて1925年の実際の講演で本格的に教育学的に構想された「包摂」という概念でもって把握することができるのである[17]。

註

1 ）宮澤康人「教育における危険な関係」『教育哲学・教育史研究室紀要』第13号、東京大学教育学部、1987年、所収、7ページ参照。なお、論文中、理念的志向の強い言葉という理由で、教育学的関係という訳語を使用している。宮澤康人「教育関係」細谷俊夫他編集代表『新教育学大事典』第2巻、第一法規、1990年、所収、201 〜 202 ページ。Nohl, Herman: Die pädagogische Bewegung in Deutschland und ihre Theorie. Frankfurt a. M., 1935, S.164 〜 176.

2 ）Ibid., S.174.

3 ）宮澤康人「学校を糾弾するまえに―大人と子どもの関係史の視点から―」佐伯胖他共編『学校の再生をめざして1―学校を問う』東京大学出版会、1992年、186ページ。

4 ）前掲「学校を糾弾するまえに―大人と子どもの関係史の視点から―」165 〜 167 ページ。

5 ）Dejung, Berta: Dialogische Erziehung, Martin Bubers Rede über das Erzieherische, Eine Interpretation. Zürich, 1971, S.54.

6 ）片岡徳雄「教育的社会の研究（1）― M. ブーバーの教育観を中心に―」『広島大学教育学部紀要』第1部第31号、1983年、所収、38ページ参照。

7 ）Buber, M.: Die Kinder. Mai 1933.In: Die Stunde und Die Erkenntnis.Berlin, 1936, S.18.

8 ）Dejung, B.: Dialogische Erziehung.a.a.O., S.58.

9 ）「現前化」（Vergegenwärtigung）というドイツ語は動詞の vergegenwärtigen の名詞化であって、動詞の意味は「ありのままに思い描く」ことである。また、Vergegenwärtigung は Gegenwärtigung という基礎語の意味を強めた語である。なお、Gegenwärtigung と Gegenwart（現在）との関連で、次の文を引用しておこう。「真実の、そして充実した現在（Gegenwart）は、現前しているもの（Gegenwärtigkeit）が、出会いが、関係が存在するかぎりにおいてのみ存在するのだ。汝が現前する（gegenwärtig）という、そのことによってのみ現在は生ずるのである」（Ⅰ S.86,1p.19)。「現在とは、一時的なもの、滑り去ってゆくものではなく、現前的に待っているものにして現前的に存続しているものである」（Ⅰ S.86,1p.20)。「現在」（Gegenwart）とは「今-ここに-ある」（Jetzt-hier-sein）ようにすることである。

10）海谷則之「ブーバーにおける『感得』（Innewerden）と人間生成」『龍谷大学論集』400・401号、1973年、所収、452ページ。

11）Dejung, B.: Dialogische Erziehung. a. a., S.62.

12）タルムードの教えでは、「悪しき衝動」に関して、神に真実に仕えるためには、その衝動の全力を神への愛のなかに注ぎ込まなければならないとする。

13）Dejung, B.: Dialogische Erziehung. a. a. O., S.69.

14）Ibid., S.72. ブーバーは包摂を教育者の生徒に対する一方的な不釣り合い関係だと見なすが、ハーバーマスはそれを対等な「討議モデル」（Habermas, J.: Vorbereitende Bemerkungen zu einer Theorie der Kommunikativen Kompetenz. In: Habermas, J./Luhmann, N.: Theorie der Gesellschaft oder Sozialtechnologie? Frankfurt/M., 1971, S.136ff.）として、またシャラーは相互の「コミュニケーション・モデル」（Schaller, K.: Einführung in die kommunikative Pädagogik. Freiburg, 1978, S.117.）として把握する。なお、「教師は教え、教えられるという共通の状況の両極に立つが、生徒はただ教えられるという一方の極に立つのみである」（Ⅰ S.806, 8p.35）というブーバーの論拠はじつに疑わしいものであるという指摘がある。すなわち、この教師優位の関係のみを教育的関係と呼ぶとしたなら、それは「陳腐なことこの上ないものになる」。あるいは、「『生徒』が相手の視点に立てない、というのは乱暴な決めつけであるといわざるを得ない」（岡田敬司『教育愛について』ミネルヴァ書房、2002 年、93 〜 95 ページ）と。この指摘は果たしてどうだろうか。ブーバーはたしかにこのように教師優位の教育関係を強調するが、それは、むしろ教師が作用しつつある世界を自らの人格を通して選択しながら、「教育され得る存在者の存在に影響を与えるのをその天職とする」（Ⅰ S.805,8p.34）という自己の使命感により生徒に対して自覚すべき一方性の包摂の形態をいっているものである。教師は当然なことながら、日々の教育現実のなかで本章第 6 節での対話的関係の三つの形態を微妙に体験しつつ、とくに教師優位の包摂的関係を自覚すべきものである。

15）Ibid., S.73.

16）齋藤昭「『教育論』の成立とその構造—Martin Buber: Über das Erzieherische. 1926—」『皇學館大学紀要』20 輯、1982 年、所収、154 ページ参照。

17）本章の草稿の執筆中、1993 年 9 月 13 日ワシントンで、パレスチナ人によるエリコとガザ地区の懸案の暫定自治が、劇的にもイスラエル・ラビン首相とパレスチナ解放機構アラファト議長の間で合意された。かつて 1942 年に、ブーバーはイスラエル・ユダヤ人とパレスチナ・アラブ人との民族的共存・対話を夢にまで見て、あの、パレスチナ地方におけるユダヤ・アラブ両民族の統一国家の樹立を目指す政治結社「イフド」を創設した。当時は少数派の活動であった。1993 年の合意は、どうにか、ブーバーが目指した両民族の共存・対話—現実は別々の二つの国家になる

と予定されているが——への大きな第一歩となろう。つねに、かれの考えの根底には、「人と人との間に神を実現する」という崇高な理念があった。それが現実のものになったといえよう。

第8章　教育的行為論

　前章までにおいては、教師と子どもとの〈間の領域〉の事象として、対話・出会いや包擁が生じ得ることについて述べてきた。その場合に、教師はどういう教育的行為をとると、それらの事象が生ずることになるのだろうか。あるいは逆に、教師はいかなる教育的行為をとると、対話・出会いや包擁が生じ得るのを妨げることになるのだろうか。そこで、本章ではこの教育的行為論を取り上げる。

　ところで、細谷恒夫は教育的行為を次のように特徴づける。その行為の論理は、「人が将来よりよい行為をすることができるようにとの意図をもって、その人にはたらきかける」[1] ということである。そして、細谷はブーバーの言葉を用いて、教育的行為とは子どもの人間的成長を願いつつ、「〈私〉が…中略…〈あなた〉によびかけ、はたらきかけることである」[2] とも言い換えている。ここでは、細谷のいう教育的行為は意図的に行為する教師と、働きかけられる子どもとを不可欠の構成要因とし、そして前者が後者との間の関わりのなかで教育的意図や価値を実現するような行為のことである。したがって、〈私〉と〈あなた〉の間で展開される対話がまさしく教育上の意図を実現するような教育的行為そのものであるといえる。

　しかし、教師の子どもへの呼びかけや働きかけが、結果的には子ども自身の人間的成長を遂げられるようにできればよいのであるから、教師のもつ教育的意図を必ずしもあからさまに示す必要はないだろう。たとえば、感化、暗示、示唆のように、何気なく相手に働きかける無意図的行為のほうが、場合によっては、子どもに強く作用し、結果的には対話・出会いや包擁をもたらし、その人の自己変容を遂げることも期待できる。ブーバーは、むしろ近代以降の、教育的意図を明確に示し、それにしたがって組織化された学校教

育にこそ、感化や示唆などの無意図的行為を「無為の行為」としてもっと取り入れるべきである、と逆説的に強調する。以下、ブーバーの論に即しつつ、近代学校における「無為の行為」の効用について考察し、かれの「無為の行為」論が中国の老荘思想からどういう影響を受けているのか、をも併せて考えてみたい。

第1節　教えるという行為

　さて、たしかに教師が意図的に教えるという教育的行為は、学校教育にとっては必要不可欠である。そもそも、学校とは教育・教授を第一義的に意図的におこなうところである。一般的に見ても、とくに近代学校は特定の人的要件と物的要件を備え、意図的具案的に教育を恒常的におこなう機関であると定義づけられる。

　したがって、学校は一定の教育目標のもとに教育計画やカリキュラムを立て、それに即して継続的に教える場である。そして、一定の教育目標のなかには、国家の教育政策や社会変動にともなう人々の意識などさまざまな社会的要求が入りやすいものである。こうした意図的教育はとくに学校に課せられた宿命である。ブーバーはそれについて次のように述べる。

　　　意図としての教育がもたらされるのは、避けられない。われわれは、およそ科学技術の出現する以前の状態に逆もどりすることができないのと同じように、学校の出現する以前の状態に逆もどりすることができないのである。しかし、学校が存在しているという現実がまっとうされるということ、そしてこの現実が完全に徹頭徹尾人間化されるということを、われわれは成し遂げることができるし、また成し遂げるべきである（ⅠS.794,8p.16）。

　近代学校制度が教育的意図をいっそう効果的に発揮するために成立したのは当然のことである。ブーバーは明確に上文のようにそれを認めているが、

それによって今度は何かが失われてしまったというのも現実である。外から
のさまざまな要求やそれによる教育目標を課せられる今日の教師は、近代学
校以前の古き時代の、師匠と徒弟の間に見られたような人間関係をもち得が
たいのである。ブーバーによれば、徒弟はかつて親方とともに生活をしなが
ら技術を学びとり、「それと気づかずに人格的生活の神秘さ」（IS.794,8p.16）
をも体験したのである。両者ともに生活すること自体が徒弟にとって知らず
しらずの導きであったが、今日の意図的教育の旺盛な時代では、「純然たる
無作為の楽園」（IS.794,8p.16）はほとんど失われてしまったのである。

　とはいっても、われわれは近代学校が出現していなかった古い時代にもど
らなければならないかとなると、ブーバーは当然そうは安易に考えていない。
かれは上述のように、むしろ学校が厳然として存在しているという現実がま
っとうされ、この現実が完全に徹頭徹尾人間化されるべきだと考える。すな
わち、近代学校の出現する以前の状態にもどることができない限り、今日の
学校という制度のなかに、古い師弟関係に見られたような生き生きとした教
師と生徒との間の対話的関係をどれだけ取り込めるかにすべてがかかる。こ
れは先に述べた「純然たる無作為の楽園」の喪失の逆をいくように見受けら
れるが、ブーバーはこの乖離を超えてこそ教育を実り豊かなものにすること
ができると確信した。かれによると、どこまでも、現在の教師は依然として
昔の師匠から模範として学ぶべきだとする。「というのも、今日の教師は、
行為しなければならないとしても、《あたかも行為していないかのように》
自覚的に行為すべきだからである」（IS.794,8p.16）。

　日常的な教育活動を見ても、教師の一つひとつの行為、あるいは何気ない
行為が生徒に微妙に影響を及ぼす場合がある。つねに指導に当たる教師の一
寸とした言動、たとえば計算上のヒントがタイムリーに与えられることによ
って、生徒は難無く複雑な問題を解いてしまうことがある。教師の何気ない
行為も、教師の側から見れば、自覚的に行為しなければならない。こうした
教師の行為は、親方が師匠として徒弟とともに仕事場で仕事をし、ともに生

活を営むうちに職人技術を知らずしらずに伝える行為と類似している。教師が《あたかも行為していないかのように》自覚的に行為すべきことは、今も昔も変わらないようである。そして、この行為が師弟間の信頼関係を前提にしていることはいうまでもないだろう。ただ、近代学校が古い仕事場と異なることとして、前者のほうが後者よりも職人技術を実際の仕事場から一度切り離して、独立した知識や技術体系として、将来職人となるべき人に、一定のカリキュラムに沿いながら伝達するという点がある。

　ともかく、教育のあり方が教師の伝達する内容によって規定されながらも、教師の生徒に対する大きな影響力は状況によっては教師自身の何気なく無作為的に教える行為そのものにある、といってよいだろう。いってみれば、それは「教師の行為を通して、作用する世界の選択が生徒に到達する」（ⅠS.794,8p.16～17）ことに相通ずるものである。つまり、生徒は教師の無作為的行為によってこそ、はじめて多くの文化遺産や知識・価値に充ちた社会及び自然という環境の総体としての世界と出会い、それを知ることになり、それを具体的に表象することができる。

　こうした無作為的影響力に対比されるものとして、もう一方には意図的な影響力がある。それは学校教育にとって不可欠な要因であるが、ブーバーがとくに留意するのは故意の意図的影響力による教育的行為である。すなわち、教師が生徒に自らの立場や権威を笠に着せて教えるという傲慢さ、あるいは上から何かを押しつけるという強制など、この種の無理な作為的な教育的行為は控えられるべきである。むしろ、教師は「意識的に営まれる教育の影響力に画された限界を根本的に感じとること」（ⅠS.817,8p.56）のほうが重要となる。

　また、教師が自分のプライドのため、あるいは社会的名誉のため教育に従事しているという意識的行為も、子どもに対する教育の本筋から逸脱する結果を招くようになる。ブーバーはこの行為を、「教えようとする意志が恣意に退化するという危険性」（ⅠS.805,8p.34）と見なす。それに加えて、教師の

自分のための勝手気ままな「恣意」が、教師と生徒との間における〈我—汝〉の関係・対話を中断するか、ないしは破壊してしまうという場合もある。

　それゆえ、ブーバーは、教師と生徒との間には、教師の語りかけに対して生徒が応答したり、あるいは生徒の語りかけに対して教師が応答したりするという対話が互いに繰り返されるべきだと強調する。そこにおいては、生徒が真に教師と出会い、そのことにより自ら人格的責任の涵養、自己の形成へと向かうようになる。教師と生徒との間に信頼関係があればこそ、一方では教師は生徒のうちに潜在している可能性を信じ、その実現を果たすことができる。他方では、生徒は自己の個性にふさわしい能力や態度を育むことができる。究極的には、教師と生徒との間で展開される〈我—汝〉の対話は、生徒が教師の全体性に触れることにより、自ら全体としての人間への道を開くことを可能ならしめるのである。

　課題は、教師と生徒との〈我—汝〉の対話的関係にありながら、両者間に教師の勝手気ままな「恣意」の要素が入り込んでくると、その対話的関係がどのような関係に変化していくかである。結論を先にいえば、この対話的関係が根源語〈我—それ〉の関係へと変質してしまわないかどうかである。ブーバーは根源語〈我—汝〉と〈我—それ〉との二つの相違について言及しているが、それについては第5章第3節の「真の対話」の項ですでに述べた。その場合、根源語〈我—汝〉と〈我—それ〉の二つにおける同じ語の〈我〉のあり方でも、相手たる〈汝〉か、もしくは〈それ〉に対するかによって根本的に異なる。また、相異なる二つの〈我〉から、〈我—汝〉の関係と〈我—それ〉の関係も自ずと違うのである。したがって、両者の相違についての考察から、教師が自己の恣意でもって生徒と関わるならば、教師と生徒との間の関係は、ついに〈我—汝〉の人格的関係ではなくなり、教師が生徒を、〈それ〉として対象化したり、自己の利益のために利用するような〈我—それ〉の関係に陥ったりしてしまうこともある。譬えていえば、生徒はいわば教師の所有物となってしまうのである。

　反対に、教師と生徒の関係が〈我—それ〉の関係に陥らず、〈我—汝〉の関係を保持するためには、教師がつねに教育的な意図を作為的なもの、あるいは恣意に退化させないように、意図の純粋性を保つことである。ブーバーは、〈我〉と〈汝〉との関係が直接的でなければならないとも語り、「〈我〉と〈汝〉との間には、いかなる観念的理解も、予知も、夢想も介在してはならない」（ⅠS.85,1p.18）と断言する。教師と生徒との間に介在する恣意的な観念は、生徒にとっては、障害となり、両者の〈間の領域〉における真の対話・出会いや包擁を妨げることになるのである。

　となれば、教師が生徒との直接的な関係をもち、純粋な教育的意図をもって教えるという教育的行為は、どのようなものであるか。ブーバーによると、それはやはり無作為的行為だという。しかも、その行為は教育的意図に裏づけされていなければならない。「鉛が深く喫水するように、教えるというすべての意図が、わざとらしくない無作為的行為のなかに浸透するときに」[3]、教師の存在の全体性が生徒の人格に作用を及ぼし得るようになる。教師の全人格から滲み出るような無作為的な行為が生徒の人格を全体的統一性へと統合する効果をもつのである（ⅠS.795,8p.17）。この行為が先に述べた通り、《あたかも行為していないかのように》自覚的に行為すべき行為に当たる。ブーバーはそれを「無為の形態」（die Gestalt des Nichttuns, ⅠS.805,8p.34）とか、「無為の行為」（das mit dem Nichttun getane Tun, ⅠS.808,8p.39）と称する。次節では、どういう種類の行いがそのような行為であるか、そしてどのようにして無為に行為することができるかを考察してみよう。

第2節　無為の行為

　ブーバーは無為の行為の例として、たとえば「かの小指をあげるしぐさ、かの問いかける眼差し」（ⅠS.794,8p.16）を挙げている。たれびとも、少なくとも一つ二つは教師の何気ない行為が自分に何か暗示や示唆などを与えてく

れた体験をもっているものである。その場合、どういう行為でも、無為の行為は教師の教育的使命や自覚という裏づけによってこそ、相手に何かを教える行為となり、教師の真の行為となる。もし、これらの行為に教育的使命や自覚の裏づけがなければ、それは何ら意味をもたない只の行為にすぎない。教育的使命や自覚が意図的に教師の人間存在の全体性のなかに深く沈潜するときに、はじめて教師のこれらの行為は無為の行為となり得る。およそ人間存在の全体をかけた一つの行為においては、あまり意味をなさないような部分的行為も止揚されるものである。

　　これ〔部分的行為〕が全体的存在になった人間の行為、すなわち無為と呼ばれた行為である。このときその人間における個々のもの、部分的なものは何一つ活動しない、したがってかれのなかの何ものも世界において作為しない。そこでは、自己の全体性のなかで統一され、その全体性のなかに安らっている全体的人間が活動する。また、そこでは、人間は一つの活動する全体的存在となっている（ⅠS.129,1p.101）。

　こうした全体的存在に基づく人間の行動は、その人の全人格から滲み出るような行為、すなわち表立った意図のないような無為の行為となって出現するのである。

　ところで、ブーバーが無為の行為についてはじめて論じたのは、1910年の『道の教え』（"Die Lehre vom Tao"）のなかにおいてである。この書では、「無為の行為」論が西洋精神と東洋精神のそれぞれの特徴の違いから述べられている。ブーバーによれば、前者の西洋精神の特徴は学問と法のあり方にある。すなわち、学問は存在（Sein）についてのすべての知識を、法──ここでは倫理的法則をいう──は存在に基づく当為（Sollen）のすべての命令を包括していることに特徴がある。一方、東洋精神の特徴は「教え」（Lehre）のあり方にある。すなわち、教えは、学問と法の第三の基礎的な力として、存在と当為の合一性、すべての対立の一における合一性をその本義とする。そ

して、無為の行為はその合一性に基づく行動のことである（ⅠS.1024〜1025,
8p.82〜83）。この行為はいうまでもなく、自然のままで人為が加わらない無
為自然の教えを旨とする老荘思想に由来する。このように、ブーバーは思想
的にユダヤ教—キリスト教の文化圏にとどまらず、まったく異質な道教とい
う中国の文化圏からも影響を受けていた[4]わけである。

　それでは、ブーバーは、「道は常に無為にしてなさざるなし」[5]といったあ
の難解な老荘思想をどう受け容れているのだろうか。

　ブーバーは「タオ」（Tao）を「道」（Weg, Bahn）と訳しているが、「タオ」
はもともとヨーロッパでは、古代ギリシャ哲学者ヘラクレイトスの、世界を
支配する理法としての「ロゴス」（Logos）[6]を意味していた。けれども、中国
の「道」は、「変化における統一性であり、諸事物の多様性の場合にと同じ
く、それぞれの事物の生命において相次いで生ずる諸要素の多様性に確証さ
れる統一性である」（ⅠS.1039,8p.107〜108）と、ブーバーは解釈する。かれ
はこの解釈の根拠として『道の教え』のなかで老子の言葉から次のように引
用する。

　　Himmel kriegte Einheit, damit Glast,
　　Erde Einheit, damit Ruh und Rast,
　　Geister Einheit, damit den Verstand,
　　Bäche Einheit, damit vollen Rand,
　　Alle Wesen Einheit, damit Leben,
　　Fürst und König Einheit, um der Welt
　　das rechte Maß zu geben （ⅠS.1039）.

　ブーバーのこの引用文を『老子』の原文と照合してみると、

　　天得一以清、
　　地得一以寧、

神得一以霊、
谷得一以盈、
万物得一以生、
侯王得一以為天下貞[7]。

となる。原文の日本語訳は以下の通りである。

天は、この「道」にのっとって清く、
地は、「道」にのっとって安定し、
神は、「道」にのっとって霊妙に、
谷は、「道」にのっとって充実し、
万物は、「道」にのっとって生育し、
君主は、「道」にのっとって天下の規範となった[8]。

　上述の三つの引用文を比較して見ると、ブーバーの解釈には『老子』の原文に忠実にしたがっていることが窺われる。つまり、かれの解釈は、それぞれの事物が「一」（Einheit）、すなわち統一性を得てはじめてその事物のありようと本質を充足するのであり、この「一」がそうした事物の「道」であり、全体性であるということになる。それゆえ、それぞれの事物は「道」を自らのうちに有しており、この「道」とは一つの事物においていろいろと変転・対立する状態を統一のあるものにする、その統一性を指すのである。
　かくして、統一性を得た宇宙における諸現象はすべて「道」の現れであり、「道」に内在する自然の理法によって生起しているのである。そこには、必然の法則が貫徹していて、人間の意志や作為の介入し得る余地がないというわけである。しからば、人間はどう行為すべきなのだろうか。人間はまず宇宙的法則を認識し、その法則に自己を適応させなければならない。「天に通ずる者は道なり。地に順う者は徳なり」[9]。天地自然の「道」にしたがうのが人間の道徳であり、人間の行為である。上述のように、「君主は、『道』に

のっとって天下の規範となった」といえる。

　しかし、天の「道」に人間の「道」が適応しない場合は、「人間によって行為と呼ばれているのは決して行為ではない。それは全存在をかけた働きではなく、個々の意図が道の織り成す織物のなかへ入っていって手探りすることであり、個々の行動が諸事物のありようと秩序に干渉することである。それは個々の目的に巻き込まれている」（ⅠS.1045,8p.116 ～ 117）。人間の作為に基づく個々の部分的行為が諸事物のあり方や秩序に干渉する場合があるが、その行為は「道」すなわち宇宙の必然的法則を損なわせるものである。

　したがって、天の「道」に干渉しないで、むしろその「道」に適応するようにするためには、人間は何よりも自己において「道」を発見し、自己において統一性を獲得しなければならない。この獲得をできる者のみが宇宙の必然的法則にしたがって活動し得るのである。それに対して、部分的で作為的に行為する者は盲目的で無分別の破壊的行為をとることになる。すなわち、「諸事物の生命のなかへ入っていってそれに干渉するということは、諸事物と自己を破壊するということである」（ⅠS.1046,8p.118）。西洋文明における自然征服欲の強い自然科学はその類いであろう。

　それはともかく、自己において「道」を発見し、自己において統一性を獲得する行為そのものが無為の行為であり、その行為は結果的には「万物の本質及び規定と調和している」（ⅠS.1047,8p.119）。それゆえ、万物の法則は人間の無為の行為にしたがって実現されることになる。じつは、この万物の法則はヘラクレイトスの説くところのものである。ブーバーはその法則を、いっさいのうちに作用するロゴスとか、「統一性を世界における永遠の秩序として告知することとか、いっさいから統一性への、統一性からいっさいへの果てしない変化とか、もろもろの対立物の調和とか、個々人の現存在における目覚めと夢との関係とか、現世界における生と死との関係」（ⅠS.1050,8p.124）というように解釈する。

　このように、ブーバーはヘラクレイトスの思想を梃子にして中国の老荘思

想を受け容れている。そして、かれは西洋的な言い回しの表現、すなわち
「道に身をゆだねることは創造を更新することである」（I S.1046,8p.118）と
いう表現を用いている。ここでは、かれは西洋キリスト教の特徴とする天地
創造と東洋思想の特徴とする「道」とを同一視する。「道」が万物の法則を
どう表現するか、それはブーバーにとっては天地創造でもって万物の法則、
つまり一定の秩序が与えられることである。全体的人間はそれにより創造の
秩序のなかに存在し、創造の活動にたえず従事しつづけることができる。か
くして、ブーバーは、老荘思想を西洋的に解釈して、天地創造の秩序にした
がって為す行為を無為の行為として受けとめたのである。

　さらに、無為（Nichttun）の行為はたんなる無の行為（Nichts-Tun）ではな
い。それは「静止のおもかげ」（Anlitz des Ruhens, I S.794,8p.17）を有するが、
この静止は消極的な行為ではなく、積極的な行為である。つまり、「自己の
全体性のなかで統一され、その全体性のなかに安らっている」人間こそが、
積極的に活動し、行動し得るのである。この統一された心から出発する行為
は、再び自己の心にもどって反作用を及ぼし、新しくてかつより高い統一性
を実現させるようになる。「ひとは遂に、おのれの心に安んじて身を任せる
ことができるようになる、なぜなら、心の統一の度合が非常に大きいので、
それは何の苦もなく矛盾を克服するからである。むろん、その場合にも、ひ
とは注意しなくてはならない、しかし、それは平静な注意深さである」10)。

　教師の心は自己教育の立場からつねにより高い統一性へと達せられるべき
である。自己の心に身をゆだねることのできる者は、すべての不安や緊張に
とらわれることなく、自由な自己の意志でもって行動し得る。教師の、何事
にも動揺しないような無為の平静さは子どもとの間の関係においてどう作用
するのだろうか。

第3節　無為の行為の一例としての「能力の伸長」

　前節では、作為的行為を通じて諸事物の生命のなかに入っていってそれに
干渉するということは、諸事物と自己を破壊するということになる、と述べ
た。これは教師と生徒の関係においても同様にいえる。教師がいくら生徒を
指導する立場にあるからといって、かれは生徒の魂や自主性を奪うことはで
きない。たしかに、子どもは「無力で寄るべない」[11]といわれる。それゆえ、
子どもの魂は教師に託されている。しかし、教師がむやみに子どもの生に干
渉するとなると、この「干渉は教師に託された子どもの魂を服従する部分と
反抗する部分に引き裂いてしまう」（ⅠS.794〜795,8p.17）だろう。つまり、
教師の、相手の意志に反するような作為的行為が、ときには子どもの魂を失
わせ、対話・出会いを妨げてしまう結果になる。

　こういう状況では、子どもは見せかけ上、教師に従順になるか、教師の干
渉に徹底的に反抗するか、のいずれかの態度をとる。とくに、後者の例は、
神が生あるものに与えた抵抗の権利でもある。見かけ上の子どもは、そのじ
つはすでに教師に対して心を閉ざしてしまっているか、教育関係を隔絶させ
てしまっているか、そのどちらかの状態にある。さらに、教師の干渉が進行
すると、子どもの反抗する気力が萎えてしまうのである。それが「強制」（Auf-
erlegung）による負の結果である。

　ブーバーによれば、強制とは「ある人が自分の意見や態度を他の人に強い
る」（ⅠS.281,2p.105）ことである。相手の人格や立場を認めず、すなわち相
手を脱人格化し（depersonalisieren）、相手に自己の考えを押しつけるのが強
制である。この強制でとくに避けなければならないのは、知らずしらずに忍
び寄る「気づかれないような強制」である。その例としては、政治の世界に
見られるような、自分の政党に巧妙により多くの支持層を集めて自由に操ろ
うとすることが挙げられる。

　あくまでも、ブーバーは巧妙な政治の世界に対しては、その対極に教育の
世界を描いている。その「教育はいかなる政治的駆け引きにも堪えられな
い」（ⅠS.818,8p.58）というものである。ここはむしろ、政治というものは相
手を〈我—それ〉の〈それ〉と見なし、脱人格化することにより相手を我が
物とすることを意味するならば、反対に教育の役割はまさしく相手を〈そ
れ〉から解放し、〈我—汝〉の〈汝〉に回復させることであろう。ブーバー
はこれに関連して次のように述べている。

　　　聖人はいかなる《人間愛》をももたないがゆえに、生あるものの生命に干渉
　　せず、何ごとでもそれらに押しつけることはせず、《すべての生あるものに手
　　を貸してそれらが自由になるようにしむける》ことである（ⅠS.1047,8p.120）。

　無為の行為をとる者は他者を自由にさせる。教育はこの自由を求めてこそ、
そこには真の教育的行為が展開されていく。教師は決して生徒のとろうとす
る行動を上から束縛したり、あるいは自らの行動を生徒に強制したりはしな
い。あくまでも、生徒が教師の語りかけに応えつつ、自らの自由にしたがっ
て自己自身の行動の行方を律することである。自主的行動のうちに生徒の自
由が存在する。生徒の自己成長・発展はここから始まる。
　次に、教師の語りかけを通じて、しかも生徒の自主性に基づいて成果とし
て生ずる当該の行為が、ブーバーによれば、「能力の伸長」（Erschliessung, ⅠS.
281,2p.105）というものである。「能力の伸長」は一般的にいうと、他者のう
ちにも正しいもの、あるいは他者のうちにも固有なものがあることと確信し
てそうしたものが開花できるように、私が無為のうちに働きかけ、つまり他
者の能力が花開くように手を添えてやることである。前述のように、私が私
の意見や態度の決定を他者に強制するようになると、他者のもっている素質
や人格性が伸長されるどころか、逆に埋もれてしまうおそれがある。だから
こそ、真の「能力の伸長」のための基本的態度としては、「ある人が自分自

身のなかで正しいと認めたことを、他者の心のなかにすらも、賦与されたものとして発見し、それを助成しようとすることである」（ⅠS.281,2p.105）。

　とくに、ブーバーは、教育の分野でこそ生徒のうちに有する諸々の可能性や素質が教師の人格に触れつつ、伸長されるべきだという。換言すれば、成長の可能性を秘する者（Werdenkönnender）が、ある人格的存在者と出会い、かれと実存的交わり（existentielle Kommunikation）を取り結ぶことによって、その人の潜在的才能が見出され、伸長されるべきだ（ⅠS.281,2p.105 ～ 106）とする。教師は本来知識や技術や芸術などの総体としての世界のうちに住み、その総体を人格的に統合した存在者として存在する。教師が、生徒の「正しい素地を、まさにそれがここで生じるようにして、それがさらに伸長するのを援助することが許されており、またそうすべきなのである」（ⅠS.282,2p.107）。こうした意味で、教師は生徒のうちに具現化されようとする可能性を助長・育成する者である。つまり、教師は自己を、生徒の自発自展する諸能力を無為のうちに開花するのを援助する者として理解すべきだろう。

　このように、教師が生徒のうちにある素質や能力を見出し、それを見守りつつ手助けするとき、生徒の資質は伸びていくものである。教師の生徒に対する強制や干渉は禁物ではあるが、教師は生徒に対して自制心をもち、無為のうちに行為すべきなのであろう。それゆえ、さりげなく全体的に振る舞い、全体的存在に基づく教師の指導力こそが、個々の生徒のもつ素質や能力を掘り起こし、伸長し、それらを統一したものへと導き得るのである。

　なお、すでに第1章第3節で、学校における「図画授業」（Zeichenunterricht,　ⅠS.792,8p.13）の事例について述べている。そこでは、教師による図画指導の方法の仕方によっては、生徒が絵を描くことに嫌いになるか、あるいは芸術的才能をりっぱに開花させることができるか、図画指導が両極端に分かれた。前者の例が「強制学派」（Zwangsschule）の教師による指導の結果であり、後者の例が「自由学派」（freie Schule）の教師による指導の賜物であった。後者の「自由学派」における図画指導の方法がまさに先述の「能力の伸長」の

方法と同じことなのである。ただし、この能力はブーバーにあっては結びつきの本能へと転化されるべきものである。

　以上、ブーバーの考えに即して、今日の意図的性格の強い学校教育にこそ、教師と生徒との間における感化や示唆などの教師の「無為の行為」が要求されるものはない、という無為的行為のもつ意義について考察してきた。教師がこの無為的行為をとることによって、子どもとの間で、対話・出会いや包擁という事象が生じ得るというものであった。

註

1）細谷恒夫『教育の哲学』創文社、1962年、37ページ。

2）前同書、222ページ。なお、細谷は教育的意図をあからさまに示さない例として感化を挙げているが、かれはブーバーに関する所論で無為の行為については触れていない。

3）Buber, M.: Volkserziehung als unsere Aufgabe. In: Der Jude und sein Judentum. Köln 1963, S.680.

4）Dejung, Berta: Dialogische Erziehung, Martin Bubers Rede über das Erzieherische, Eine Interpretation. Zürich 1971, S.84.

5）「老子」37章『中国の思想』第6巻、徳間書店、1984年、82ページ。

6）ブーバーはヨハネ福音書からもロゴスを説明している（ⅠS.1028,8p.89）。そのヨハネ福音書によると、「初めに言葉があった。言葉は神と共にあった。言葉は神であった。この言葉は、初めに神と共にあった。万物は言葉によって成った。成ったもので、言葉によらず成ったものは何一つなかった」（同福音書1章1～3節）とある。ここでいう言葉がロゴスであり、それは神によって与えられ、万物を成立せしめる理法である、というわけである。

7）前掲「老子」39章、85～86ページ。なお、この引用文の直前に「昔之得一者」とある。

8）前同書、85～86ページ。なお、この引用文の直前に、「天地の開闢に先立って、『道』があった。『道』は、対立を超えた渾然たるひとつの物である」とある。

9）「天地篇」第12『荘子』第二冊（第11刷）岩波文庫、1984年、97ページ。

10）ブーバー，M.著、板倉敏之訳『祈りと教え』理想社、1971年、64ページ。Ⅲ S.725.

11）ランゲフェルド，M．J.著、和田修二監訳『よるべなき両親』玉川大学出版部、
　　1980 年、8 ページ。

第Ⅲ部　ブーバー教育論で求められる教師の役割

第9章　教師像の模索

　本章では、まず学校における教育の営みについて見ておく。学校教育は教科内容を教える─学ぶという二項の関係、すなわち教師と子どものタテの関係をもとに営まれている。教育関係は、教師が知識教授の効率化を図ろうとするため、強化・純化される方向に傾きやすい。それが進行すればするほど、本来目指されるべき子ども自身の自主性や主体性・自律性などの基本的資質は育まれようがないはずである。このことは自ずと教育上のパラドックスを生むことになる。

　もう少し言及すれば、子どもは一つの教室空間では教師の発問に強いて答えさせられ、その答える反応もうまく誘導される。教師の務めは子どもの自主性や主体性を育てることだと一般にいわれるが、それはどうもまやかしのようである。どうしてなのだろうか。両者の間には「『教える立場』と『教えられる立場』という明確な二分法」[1] がまずある。教えと学びはじつは二分法でもってよく理解されるが、ほんとうのところは教師も子どももそれから脱却できない一対の関係のなかにある。学びがこうして単に教えと一対の関係になっている限り、子どもは真に学ぶというのがどこまでも不可能であろう。

　今、この課題で求められるのは次のような指摘である。すなわち、「多様な他者とかかわり合いつつ問いかけたり、答えたりする、応答的な経験を十分にくぐることによってはじめて、子どもはその世界を豊かに組みかえてゆけるのではないか。まさに学習の土台をなす応答的な経験そのものが、これまでの学校では、あまりにも貧弱だったのではないか」[2] と。そこで、子ども自身が自主的に相手との間に応答的な人間関係を構築できるようにすることが肝要なことになる。教師の役割も、いっそう自らが子どもと関わりつつ、

子どもの学習を支援することに重点を置くべきなのである。

　子どもと教師・他者との間の応答的関係をもつようにするためには、とりわけ、どのような教師像が求められるだろうか。この点について、ブーバーのいう学校と共同体の関連から考察してみたい。

　はじめに、ブーバーは教師における本来の教育的行為を師弟同行の時代に溯ってどうとらえているか、その上でかれの論に即して、学校が宿命的にもつ特質と課題を明らかにしていく。次いで、かれは真の教師―広義の意味での教育者―像を求めて、ハシディズムやハルツィームの共同体のなかでどんな指導者像を模索したか、最後にブーバーの立場から見て、その指導者像はキブツの学校での教師像にどう反映しているかを考察する。

第1節　師弟同行時代の教師の行為

　ブーバーはよく次のように語る。「教えるということは、職業的に精神的世界が下降をたどる今日の時代においては、高嶺の花となってしまった」（ⅢS.95）と。古い時代はそうではなかった。前章第1節で述べたように、師匠がまず居て、そこでは職人とか徒弟がかれといっしょに生活を共にしながら、仕事の神髄や仕方などを容易に学んだものである。今日では、そういう師弟同行の生活は不可能なことになってしまった。古い時代における無為に教え学ぶというようなことが、特別なものになってしまったというわけである。

　だからといって、われわれは、今日の学校以前の状態にもどることはできない。師弟同行の時代は確実に終わりを告げたのである。しかし、今日においても、ブーバーによれば、古い師弟同行の時代と同様に、師匠（Meister）は教師の模範である。現在の学校制度のなかで、どんなに意図的な教育が進んだとしても、教師の無作為的行為の効用は強調されるべきだろう。

　少しくブーバーの描く理想の教師像について、ハシディズムとの関連にお

いて見てみよう。『ハシディームの物語』の序文で、ブーバーはバール・シェム・トヴという偉大な教師について語る。「バールはいかにも偉大な教師であるか！」（ⅢS.89）と。かれは「良き名前の所有者」であり、「人々に信頼されている人」である。かれは教師として、人間として、「民衆の絶対的な信頼を獲得した人」（ⅢS.90）である。ブーバーにあっては、ここに信頼に値する教師がいて、つまり教師がまずそこに人間として存在することによって、相手に自ずと働きかけ、作用するということになる。教師は「かれの神との関係によって、かれの他の人間とともに、そしてかれらのために生きる」（ⅢS.90）。かれは全体的な人間として模範となり、自ら教育者としての全体性の現実化を通じてのみ人間となり得る。かれは行動する上において、相手の模範ともなり得るように、自分の生活と教えの二つが一体となり、「すべてが有機的一つの大きな現存在の無作為性において結びあうのである」（ⅢS.95）。ここにブーバーの描く理想の教師像が提示されているといえる。

　今日の学校教育といえども、教師自身はこうした全体としての人間性を求められる。教師はあたかも行為していないかのように全体的な人間として今ここに存在し、それに基づいて行為する。ときには教育は試される場合もある。仮に、教育の営みが徹底して意図的行為をすすめたとする。その結果は自ずと明らかであろう。たとえば強引な政治的意図の場合と違って、教育においては、「たとえ生徒たちが隠された意図に気づかなくても、その意図は必ず教師の行為に跳ね返ってきて、かれの力とたのむ率直さを奪い取ってしまうのである」（ⅠS.818〜819,8p.58）。それゆえ、生徒の全体性に真に作用し反応するのは教師の作為のない全体性のみである。今日の学校にも求められる教師の行為は、あたかも行為していないかのような無作為的な行為なのである。

第2節　学校の特質と課題

　ところで、今日の学校の特質は一般的には一定の目的・計画により教育を意図的に継続的に行う機関であるという点にある。どの学校でも、意図としての教育が当然のごとく行われる。学校での教師は、積極的に生徒の素質・能力などを伸長する点において、「限定される存在者の存在に影響を及ぼそうとすることをその使命」（ⅠS.805,8p.34）とする。となると、学校は、教師が生徒たちに対して「重要な作用」を及ぼす場として成り立つのである。具体的には、学校は教師が生徒たちに対して「批判と指導」（Kritik und Anleitung,ⅠS.793,8p.14）を行う場としてもある。

　ブーバーは学校をこのように把握して、子どもたち自身が「とりわけ規律と秩序を必要とする」と語る。このことにより、教師は「規律と秩序（Zucht und Ordnung）を整え、規則（Gesetz）をつくらなければならない」（ⅠS.827,8p.72）。教師は生徒たちに「規律と秩序をもまた自分自身で応答するようになる過程で課せられたこととして認識するように」（ⅠS.830,8p.77）指導しなければならない。

　同時に、学校は意図的に多くの生徒に知識を教授する場でもある。たとえば、教師が生徒たちに「代数を教授し」、「二つの未知数をともなった二次方程式とはどんなものであるかという知識を授けること」（ⅠS.817,8p.56）などはその実例であろう。

　さらに、生徒に世界の現実を広く濃くじかに体験させる教師の教育的行為も、教育の基本的課題に属していよう。学校では、教師の行為を通してこそ、「作用する世界の選択が生徒に到達」（ⅠS.794,8p.16〜17）し得る。言い換えれば、生徒は教師の手助けによって、「世界と実際に関わること」（ⅠS.811,8p.44）ができ、しかも世界を意識的に意図的に選択することができるようになる。また学校では、子どもたちは、教育者をして「たとえ非学問的とは

いえしっかりとした価値尺度、すなわち、たとえ善悪の、個人的な知識があるとはいえ明確な知識」（ⅠS.793,8p.14）に出会うように仕向けられるのである。

こうした意図的教育の目的は、知識の伝達においても、世界現実の体験においても、別のところにあると考えられる。それは、ブーバーの思想がつねに「教師は神のもとにある」という考えに基づくからである。別のところにある目的とは、教師「本来の目的、すなわちかれがそれを正しく認識し、正しく心にとめるならば、かれのいっさいの働きに影響を与えるに違いないような目的」（ⅠS.827,8p.72）のことである。そして、この目的は、具体的には一つの状況下で自らの行為に責任をもてるような偉大な性格を有するように導くことである。

しかしながら、教師の生徒に対する一方的な意図的行為からくる限界・課題は、依然として残ろう。

学校自体は空間的に見ると、上述のように意図を課せられ、最初から目的に規定された場である。一つの教室空間をのぞいてみれば、一人の教師が黒板に字を書きながら、同一年齢の子どもたち40人ほどを前にして授業を淡々と進めていく光景が描き出されてこよう。子どもたちの日常経験における無駄で余分なものは可能な限り切り捨てられていく。人間関係は教師と子どもとの単一的な縦の関係を求められやすい。また、「授業という、いねむりもおしゃべりも、そして脇見も許さない禁欲的生活が強調される」[3]。生徒はあらかじめ決められた知識や規範を明確な目的のもとに作為的に手際よく教え込まれていく。教室には無駄や遊びの部分がないから、雰囲気は子どもにとっては乾いており、窒息寸前の空気になっている。

息苦しい教室空間のほかに、作業室、調理・家庭科室、製図室、教育用プール、体育館などがある。たしかに、これらの空間は、外的な形態においては子どもの成長発達に寄与するかなりの重要な空間領域ではある。だが、これらの空間は、最初から特定の使用目的に応じて意識的に意図的に整えられ

た固定的な空間でもある⁴⁾。

　したがって、教室という目的に人為的にしたがって規定された空間からくる課題には次の二つがある。一つは個々の子どものあり方にあって、「あらゆる意味とあらゆる可能性」（ⅠS.796,8p.19）を求める過程で自信を失うこともあるという点である。もう一つは「自由のめくるめく渦巻き」（ⅠS.807,8p.37）のなかで、自己の方向性を見失い、自己瓦解を招くという点である。換言すれば、目的的に人為的に規定された空間と子ども自身のもつ成長可能性とが乖離したり、空間から規定される枠組みと子ども自身のもつ自由意志とが相反したりする。あげくの果ては、この目的的な空間では子どもの内にある「滔々と流れる可能性」（ⅠS.787,8p.4）が萎む危険性が生ずるのである。

　学校の弊害とは、その制度に依存することによって子どもの自ら成し遂げる力を弱めてしまうことである⁵⁾、という指摘もある。一つの教育的状況のなかで、目的的な空間に由来し、人為的に強要される成果と、子ども自身の成長可能性が教師との関わりで認められて自ずと生成される成果とが、じっさいには共存し得ないだろう。この難題をどう考えるべきだろうか。

　ブーバーは1926年にかれの「我々の課題としての民族教育」⁶⁾のなかで、「民族教育センター」としての「学校校舎の様式」について言及している。ここでは、学校空間に関する課題が根本的に暗示されていて、その課題への対応が次のように述べられている。

　　一人の教師が生徒たちと、いつもかれらと共同生活をすることなく、またかれらと日々の活動で共にすることなくして、一定の時間までかれらに教授するために一堂に会するときに、そこからわずかに、及ぼし合う影響力—そこでの接触関係は瞬間的であり部分的であって、その関係はつねに何か一つの目的のもとに成り立つという影響力があるのである。腹蔵のない打ち解けた魂—地上の王国は、わずかに偶然の恩恵においてしか存在し得ない。教師とかれの生徒たちが部分的に、つまり教える者はまさしく教える者として、かたや学習する者は学習する者として互いに対峙し合うときでもなければ、また両者の共存関

係がもとから完全にその目的によって規定されるときではなくて、両者がたとえわずか数ヶ月であっても全体的な共同体的生活のなかに互いに留まるときに、教化というあらゆる意図が無作為のなかに深く浸透しているときに、一方の全体性が他方の全体性に作用するのである。それゆえ、本来的で原初的な影響力が発するのは、人間の無作為性なのである。…中略…知的な影響、つまり授業における知的な影響はたしかに重要ではある。しかし、むしろもっと重要なのは、教師が作為のない人間実存の全体から自然と醸し出される、まさしくそのときの影響のしかたなのである（J.J.S.680）。

　今日、学校の目的的な空間より生ずる課題を解決するためには、いわゆる24時間の共同生活という上述の寄宿制学校（Tagesheimschule）の方が、終日制学校（Ganztagsschule）よりは何らかの手懸りを見出すことができよう[7]。とりわけ、学校の機能を見るとき、それは子どもを、次代を担うもっとも貴重な世代としてとらえる観点に立つと、かれを家庭から日々引き離し、異世代間で無作為に交流させることも必要である。無作為的な交流という役割を担う場が、後述の第4節のキブツ（Kibbuz）の学校なのである。
　学校はこの意味では、子どもにとって従来のような単なる学校の機能にとどまらず、教師の全体的で無作為的な行為という技がなさしめるような生活共同体の機能をももつものでなければならないだろう。そこで、次にブーバーが崩壊しつつある共同体の現状をどうとらえて、その上で生活共同体を理念的にどのように構想し、構築しようとしたのか、そしてどんな指導者像を求めていたのかを述べたい。

第3節　真の共同体の追求と教師像の模索

　ブーバーによれば、共同体はたしかに時代の趨勢から見ても、かれの幼き日の家族共同体の体験から見ても、解体しつつあった。この解体に伴って、人間の存在は、周囲の状況に応じて自らのあり方を変えるようなカメレオン

(Chamäleon, 無節操漢)[8]と化している。というのも、日常的な「共同生活はすでに量の圧力と組織の形態とによってずたずたに破壊されている」[9]からである。ここでは、人間は得てしてそれぞれの利益や傾向にしたがって自ら求める相手と結合し、自己のあり方において無節操に陥っている。かれは真に人格的に直接的に相手と結びついていないということになろう。

　ところで、人間は企業よりは家庭に、議会よりはスポーツの場所に、仕事の日々よりは教会司祭に自分自身を委ねるものである。しかし、個々人の集団のなかにおけるこの真実の確信は、やがて共同体の解体にとって代わり、あるいは虚構の確信にとって代わるのである。この真実の確信が真の「人間と人間の間柄」（das Zwischenmenschliche, I S.269,2p.87）に期待されるべきであるが、それはめまぐるしく変動する利益社会の仕組みのなかでは、ごくわずかしか達成され得ないだろう。じつのところは、「人間と人間の間柄」という関係によって構築されるべき共同社会（Gemeinschaft）の領域は、人間と人間との人格的な相互関係を欠いたいわゆる利益社会（Gesellschaft）、つまり「さまざまな関係を喪失した個々の人間—単位の集合化」（I S.150,1p.143）によって凌駕されやすくなる[10]。

　共同社会における有機的・生活的な結合は本来、実質的なものであったはずである。しかし、個々人の利益や傾向の分散化・多様化はかれらの統合や真の共同社会への地道な試みを寸断化してしまう。日常的な共同生活が、事実上の「集合体」にあっては、単なる「経済的なあるいは政治的な諸々の力の結合」へと化してしまう。事実上の「集合体」では、対話的共存在の「ロマン的な想像の働き」は不毛なものになる。人間はその「諸力の結合」に親密さを欠きながら自己の身をゆだね、ただ単に「やみくもな貢献の意識」[11]をもって所属しているにすぎないのである。

　本来の共同体がかくの如く解体する深い根本的理由は、そのつど意義をもつような自らの中心（Mitte）—共同体のうちにある神的なもの—の分散化・消失化にある。そこへもってきて人間と人間との関係のみを強調してみても、

真の共同体は構築され得ないだろう。

　ここに至って、「真の共同体（die wahrhafte Gemeinschaft）はいかにして成立し得るか」という問いが提起される。第5章第4節で触れたように、ブーバーはそれに対して「円周を描くことによってではなく、〔中心と結ぶ〕半径を描くことによって共同体は生起する」[12]（J.J.S.363）と答える。かれによれば、真の共同体は「すべての人間がそれぞれ一つの生ける中心と生ける相互関係のなかに立つ」ときに成立する。一つの生ける中心との相互関係を介して、その関係をもちかつ円周上にあるそれぞれの「各人どうしも互いに生ける相互関係に立つということ」である。いってみれば、「共同体は〔人間と人間との〕生ける相互関係をもとにして構築されるが、その構築に当たる建築師があの生きて働きかけてくる中心」（ⅠS.108,1p.61）となり、必要とされる。

　このように、共同体の本質は、それが一つの中心をもつということにあろう。「中心の根源性は、それが神的なもののうちに明晰的なものとして認められないときには、おそらく知ることができない。しかし、この中心は、それがより現世的に、より人間的に、より魅了的に示されていればいるほど、ますます真実的であり、明晰的である」[13]。ここでいう中心とは、神的なものであり、人間と対話をなし得る相手としての生ける〈汝〉のことである。

　ブーバーは、生ける〈汝〉という中心をもつ真の共同体の例を具体的に提示した。ハシディズム（Chassidismus）運動やパレスチナ・ハルツ（Chaluz）運動[14]により構築された共同体が、それである。

　前者のハシディズム運動について、ブーバーは1918年の『私のハシディズムへの道』で語る。「ヨーロッパにおいては、一つの大きな民衆共同体が──隠者の教団や選ばれた人々の教団ではなく、あらゆる精神的・社会的多様性における、あらゆる雑多な交わりにおける民衆共同体が──これほど一つの統一体としての生活全体を、内的に認識されたその認識の上に据えたことは、決してなかった」と。ブーバーにあっては、民衆共同体は、信仰と行為との、

真理と確証との統一を機軸にしていなければならないとする。民衆共同体に
おけるハシドの人々には、「すべてが一つの国、一つの精神、一つの現実で
ある」[15]。すべてが一つとなった共同体の中心にいる指導者が、完全なる人
間としてのツァディクなのである。かれこそまさに魂の指導者であり、教育
者である。神とのつながりをもつ指導者ツァディクが、敬虔なハシドの人々
に対して日常生活のなかで何をなすべきかを模範的に示すことによってはじ
めて、ハシディズムの共同体は成立してこよう[16]。

　しかし、ブーバーは後の『ハシディズムの使信』（1943年）では、「たとえ
短い全盛期においてであるとはいえ」、「我々の人間世界で聖と呼ばれるも
の」（ⅢS.879,3p.213）が東ヨーロッパ下のハシディズムにおいて模範的に実
現され得ただろうか、と疑問視もする。事実、敬虔なるハシドの人たちによ
る模範的な神秘的共同体は18から19世紀にかけて、当時の西ヨーロッパの
世界や文化を前にして打ち砕かれたことがある。フランス革命による西ヨー
ロッパ・ユダヤ人の解放が一層進んでいたさなか、ハシディズム運動下の東
ヨーロッパ・ユダヤ人は、真の救いを求めてほそぼそと内的には生きなけれ
ばならなかった。対外的には、国家による自分たちへの抑圧、すなわち正真
正銘の西ヨーロッパ・ユダヤ人による自分たちへの迫害は、ハシディズム指
導者の内部的分裂や政治的抗争を招いた。このように、実際上のハシディズ
ム運動は対外的にいろいろな課題を孕んでいたともいえる。

　もう一方のハルツ運動は「宇宙的な労働の意味と価値を信奉すること」
（J.J.S.357）を基調とする。ハルツ運動は民族・国土・労働の三つをパレスチ
ナの地に求める。それはシオニズム運動に歴史的正当性を与え、対アラブと
の道徳的・人道的関係をも視野に入れている。指導的開拓者がその運動の中
心となり、担い手となったのである。

　しかし、この運動ではユダヤ教という宗教的要素は希薄である。「ハルツ
という、イスラエル人にとっての、全く新しい人間の類型は、ユダヤ民族の
誕生期の伝統すなわちヤーウェとの契約を意味する原初の〈選び〉と結びつ

いていないのである。ここにハルツの最大の欠陥がある」[17]。ハルツ運動には、ブーバーが民族教育で重視した歴史や伝統との結びつきが欠如しているというものである。若い青年には伝統の継承は急務である。この課題が解消されるならば、ハルツ運動に真の民族教育の理想を期待し得る、とブーバーは見る。

　いずれにしても、ハルツ運動の担い手は、先に述べたように、ハルツィームという中核的な開拓者、いわば〈偉大な性格〉をもつエリート集団である。このエリート集団が模範的にパレスチナの地の人々の生活や労働を導いていく。その上で、相互信頼の、相互援助の、相互責任に基づく作業共同体が目指される。したがって、エリート集団である「新しい生活の開拓者」としてのハルツは、ブーバーにあっては、具体的な歴史的課題に立ち向かう資格と能力をもつ新しい人間類型になり得る、と見なすことができる。

　東ヨーロッパ・ユダヤ人ゴルドン（Gordon, Aaron David 1856～1922）という人がすでに先にこの新しい人間類型を追求し、それを自らに体現したのである。ゴルドンは1904年、ウクライナからパレスチナへ48歳のときに移住した。かれはパレスチナ共同体における社会主義的な開拓者であり、非マルクス主義的な民族社会主義運動家である。そのかれは当初パレスチナ青年労働団体「ハポエル・ハツァイル」（Hapoel Hazair）を指導していた。

　かれはかたわら「ユダヤ人の労働は民族の贖いの基礎であると同時に、民族再生の基礎であると信じていたので」[18]、まず農業労働に従事した。次いで、パレスチナにおける緊急の課題について若者たちと語り合ったり、労働者の会議に出たり、自然や労働やユダヤ民族の再生についての著作活動も続けたりした。かれはその過程で、とくに労働を通して、「人間の再生は、人間と自然の緊密な結びつきが回復されるときにのみ起こり得る」[19]と確信したのである。

　ゴルドンはしだいに、初期の社会主義の建設には農村共同体の構築が不可欠だというロシアの人民主義者たち一派のナロードニキ（Narodniki）[20]の考

え方に、影響を受けて成立したところの開拓者集団ハルツィームに合流して
いった。ブーバーはそのことに関して次のように述べている。「パレスチナ
の最初のコミューンを構築した人たちの精神には、時の要求した動機に、理
念的な動機が、つまり、時折ロシアの初期の集団農場の想起、いわゆるユー
トピア社会主義者たちの書物からの印象と社会正義に関する聖書の教えのま
ったく意識されていない影響が独特に入り交じったところの動機が結びつい
ていた」21) と。つまり、初期のハルツィームの精神には、いかなるイデオロ
ギーの動機もドグマの動機も入っていなかったのである。

　最初の村落コミューンが成立したときに、クヴツア（Kwuza）はすでに存
在していた。クヴツアの主要な性格は労働に基づく共同体という形態をとっ
ている点にある。それに対して、ハルツィームの共同体は労働や仕事に基づ
く共同体を出発とするが、この共同体は、さらに指導的な開拓者集団が存在
して、自らの共同体を導いて行った点におもな特徴をもつとされる。共同体
を構成する一人ひとりが指導的な開拓者を支持し、信奉するというのは、共
同体の「労働を信奉する」、つまり「宇宙的な労働の意味及び価値を信奉す
る」（J.J.S.357）ということと同義である。この意味では、ハルツィームの共
同体は、労働の価値を体現したエリート指導者、すなわち、事実上のゴルド
ンという指導者によって営まれた、といえる。

　このように、ハルツィームの共同体には、ブーバーが理想とする指導者の
原型が見出される。かれ自身は幼少の頃に実際に家庭という根源的共同体の
崩壊の危機に遭遇していた。やがて、ブーバーは、教えと生活が無作為的に
一体化した指導者ツァディクと、かれに従いかれを模範とするハシドの人た
ちでつくる共同体—かれらの真の交わり—を目の当たりにして次のような思
いをもった。ハルツィームの共同体においても同様である。つまり、ブーバ
ーは心の安らぎを与えるような教育環境としての家族共同体の危機に直面し、
その結果はじめて共同体の指導者として、「世界という意味を教える教師」
を、「精神の助力者」を、「神の火花への導き手」を、「〔神の〕現実化の支持

者」を、「伝統の代理人」を、「真実の奉仕者」を、「助言者・援助者」を、「生活実体の設計者」を、「民族の教師」を、「十全たる力としての教師」を、そして「救済者」（ⅢS.963〜964 ; 973）を想起するようになった。

　こう見てくると、真の共同体の存続と発展にとっては、教えと生活・労働が無作為的に一体化し、具現化した模範的な指導者が不可欠とされた。ブーバーは学校という共同体においてもその指導者と同じような教師を求めていた。というのも、子どもの成長への可能性の芽は、ハシディズムやハルツィームの共同体での模範的な指導者が学校でも熱望され、そこでの人間的な真の交わりが現実化されなければ、開花されるはずがない、と思われたからである。

　さらに、ブーバーは『教育と世界観』のなかで教師の役割について積極的に言及している。そこでは、「諸民族の病弊が、いわば一箇所に詰め込み、蓋を覆うという行為によって治癒することはできるが、それは見掛け倒しにすぎない」。つづいて、「民族のいろいろな同盟間の、諸サークル間の、そして諸政党間の限界を消し去ることではなく、共通の現実性を共通に認識することであり、共通の責任を共通に確認することであり、…中略…共通の根拠を共通に開示することである。教育学が、もしくは教師の仕事が目指すのは、そのことにある」（ⅠS.813,8p.48）と述べる。つまり、教師の役割は目の前にある諸々のグループを一つの大きな真の共同体へと結び合わせ、そこに互いの真の生きた人間関係をつくることである。

第4節　キブツの学校

　前節で考察したように、ブーバーはハシディズムやハルツィームの共同体のなかに、教えと生活・労働を一体化し、その一体化にしたがって無作為的に行為するような模範的な指導者像を看取していた。この指導者像はキブツ学校の教師のあり方に反映されていくが、実際はどうであっただろうか。

　その前に、キブツとは何であるか。それはイスラエルで発達した独特の農業協同組合村もしくは村落共同体のことである。具体的には、農業の分野における土地・政治・生産労働・消費・生活などの各方面が相互扶助で成り立つ集団形態をいう。ブーバー時代のイスラエルには、自由意思に基づく参加者50人から2000人規模で構成され、初期の原型をもつキブツが約300箇所はあったといわれている。しかも、すべてのキブツに属する人口が1990年の段階では約13万人数えている。ただし、それはイスラエル総人口から見れば、わずか約3％を占めるにすぎなかった[22]。

　このキブツがよく話題になるのは、世界各地の離散ユダヤ人が神との契約で約束されたとされるパレスチナへ帰還しようとするシオニズム運動、エリート開拓者集団によるパレスチナ開拓を進めようとするハルツィームの政策、世界的に広がる理想的なユートピア社会主義の潮流など、さまざまな運動的・思想的な動向のなかで協同組合村が創設されたからである。ブーバーは、その創設については、「世界のなかの〔パレスチナという〕この地点で、他のあらゆる部分的失敗にもかかわらず、唯一失敗しなかった実験だと認めることができる」[23]と語ったほどである。かれはキブツの創設こそ他に類例を見ないもう一つの社会主義の貴重な実験である、と確信した。

　さて、キブツでの学校は誕生から18歳までのすべての子どもたちに教育や実習を施すことをその基本方針とする。子どもたちは誕生と同時に両親の家庭から離れて、乳児の家、幼児の家、幼稚園、小学校（6年間）、そしてモサッド（中等学校6年間）というように、順繰りに保護・教育されるのである。

　最初から、「伝統的な家庭がもつ経済的機能と育児機能は、全体としてのキブツに移管され、両親はその生物的な子どもに対する責任も支配力も共に制限されている」[24]。両親の家庭に代わって、乳幼児の保育や学校教育はキブツのなかでは村落共同体の全体責任で担われ、自らの共同体の存続と発展を確実なものにするために営まれていく。

　キブツの本格的な教育は小学校から始まる。小学校では、教育・学習と人

格の発達とは不可分の関係にあり、教育方法は教科の統合化を図り、プロジェクトまたは問題解決法を採用している。「学習は生活そのものと子どもが周囲の世界を知覚する仕方とに、直接関連すべきものである」。教師は「多くの在来の教科を横断した全体的な生活の大きなかたまりを取扱うべきだ」[25]とする。教育課程は、一つの単元のなかにいくつかの教科内容を横断的に取り入れるというクロス・カリキュラムの形をとる。

　次のモサッドでは、人文的なカリキュラムと実際的なカリキュラムの二つが用意される。「前者は文学、社会学、歴史、経済学などのような教科を含み、後者は科学—物理学、化学、生物学—に基礎をおくものである。両方のカリキュラムとも、アラビア語と英語、数学、絵画、体育、および作業（木工、金工、自動機械製作などの技術工作活動）の授業を提供することになる」[26]。時間割はこの場合教科の区分にしたがって組まれる。

　教師は小学校では「単に教材（プロジェクトを通しての）を教えるばかりでなく、またカウンセラー、ガイドとして、また一般に大人の権威としても活動する」[27]。キブツの道徳も教える。モサッドでは、教師は自分担任の学級や他の学級で教科指導を担当する以外には、自分の学級でのみ生活指導を受けもつ。キブツの教師は教科と教科以外の活動にわたり子どもの生活全体に関係する。それゆえ、教師は二重の意味で教育者でなければならないとする。つまり、教師は狭義には「教室で教える人々を教師と呼ばれ」、広義には「子どもと一緒に生活している人々を教育者と呼ばれる」[28]。そして、キブツでは後者の意味における教育者の役割がすこぶる強調される。

　教育者の役割はキブツでは、この学校の機能に基づいて子どもたちの自発的学習・自己学習に応えるべきだとされる。たとえば、教育者は子どもとの間の何気ない語りかけや呼びかけに応答すべく振る舞ったりする。あるいは、教育者は子どもたちと生活を共にし、日常の生活に関わりながら、そのつどの教育的状況に応じて振る舞ったりする。あるいは、教育者は自ら無意図的に行為するうちに、目の前の子どもたちのそれぞれの唯一性・一回性に出会

ったりする。

　こうして、教師はどういう形をとるにせよ、「精神の助力者」として、ど
の子どもにも、その人のもつ「永遠の可能性という宝」と「その宝を根気よ
く発掘する課題」（ⅠS.788,8p.6）とを見出しつつ、援助することを自ずと求め
られる。

　見方を変えれば、教師は、自らの統一的な人格存在という名の下において、
目の当りの子どもによって自分に呼びかけられるそのつどの呼びかけに対し
て、その子どもの欠乏状態に応じて、心・魂を開いていなければならない。
教師はただ子どもに寛大に「援助の手」を差し伸べることができるのみであ
る。かれは、むしろ子どもの諸々の可能性を伸ばすために、「まったく下へ
と」、子どもの立場へと「強い援助の両手でもって」差し伸べなければなら
ないだろう。

　さらに、教師が子どもに対しただまったく下へと近づき、人間として子ど
もと同じ地平に立つならば、かれは目の当りにいる子どもの意思に応えるこ
とができる。そればかりではなくて、教師がごく自然に振る舞うならば、か
れはまったく子どもの側に立って身を挺することができる。教師がごく自然
に振る舞うならば、かれは子どもに教育的に実際に出会うようになり、目の
当りの子どもの人格の現実化へと手助けすることができる[29]。この関連で
もって、はじめてブーバーの次のような含蓄深い文章は理解され得よう。す
なわち、教師の行為で、「教育上実りがあるのは、教育的意図ではなく、教
育的出会いである」（ⅠS.820,8p.61）と。教師は目の前の子どもとの関係にお
いて、援助者として、精神の助力者として、生きた人格そのものとして、あ
りのままに実存していなければならない。平たくいえば、「教師は全人格的
に子どもの模範でなければならない」[30]。教師が援助者としての態度をとる
とき、自分と子どもとの間で実りのある教育的出会いが生ずるというもので
ある。

　このように、キブツでの教師像は、前節で述べたハシディズムやハルツィ

ームの共同体での教えと生活・労働との一体化した模範的・中核的な指導者像と同じように見て取れよう。そして、キブツの学校は、教師にとっては無作為的に行為できる恰好な場であり、子どもにとっては自ら学び、成長し得る場でもあるといえる。

　以上のように、ブーバーにおける学校と共同体との関連の考察を通して、かれの模索するべき教師像は、子どもとの間のハシディズム的な一体的関係において、自ら模範となり、相手の信頼を得られるように教えと生活とを自らのうちに一致させ、相手を無為的に導いていく教師である。

註

1）高橋勝『学校のパラダイム転換』川島書店、1997年、8ページ。

2）前同書、9ページ。

3）柳治男『学校のアナトミア』東信堂、1991年、263ページ。

4）筆者は1997年に山梨県甲府盆地西部にある櫛形町立小笠原小学校を実態調査したことがある。この学校には、各学年に六つの大きな空間がある。それぞれの学年ごとの空間におよそ3クラス別のワーク（オープン）スペースが配置されている。一つのワークスペースの広さは通常の教室規模の二倍もある。一つのスペース半分の空間には、机を前向きに並べ自由に移動し易くできるようにしてあり、前方に黒板がある。残り横半分の空間には、テーブルとか作業用の道具など、手洗い場もある。三つの手洗い場の前がそれぞれのワークスペースをつなぐ通路となっている。ここの空間でこそ、グループごとに分かれて行う課題別学習、児童の興味・関心や能力別に応じて行う個別学習が可能となる。このように、教室空間が固定化されないで、学習目的に応じて柔軟に自在にそのつど変えられる試みは他にも多々ある。

5）高橋勝・下山田裕彦編著『子どもの〈暮らし〉の社会史』川島書店、1995年、163ページ。

6）Buber, Martin: Der Jude und sein Judentum. Köln, 1963, S.674 〜 684. 以下 J. J. S. と略し、ページ数のみを加えて記する。

7）Grünfeld, Werner: Der Begegnungscharakter der Wirklichkeit in Philosophie und Pädagogik Martin Bubers. Ratingen, 1965, S.168.

8）Ibid., S.147.

9）I S.1000, 邦訳長谷川進『ユートピアの途』理想社、1972年、235ページ。

10) 社会という概念には二種類ある。一つは基本的には人間と人間との関係を基盤に構築される共同社会である。もう一つはその関係を欠いた個々の人間を集合体にした社会、たとえば利益社会などである。

11) ⅠS.1000, 前掲『ユートピアの途』235 〜 236 ページ。

12) 半径を描くというのは神と人間が関係をもつことである。円周を描くというのは人間と人間が関係をもつことである。

13) ⅠS.999, 前掲『ユートピアの途』234 ページ。

14) ブーバーによれば、パレスチナ・ハルツ運動に関連して社会主義に二つの極があるとする。一つはモスクワという強力な名で示される官僚的で中央集権主義的な社会主義であり、もう一つはあえて名付けるとすればエルサレムと呼ばれる内部的変革を経た多元的社会主義─キブツ社会主義ともユートピア社会主義とも─である。それは高度の自治と自主管理を基調とした社会主義である。キブツ（Kibbuz）という語は、仕事に基づく初期的な村落共同体クヴツァ（Kwuza）と同じく、ヘブル語で集団を意味する。ユダヤ人の最も協同性と自主性の度合いの強い集団農業を指す。その先駆的な役割を果たしたのが、あらゆる階層から選ばれたエリート的開拓者＝ハルツ（Chaluz）であり、その集団＝ハルツィーム（Chaluzim）である。ハルツィート（Chaluziut）は開拓者精神を意味する。

15) ⅢS.962, 邦訳板倉敏之「わたしのハシディズムへの道」『祈りと教え』理想社、1971 年、10 ページ。

16) 拙稿「M. ブーバーの責任論─その教育的意義を求めて─」日本大学教育学会『教育学雑誌』第 30 号、1996 年、20 〜 25 ページ参照。

17) 齋藤昭『ブーバー教育思想の研究』風間書房、1993 年、1357 ページ。

18) ノベック, S. 編、鵜沼秀夫訳『二十世紀のユダヤ思想家』ミルトス、1996 年、70 ページ。

19) 前同書、81 ページ。

20) ナロードニキとは 19 世紀後半以降のロシアの土着的革命思想に根差した人たちを指す。かれらはゲルツェン（Александр Иванович Герцен, 1812 〜 70）やチェルヌイシェフスキー（Николай Гаврилович Чернышевский, 1828 〜 89）を始祖とし、農村コミューンをもとに資本主義を経なくても直接に社会主義に向かうことができると唱えた。

21) ⅠS.985, 前掲『ユートピアの途』214 ページ。この理念的な動機がいかなるドグマや命令をも生み出さない緩やかで柔軟な性格を有していたところに特色がある。時の共産主義がもつイデオロギー的な性格はまったく見られない。ランダウァー

（Landauer, Gustav 1870 〜 1919）のユートピア社会主義にもそういう性格は有しない。すなわち、かれの社会主義の考え方は人々の自由な意思と精神による共同生活を構築すべきだとする。共同精神のない協同組合とか権力闘争のための労働組合は否定される。著書に『懐疑と神秘主義』（1903 年）『革命』（1907 年）『社会主義への呼びかけ』（1911 年）などがある。かれは 1919 年に、バイエルン・ソビエト政府を攻めてきた中央政府軍隊によって捕えられ、殺害された。ブーバーはランダウァーの社会主義に大きな影響を受け、労働と相互扶助の共同体の建設を目指そうとした。

22）リブリッヒ, A. 著、樋口範子訳『キブツ その素顔』ミルトス、1993 年、7 ページ。

23）ⅠS.984, 前掲『ユートピアの途』213 ページ。

24）ラビン, A. I. 著、草刈善造・奈良一三共訳『キブツの教育』大成出版社、1976 年、10 ページ。

25）前同書、25 ページ。

26）前同書、31 〜 32 ページ。

27）前同書、44 ページ。

28）ヌーバウアー, P. B. 編、草刈善造他訳『キブツの集団教育』大成出版社、1972 年、233 ページ。

29）Grünfeld, W.:a. a. O., S.170.

30）石垣恵美子『就学前教育の研究』風間書房、1988 年、216 ページ。

第10章　教育目的論

　前章では、教師が子どもとの関係においてかれの学びを促すために自らの行為をどうとるべきか、を見てきた。本章では、教師あるいは教育者がその際にどんな教育目的を立てて何に向かって行為すべきかを問題にしたい。

　まず本題に入る前に、教育や教育学においてその目的をどこに求め、どう立てるかといった思想上の論争が、1990年代前半頃に近代教育思想史研究会のなかで起きていた。

　そこで、学会の論争で問題となった基本的な論点を以下のように三つの立場に分けて提示してみよう[1]。

　(1)　教育目的は狭く子どもという客体の内に求めるか外に求めるかという立場。

　この立場では、まず便法上、教育目的を教師との関係において狭く被教育者である子どもという客体の内に求める内在的目的と、外に求める外在的目的の二つに対比される。一方の内在的目的論はどう子どもの自然＝感性・理性を伸長させるかという立場である。もう一方の外在的目的論はどう子どもの外部から、例えば教育可能性といった漠然たるものを追求したり、あるいは恣意的な目的像を導入したりするかという立場である。ここで問題にされているのは、教育目的が一定の《像》を有しないままに内在から外在へと向かい、それに伴って子どもという客体に関わる主体の教育意識が戦略的にイデオロギー的にどうあろうと教育可能性を際限なく追求する、という点である。もう一つ、教育目的が不問に付されると、さらに教育主体が客体に対し知識の注入に走りやすく、能力の乱開発に傾きやすくなる、という点である。その際、目的なき無限の可能性や発達の概念は果たしてどれほどの意味をもつのだろうか[2]、と原聡介は懐疑的にいう。

　(2)　教育目的は広く教育の自律的営みの内に求めるか外に求めるかという立場。

　この立場によれば、教育目的の所在は広く学校教育全体の自律的な営み—たとえばカリキュラムの編成、授業の展開、学習の進め方、教材の採用などを通しての営み—の内に求めるか外に求めるかである。前者の内在的目的はおもに個人の成長・発達を促すことである。後者の外在的目的はおもに社会の改造とか発展をもたらすことである。この場合、教育は社会的・経済的脈絡のなかで展開されるがゆえに、目的は広義なものとしてどうしても教育的営みの外から持ち込まれやすい。その点で、勝田守一も土屋忠雄も教育の営みの内側と外側に一貫する目的を追求した。「教育とはまず何よりもあらゆる面にわたって人間性を豊かにすることであり、社会の維持と繁栄をめざして行われる作業だ」[3] とした。百尺竿頭一歩を進めて、この立場は個人の成長と社会の改造とのはざまで、共通の教育目的—ゴールとしての本体目的—に意味を付与する「枠組み」—共通目的の正当化論の「祖型」と「範型」、具体的にいうとルールとしての目的、すなわち共同体論的目的—をどう設定するか[4]、に宮寺晃夫は目を転じていく。

　(3)　教育の自律的営みは時代・社会の動向からどんな影響を受けるかという立場。

　この立場によると、教育学が「教育目的の希薄化」という状況に対して何かをいわなければならないと原はなぜ考えるのか。またなぜそうした課題意識をもつのか。森田伸子はそういいつつ、次の三つの目的を挙げている。

　①私的な目的：日常レベルでの教育・学習活動の目的＝学業成績の向上・将来の幸福追求など。
　②公的な目的：国家や企業などから要請される天下りの目的。
　③真の目的：たとえば時代や社会の潮流となっている「神」やルソーの「自然」などと結びついた理念としての目的。

19世紀後半の公教育制度が成立してからも、なおかつ教育学は真摯に第

三ともいうべき「真の目的」を近代教育学の言説として追求してきた。だが、この努力はその目的が当代の時代・社会に合わず、18世紀思潮の「神」「自然」の誤読に終わりやすいものだった。それは、「神」や「自然」の思想に由来する18世紀的なコンテクストと19世紀以降の新たなコンテクストとは決定的に違っていたからである。今日でも、真の目的が①と②の目的とは別のところで追求されがちである。(3)の立場から見れば、原が問題にする目的論はこの真の目的が存在しないことをいうのではないか。しかし、①の「私的な目的」と②の「公的な目的」との循環のなかにいる人々と、③の「真の目的」に執着せざるを得ない人々との間のズレをどう対象化するか——両者の相互関係がもともとあったかどうかを留保しつつ——が、(3)の立場にとっては切実な問題である[5]、と森田は指摘している。

　以上、基本的な教育目的論に関する三つの立場を見てきた。ここではまず、時代や社会の潮流に由来する教育目的とは関係なく、またはそれを問わないで、そのときの教育が進行してきたのではないか、ということが大きな議論になっていたことを挙げておきたい。この点でいうと、教育学は、いったいそのときの学校教育の進むべき方向に対して何の役割を果たしてきたのだろうか。あるいは、教育学は学校教育全体の自律的な営みで国家や企業に影響を及ぼし、社会を導く力が実際にあったのだろうか、といった疑問が残る。

　少なくとも、教育学の任務としては、当該の時代や社会が子どもに求める教育目的を探究し、示すこともその一つであろう。この要求に応じて、上記の(3)③の「真の目的」の立て方に即して、ブーバーの示した教育目的論を以下に取り上げていく。

第1節　普遍的人間像の課題——根源的現実へ——

　ブーバーは1926年に著した『教育的なるものについての講演』の結びの箇所で、教育の目的について次のように語っている。すなわち、教育はすべ

てにおいて目的がまず提示され、その目的実現を目指すべきである。とくに近代以前では、目的なるものは、普遍妥当的な形態（Gestalt）—たとえばキリスト教徒、紳士、市民などの人間像—で示されることが多かった。人間像は誰もが普遍的にこういうものであると承知していた。通常、普遍的人間像は「すべての人の頭上にはっきりと空中に現れているその形態に向かって、人差し指を指し向けること」（ⅠS.808,8p.38）によって誰にも了解されていたのである。

　1933年の段階では、ブーバーは人間像の造形について以下のように言及する。

　　　陶冶（Bildung）は本来、形造る（bilden）こと、もしくは像について形造る（bilden von Bild）ことに由来する。《形造る》というのは、観相され、直観された像を現世の〔人間という〕素材に現実化することである。人間を形造るというのは、観相され、直観された人間像を生きた人格に現実化することである6)。

　ここでは、教育は一定の人間像が示されて、それを造形することだという。たしかに、人間像という形態が明確である場合にこそ、教育は可能になってこよう。

　ところが、近代以降は人々の価値観・世界観が多様化して、真の人間像がしかと捉えられず、明確になりにくい状況があらわれてくる。教育の営みは、いわば「像なき陶冶（Bildung ohne Bild)」ということになる。「像なき陶冶」は本来、教育目的像を示さなければならない立場からすれば、「異議ある陶冶」7)にもなることであろう。目指すべき人間像を明確に示し得なくなったときの「像なき陶冶」というのが、まさしく近代の教育のありようを象徴しているのである。

　では、「像なき陶冶」の近代にあっては、教育の目的をどう設定すればよ

いのだろうか。ブーバーは、1935 年の『教育と世界観』のなかでは、「人が
どこかあるところへ到達するためには、あるものへと向かって行くのでは十
分ではなくて、あるものから出発し（von etwas ausgehen）なければならな
い」（ⅠS.810,8p.42）と強調するようになる。教育の営みが自らの目的を目指
す場合、その営みはまず何よりも、この「あるものからか」、もしくは《ど
こからか》（Von wo aus, ⅠS.810,8p.42）を問いて、我々の拠って立つ根源から
出発しなければならない。自ら拠って立つ根源は現実をきちんと認識する過
程で見出し得る。人間の置かれた「状況の認識が行為に先立」[8]たなければ
ならないとする。

　そもそも、人間像も人間に関する像も、それは人間を造形するような、現
実社会という状況における出会いでもって創出され、あるいは実体と化した
人と人との間で産み出される。人間像を明確にとらえる機会は、当の人間の
感覚によって刻印される世界的・固有的な現実との対話的出会いのうちにつ
くられる。教育するうちに意図される人間像は、それを超えて普遍妥当性に
よって裏打ちされなければならないが、この像はまず真実で世界的な現実と
の出会いを通じて描かれる[9]。つまり、人間像は現実の認識から生ずるので
ある。

　一つの像が明瞭になるかどうかは、われわれの真実的な現実の過程、すな
わちわれわれのこの現実の確証として世界的に生ずる出会い如何にかかって
いる。現実との関わりの意味では、ブーバーは「古代アテネのポリス国家の
市民像、中世ヨーロッパのキリスト教的人間像」を想起する。当時、世界に
開かれた人間像として、それは描かれていた。「教養が深まり、定着すれば
するほど、それによる人間像は可視的になった」[10]。

　だが、近代の人間像は、人が厳しい現実状況に遭遇し、その状況を認識す
る過程のなかで、《どこからか》を問いて、自らの正真正銘の直接のより所
とする「正しい立場とか根源的立場」（ⅠS.810,8p.42）に気づいて、はじめて
意識され得る。ブーバーは『教育と世界観』で次のように述べる。

　　根源的立場とは私の目的を求める途上で私を自由にするのではなく、たとえ
　私が私自身のために目的を選び取ったとしても、私が途中それを取り違えたり
　逸したりしないように私を導き、私の味方についてくれる根源的現実でなけれ
　ばならない。それはまた私を生み出したものであり、そして私が自分をそれに
　託し、頼るときに、すすんで私を支え、守り、形成しようとする根源的現実で
　ある（ⅠS.810,8p.42）。

　だとするならば、教育の仕事は、まず厳しい現実状況のなかで人間をこの
根源的現実へと導き、そこで生ずる人間形成力に十分与かるようにすること
である。ブーバーがいう根源的現実とは、神の恩寵のもとにある現実だと考
えてもよいだろう。

第2節　世界の非─像性の問題

　ブーバーは、こうした《どこからか》（Von wo aus）を問いて、そこから人
間存在の基盤として根源的現実を見出そうとした。この探究の1935年以前、
かれはその問いに対応して、1926年の『教育的なるものについての講演』
の刊行段階では、《どこへか》（Wohin）という漠然とした方向性を描いて、
それに比重を置いていた。ただし、そこでは《何に向かってか》（Worauf
zu）という明確な目標を求めるような問いを立てていなかった。それは観と
しての特定の世界観から演繹されるような性格をもつという点においてであ
る。ブーバーは独善的で偏狭的な世界観が跋扈するのをもっとも嫌ったから
である。

　もともと世界観とは誰それが有するさまざまな世界観のことである。「当
の人の世界観が《観られた》（angeschaut）世界に対する生きた関わりを促進
するのか、あるいはそれを妨害することになるか」（ⅠS.811,8p.44）のいずれ
かである。つまり、どの世界観もその人がその世界に対して抱いて形成され

る多様な観念としての世界観のことであり、さまざまな軋轢を生む要因となる世界観のことである。この多様な世界観と、その人が属する世界そのものとは別なものである。ここでは、ブーバーは後者の世界そのものに生の根源的な基盤を置こうとしたのである。かといって、かれは世界観そのものを否定しているわけではないし、むしろ真の世界観を求めている。それについては、後述の第4節での「弁証法的内部線」の箇所において言及することとする。

　さて、世界—像（Weltbild）の問題に移ると、ブーバーによれば、我々は今日人間に関するいかなる像をも、世界に関するいかなる像をも意のままに作り出すことができないだろうという。ブーバーは『人間とは何か』（"Das Problem des Menschen"）のなかで次のように述べる。

　　　現代の宇宙論・概念を生来の思考のなかで作り上げた世代は、数千年にわたって生成変化した世界像の変遷の後で、自分の世界の像をもつことを断念しなければならない最初の世代となるだろう。像をもつことのないであろうと思われる世界のなかに生きることが、かれらの世界感情、いわばかれらの世界像となるだろう。新しい世界像は、果ては像がない（imago nulla）ということである（Ⅰ S.325,p.39）。

　そして、1955年段階では、ブーバーは「人間とその形像物」（Der Mensch und sein Gebild）論でも、「新しい《世界像》は、結局世界のいかなる『像』ももはや存在しないということのうちにある」（Ⅰ S.429,4p.37）と断言する。

　なぜ、今日、世界に関するいかなる像も存在し得ないのだろうか。「非本来的なものを通じて生ずるいわば『瑕疵』が、今日人間が本来的なものと対話的に出会う創造的瞬間を妨げているのである」。一つの像をどうとらえるかは、当の人の存在的関与の仕方にかかっている。「我々の時代における世界の非—像性はその世界への生きた存在的関与の喪失に由来する。世界の非—像性はまた世界の非世界化それ自体によって引き起こされる」[11]。

　たしかに、我々の時代にあっては、「人は新しい人間像を産み出し、こうして意識的な意図にしたがって知らず識らず成長の欠乏を充足させよう」と努力している。しかし、ブーバーは自らの真の教育目的から見て、この「意図的な像―創出における〔全体〕像なきいわば分解生成物（Zerfallsprodukt）」を無用なものだと考える。「我々の教育目的」（1933年）という論によれば、「一般陶冶」での〔全体〕像なき分解生成物が、およそ100年間恐ろしいほどの物質拡大や恐ろしいほどの技術による克服の100年間、否、没落する精神や没落する陶冶精神の100年間を支配してきた[12]と語るからである。

　今日、科学で現実を対象的で客観的に取り扱う方法が優勢になっているが、そのことが可能的な形像物（Gebild）を不明確にしてしまう。むしろ、実存的な結びつきによる精神に富んだ透明性が霞んでしまうのである。その結びつきという関係事象においてのみ起こる精神のバアル化・屈服化が、われわれの時代を特徴づける傾向である、とブーバーは1948年5月に悲観的に述べている。ここでいうバアルとは、カナンの神々のなかの主神バアル－ペオル（Baal-Peor）のバアルを指し、その神は小児犠牲や偶像への口づけなどを伴う淫蕩で不道徳な儀式をもって礼拝された。それがヤーヴェ信仰にとって代われるようになった。このことについて、ブーバーはすでに30年前の1918年5月に、かれの息子ラッフエル（Buber, Rafael）と交わした対話において、次のように語っている。「だからこそ、今日、なすべきことは、従前よりいっそう、神がバアル礼拝を超えて勝利するように実現することである」（ⅡS.223）と。

　ブーバーの陶冶概念はかれ独自の人間像をもとに成立する。この人間像はその基底を神というもっとも本来的な根源に求めている。ブーバーはツロクツヴの説教者ラビ・イェヒエル・ミカル[13]をして、1949年の『ハシディームの物語』（"Die Erzählungen der Chassidim"）のなかで語らしめている。すなわち、「君たちは、自己存在がその魂の根源を上の世界のなかに有することを知っているかね」（ⅢS.271）と。また、君たちは、「小枝が根に付くように、

自己存在が神に結びついていることを知っているかね」（ⅢS.264）と。

　ブーバーは対話的出会いを通じて、隠れた〈汝〉という神との根源的な結びつきのなかに、人間生成の本来的な機会を看て取ったのである。神は世界を包んでいる。神は人間に対して世界をも包んでいる以外に何もないことを要求する。この神の要求に直面して、人間は自らに対してもはや「神の似姿（Ebenbild Gottes; Imago Dei）」（ⅠS.808,8p.38）を形造る以外にはあり得ないだろう。したがって、人間像は「神の似姿」としての像以外には考えられないようである。「神は御自分にかたどって人を創造された」[14]とあるからである。

第 3 節　「神の似姿」の内実

　次に、「神の似姿」は、端的にいえば 1920 年代以降、ブーバーが求めてきた教育目的像である。聖書によれば、「神の似姿」というのは、創造主である神が自分の神の像にかたどって人間を創造する際に、その人間に対して描かれる人間像のことである。それは人間に関する単なる形態ではなくて、人間という内実、つまり人間固有の自由・理性を認めかつ神との交わりをもつ人格を意味する。

　「神の似姿」という目的像[15]は、もともと前節で触れた包括的な《どこへか》（Wohin）という漠然たる方向性をもつ問いに対して提示された答えである。すなわち、この答えは、教師が自己の全存在をかけて、神の恩寵によって眼前の子どもに出会い、子どものうちに「神の似姿」を実現するという目的である。その目的のたて方は、教育が《何に向かってか》（Worauf zu）という方向へのおよその規準を与えたが、方向性を明確に確定したということではないのである。

　なぜ、近代以降において明確な問いに対する明確な目的像が示され得なかったのかというのは、先の第 1 節でも触れたところである。見方を変えていえば、第一次世界大戦後のドイツにあっては、インフレの進行、経済の混乱、

イデオロギーの対立、集団主義の虚構・幻想、個人主義の挫折、そして人間の孤独・疎外など混沌とした時代には、誰もが共通に抱くような人間像が明らかに提示されにくくなったからである。価値や世界観の多様化に伴って、人々はもはやいかなる文化にも、いかなる社会にも、いかなる教会にも寄りかかることができなくなったのである。この状況で、ブーバーは新教育運動がなぜ、方向性をもたない自由教育を展開するのかという疑問を抱かざるを得なかった。かれが唯一期待を寄せたのは、教育が目指すべき包括的な「神の似姿」を形造することそのことであった。

　次に「神の似姿」の内実について見てみよう。

　まず、ブーバーは1926年刊行の『教育的なるものについての講演』のなかでこう述べる。教師は、「隠れてはいるが、人間に知られないことはない、つまりいずれは知られるようになるところの、神のまねび（imitatio Dei absconditi sed non ignoti）のうちに、ただもう一歩さらに上に向かって立っている」（ⅠS.808,8p.39）と。これは教師の使命感を語ったものである。

　教師の使命感を神学的に解釈すれば、人間が神と正しく関わることによって、神は隠れずに顕現してくるものである。そのとき、人間は「神自身をまねぶ（学ぶ）」（ⅡS.1060）、すなわちまねてならうことができる。「神のまねび」（Nachahmung Gottes, ⅡS.1060）とは、「人間が神の像に似せて造られる」（ⅡS.1061）ようにすることである。が、実際には人間がその像に似せるというよりは、むしろそれを「まねぶ」という気持ちをもつことである。神の像そのものは、人間にとっては「目に見えないもの」、「触れることのできないもの」、「形のないもの」、そして「形造し得ないもの」[16]といった性質を有する。人間はいかにその像から表象して看て取れるものをならいて、それを「まねぶ」かということになる。

　一方、像としての「神の似姿」は、人間が神との関わりを欠いて、かってに思い描かれる像のことではない。それは、あくまでも人間が神との関係で抱く神に対する表象のことである。たとえば、教師が「生徒との対話的な結

びつきを体験する」とする。その場合に教師は、直接的に「自分に信頼を寄
せる生徒の個性の前に、すなわちこの歴史的な世界のなかでどの子どもにも
出現する掛け替えのない唯一性の前に立つ」[17]ときに、神を表象し、「まね
ぶ」のである。この表象される対象が「神の似姿」なのである。

　「神のまねび」については、ブーバーは1936年の「単独者への問い」(Die
Frage an den Einzelnen) 論のなかで明確に述べている。人間は「神が神の創造
物を神的に包み込むように、かれに手渡された世界の一部分を人間的に包み
込むときに」、またかれは「自分が人格的に関係する限り、自分を取り巻い
て生きている諸存在に対して、自己の存在でもって〈汝〉というときに」、
かれは「隠れた〈汝〉たる神」(Ⅰ S.235,2p.36) にかない、神をまねぶことが
できる、という。平易にいえば、人間が人間とともに存在する人間になり得
るときに、かれは結果的に「神の似姿」にかない、それを実現することにな
るのである。「神の似姿」の実現は、「今や教育者は自分が包擁において体験
するところの欠乏のうちにそっくり立っている」(Ⅰ S.808,8p.39) ことの裏返
しである。それは、現実の世界ではどんなに人間と人間との人格的な結びつ
きの関係を欠いているか、という証左でもあろう。

　ブーバーは1949年の『ハシディームの物語』のなかでも、神と人間との
関係について述べる。すなわち、神から人間に対して、「きみのもつ独自の
性質は、これがまさしくきみの存在したままの性質ではあるが、きみの神へ
と通ずる特別な接近とか、きみの神に対する特別な可能性といった資質であ
る」。人間は自分を取り巻く「事物や存在者を通じて神へと接近し」、その
「事物や存在者は神のもとにおいて聖的に活動し、聖的に静止する」(Ⅲ S.81)。
日常的な活動において、神が聖なるものであるように、人間もまた聖なるも
のとなるべきなのである[18]。ハシディズムでは、人間が神を「まねぶ」とは、
そのように日常的に聖的に活動することを指すのである。

　通常の教育活動に当てはめて考えると、真の教育者は神の恩寵のもとにあ
る「子どもの掛け替えのない唯一性や個性」を前にして行為すれば、やはり

神からの委託を受けざるを得ない。つまり、教育者は自ら「神の似姿」とし
て存在すればこそ、眼前の子どもに対しても顧慮せざるを得ない。そうする
と、教育者の仕事は今ここにある世界に関わり、それに応え、責任をとるよ
うにして、子どもを目指すべき像としての「神の似姿」へと形造ること以外
にはなかったようである。

　したがって、教育目的像としての「神の似姿」の内実とは、教育者にあっ
ても子どもにあっても、すべて「生きている実体や存在者の永続のために応
答し、その責任をとるような人格」（ⅠS.807,8p.38）そのものであるといって
よい。いかなる存在者の面前でも、自らの決断により自らの相手との間で責
任をとることのできる人格—人間のもっとも一般的で唯一的なあり方—が求
められている。責任のとれる人格が唯一の真実の方向性を示す人間像だとい
うべきであろう。

第4節　人間像の実現と世界観の確証

　前節で見たように、真の教育者といわれる人の真価は、人間を「神の似
姿」に向けて創造することで問われる。人間は如何にして「神の似姿」に向
かって成長できるか。「神の似姿」としての人間像をどう実現するかという
課題は、ユダヤ人にとって人類史の最初からあった。同時に、つねに「神の
蝕」（Gottesfinsternis, ⅠS.520,5p.32）といわれる事態が生じていた。とくに現
代においては、太陽と人間の住む地球との間に月が介入して、日食といわれ
る象徴的な出来事が生じやすくなっている。つまり、何物かが神と人間との
間に入り込んで陽光を遮断し、神と人間との関わりや人間相互の関わりを阻
害してしまう。「神の蝕」といわれる事態が人間における「神の似姿」の現
実化を妨げているというのである。

　この意味では、教育の役割は一定の人間像を段階的に人間の力でどう実現
するかということである。「段階的に」というのは、人間像という目的が場

所と状況に応じて、さまざまな仕方において個別的に実現されて行くことを指す。しかし、人間像の現実化はそのつどの状況に直面しては頓挫する場合もある。それゆえ、一定の人間像としての「神の似姿」の実現は、今ここに存する抵抗的現実との、あるいはこの世界時・この状況との、あるいはこの人類・この民族・この共同体との恒常的な対峙をいかに止揚し、克服するかに委ねられる。

　この抵抗的現実と人間像の関係について、ドレクスラー（Drechsler, Julius）は「相関的弁証法」（die korrelative Dialektik）でもって次のように説明する。

　　　世界と現実のなかに投げ込まれているあり方において、人間はたえず下位の抵抗的な現実と上位の包括的な現実〔理想的人間像〕との緊張の真っ只中に立っているのであって、この根本的な相関から、教育学的見地において、我々が「相関的弁証法」と称する弁証法が成立してくる[19]。

　ブーバーは、ドレクスラーの下位現実と上位現実による「相関的弁証法」という考え方を踏襲して、「弁証法的内部線」（die dialektische Innenlinie, I S. 813,8p.49）という概念を提示している。ブーバーの考えに即すれば、人間は形成されるべき人間像とそのつどの状況との対峙から生まれる緊張の只中に立たされる。この緊張関係にあって、形成されるべき人間像がこの状況のなかでどの程度確証され、実現されるかというその実現の境界線を、人間はそのつどいわば弁証法的に引いてそれを確認し、さらなら実現の向上に努めなければならないという。これがブーバーのいう弁証法的内部線である

　ブーバーはこの弁証法的内部線については『教育と世界観』で直接的に言及している。この著書はナチス時代の 1935 年にドイツで執筆された書である。したがって、以下に記される状況はユダヤ民族がナチス・ドイツ時代に遭遇しつつあるという危機的状況に、現実は同民族がナチスへ抵抗するという精神的現実または抵抗的現実に、それぞれ読み替えられる。

　形成されるべき一定の人間像がこの状況と対峙するという事態から、弁証法的内部線という問題性が生じてくる。この事態において次の二つの課題が成立する[20]。

1　世界観のもつ現実的内容が当の人間にあってはそのつどの状況で永続すればするほど、その内容は強力なものとなるか。
2　この世界観はこの状況のなかで、この状況に直面してどの程度まで確証されるか。

　第一の課題は各人の世界観が何に基づくのかという問いである。言い換えれば、世界観が、各人において、自己の、現実生活に即した知識や人格的経験にいかなる仕方で、またどの程度に基づくかでもある。

　ある世界観がそれに基づく根拠に応じて、その世界観がどんな根をもっているか。つまり、各人の生の基盤にある根が空気中に張っているのか、あるいは大地中に張っているかに応じて、世界観のもつ現実的内容は強力なものになるかどうか異なってくる。そして、現実的内容の強さの如何によって、世界観の働きの信頼性が決定される。したがって、ここでの問いは、各人が抵抗的現実という大地にしっかりと踏みとどまることの始まりについての確認である。

　第二の課題は人間自身のもつ真正さが疑いのないものか否かを問うている。世界観のもつ真正さはふだん生きた現実で確証する過程のなかで明確になるものである。「世界観の真正さは雲の上の彼方ではなくて、生きた生命において確証される。確証されるものこそ真実である」（ⅠS.814,8p.50）。世界観の真正さを確証することは、「実現されてすっかり現実と一体となる」（ⅠS.815,8p.52）というような真実の確信をいかに求めるかである。逆に、真実の確信は、「景気よく貫徹されてその結果何もそれ以上後に残っていないような」（ⅠS.815,8p.52）虚構の確信の広がりを意味していない。人はまた問うこ

とができよう。すなわち、真実の確信は、人間がこの状況のなかで、自らの行為もしくは信念を通じて世界観の真正さをどの程度まで確証できるかということである。またそれは、人間が今ここで自らの行為もしくは信頼を通じて世界観の真正さをこういうものだと、どの程度まで確証できるか、といったことである。

　加えて、人間形成に伴う弁証法的内部線上の課題は、たえず新たなる教育の仕事をもたらすことである。つまり、教育の仕事は、ブーバーにあっては、もろもろの世界観に所属する人々に対して二重の影響、すなわち「基礎づける影響」と「要請する影響」（I S.815,8p.51）を知らず識らず及ぼすことである。

　まず、前者の第一の「基礎づける影響」という教育の仕事は、各人が実存的に生き得るためには、その人の世界観を自己自身の世界という土壌に十分に根づくようにするという任務である。この仕事は人間をどう「その世界との生きた結びつきへと」導いて行くかであり、さらに人間をいかにそこから「誠実さへ、検証へ、確証へ、責任へ、決断へ、現実化へと飛翔せしめる」（I S.816,8p.53）かである。そして、一方では、人間は、自分の役割・使命を真の現実の継続と存続として規定し、〈我―汝〉の間の結びつきによって打ち立てられるところの〈汝―世界〉において永続することである。他方では、人間は、同時に自分を、克服すべき重要な抵抗的現実下にある人間として規定することである。まさしく、具体的な現実の課題からこそ、真の呼びかけが瞬間的に不意にやってくる。こうした、非本来的な現実のなかに、本来的で世界性のある現実が隠されている。抵抗性は真の世界的な現実のなかに織り込まれている。神の「問いは、不思議にも、荒々しく粗野な響きを与える問いである」。そして、その問いに対して、「きみは神に答えるべきである」（I S.245,2p.54）。人の行為がこうむる「抵抗のなかで、あの秘密は明かされる」（I S.113,1p.71）のである。

　さらに、各人の世界観が自己自身の世界の土壌に根づくようにするために

は、まず何よりも「かれにこの世界を広く深く体験させ、かれに世界への通路を開き、かれをこの世界の影響力にさらすこと」（ⅠS.815,8p.51）が先決問題である。この基本的な仕事を、ブーバーは1941年の「ヘブル的ヒューマニズム」のなかで次のように述べている。

　　我々が立ち帰ろうとするかの根源は、人間世界が根本から変わりつつある要因において、我々の民族の実存が今日規定される条件のもとにおいて、現下の状況が我々に与えている課題において、今日ここに我々に付与されている諸可能性との一致において認識される[21]。

　ここでは、ブーバーはヘブル的ヒューマニズムを聖書の内容に即して、民族の再生・復活を遂げようとする精神そのものとして理解する。その上で、かれは本来的な人間の根源を所与の人間世界、条件、状況、可能性のなかに現実的に求め、その根源に自己自身の足場を固めようとするのである。

　次に、第二の教育の仕事は、前述の、今ここにおける状況のなかで、またこの状況に直面しつつ、世界観が実証されなければならない、ということに関連する。つまり、各人の世界観の定着へ向けて、当の人のうちに世界観の良心を教育し、実証しようとする意味での「要請する影響」が第二の教育の仕事である。

　ところで、ブーバーによれば、《罪責》の感情は、〈我―汝〉の呼応的信頼関係が両者の間で崩壊したときに喚起されるものである。人間は自らにこの「《罪責》が実在する」という本来的な知をつねに《学んで》（ⅠS.486,4p.128）いるとする。本来的な知が発展して、自らの「過去と未来の態度のうちで是認すべきものと否認すべきものとをきちんと区別しようとする能力と傾向」が、いわば《良心》（Gewissen;ⅠS.488,4p.132）として形成されるのである。

　そこで、教育の「要請する影響」という課題は、各人の有する良心をいかに「その通常の低い形態から良心の眼と良心の勇気へと高める」（ⅠS.489,

4p.134）かにある。そして、各人の良心は、人間をして「つねに新たに吟味
して、その人の世界観を確証せしめるのであり、さらに無責任な世界観の貫
徹〔虚構の確信〕に、小さな責任のある世界観の現実化〔真実の確信〕を対
立せしめるのである」（ⅠS.815,8p.51）。こうして、良心の働きによって、ブ
ーバーは、たとえば自己の世界観を絶対視し、他の世界観を排除するような
ナチズムに対しては、きっぱりと拒否の態度をとることができると確信した
のである。

　究極的には、教育の「要請する影響」という課題は、自己の絶対的な世界
観に固執するのではなくて、民族にとって徹頭徹尾どこまでも、「一つの像、
一つの目標、一つの教育」[22]をつねに求めることである。一般的に世界観は
世界のさまざまな相を反映している。それは、それぞれのグループが所有す
るさまざまな世界観の形で存在している。だが、真の世界観としては、民族
内部での各グループ間の対立・抗争を解消させ、一つに統合し得るような世
界観が存在しなければならない。何よりも重要なことは、民族内部において
真偽を究める良心によって、「世界観を所有するということに対する人格の
実存的な責任」（ⅠS.815,8p.52）を呼び覚ますことである。したがって、教育
の仕事は次の通りとなる。

　　教育の仕事は、あらゆる各種の世界観に所属する人々を純粋さと真理に向か
　って教育することである。教育の仕事は、〔民族の〕根拠の純粋さから出発し
　て（von der Echtheit des Grundes aus）、そして目標の真理に向かって（auf
　die Wahrheit des Zieles zu）自己の世界観と真摯に取り組むように教育するこ
　とである（ⅠS.816,8p.53 ～ 54）。

　このように、ブーバーはナチス時代の 1935 年当時、前節で触れたように、
《どこからか》（Von wo aus）という問いに対して「根拠の純粋さから」（von
der Echtheit des Grundes aus）をと、《何に向かってか》（Worauf zu）という問

いに対して「目標の真理に向かって」（auf die Wahrheit des Zieles zu）をと、そ
れぞれ答えている。ブーバーの考えのなかでは、世界観のあり方に関する問
いとその答えがみごとに対応している。

　こう見てくると、ブーバーは 1926 年刊行の『教育的なるものについての
講演』では、《どこへか》（Wohin）という漠然たる目的に関する問いに対し
ては、きわめて一般的に「神の似姿」という唯一の真実の方向性を示すこと
でもって答えている。そこへ、ナチスへの精神的抵抗の要求される 1935 年
の段階に至ると、そのときの『教育と世界観』では、《何に向かってか》
（Worauf　zu）という明確に求める問いが前面に出てくる。かれはその問いに
対しては、目指すべき「神の似姿」という人間像を根本から規定するところ
の、真の世界観という「目標の真理」でもって答える。ここでは、教育目的
を端的に何に求めるかがたしかに微妙に変化している。いずれにせよ、ブー
バーは、目指すべき教育目的として、ナチス下の厳しい現実に精神的に抵抗
すべく、「神の似姿」という像を根本から規定する「真の世界観」の有する
人間像を示したことである。

註

1 ）拙稿「教育目的論の貧困を何に求めるか」『近代教育フォーラム』第 6 号、教育
　思想史学会、1997 年、183 〜 189 ページ参照。
2 ）原聡介「近代における教育可能性概念の展開を問う」『近代教育フォーラム』創
　刊号、近代教育思想史研究会、1992 年、5 〜 11 ページ。宮寺晃夫「近代教育学に
　おける『目的論』の位置」前掲誌『近代教育フォーラム』創刊号、27 〜 28 ページ。
　原聡介「教育目的論の構築への期待」前掲誌『近代教育フォーラム』第 2 号、1993
　年、44 ページ。金子茂「近代教育思想史研究と『教育可能性』概念の史的解明」
　前掲誌『近代教育フォーラム』第 2 号、30 〜 31 ページ。
3 ）土屋忠雄『教育原理』啓明出版、1983 年、19 ページ。
4 ）宮寺晃夫「近代教育学における『目的論』の位置」前掲誌『近代教育フォーラ
　ム』創刊号、28 〜 29 ページ；「教育目的論の可能性」前掲誌『近代教育フォーラ
　ム』第 2 号、7 〜 8 ページ；「教育可能性論か、教育目的論か」前掲誌『近代教育

フォーラム』第 4 号、1995 年、164 〜 166 ページ。二つの内在的目的論の提示は新
井保幸「教育目的の概念と教育目的論の課題」（前掲誌『近代教育フォーラム』第
4 号、140 ページ）による。

5 ）森田伸子「教育学的言説の彼方へ」前掲誌『近代教育フォーラム』創刊号、33
〜 38 ページ。金子茂、前掲論文、30 〜 33 ページ。

6 ）Buber, M.: Unser Bildungsziel. 1933, In: Die Stunde und die Erkenntnis. Berlin
1936, S.89.

7 ）Ibid., S.90.

8 ）Ibid., S.88.

9 ）Grünfeld, Werner: Der Begegnungscharakter der Wirklichkeit in Philosophie und
Pädagogik Martin Bubers. Ratingen 1965, S.123 〜 124.

10）Buber, M.:Unser Bildungsziel. a. a. O., S.89.

11）Grünfeld, W.: a. a. O., S.125.

12）Buber, M.: Unser Bildungsziel. a. a. O., S.90.

13）Rabbi Jechiel Michal von Zloczow は、1781 から 92 年の間に死する。かれは Baal
−Schem−Tow の三大弟子の一人で、個人的な祈りを社会全体的なものに高めた。
ブーバーがこういうハシドたちの言行録を扱うのは、自己の全存在をあげて神との
交わりに生きたという人間の真実を追究したためである。

14）旧約聖書『創世記』第 1 章 27 節（日本聖書協会『聖書』1993 年、p.2）・第 9 章
6 節（同書 p.11）。戦後教育改革の当事者矢内原忠雄も神の像から目的像について
次のように述べる。「教育は創造された人間に人格を自覚めさせ、知識や能力を啓
発し、生活を訓練して『人間らしい人間』を形成することを目的とする」（「教育の
目指す人間像」岩波講座『現代教育学 1 ―現代の教育哲学』1960 年、226 ページ）。
その人間には「モーラル・バックボーン（道徳的背骨）」がなくてはならない。そ
れが教育目的である。

15）齋藤昭「規範と目標」『ブーバー教育思想の研究』風間書房、1993 年、所収、
456 〜 465 ページ参照。

16）Sandt, Rita van de: M. Bubers Bildnerische Tätigkeit zwischen den beide Welt-
kriegen. Stuttgart 1977, S.266.

17）Ibid., S.267.

18）旧約聖書『レビ記』第 19 章 2 節に「あなたたちは聖なる者となりなさい。あな
たたちの神、主であるわたしは聖なる者である」（日本聖書協会『聖書』1993 年、
p.191）とある。

19）Drechsler, Julius: Das Wirklichkeitsproblem in der Erziehungswissenschaft. Heidelberg 1959, ²1962, S.62.

20）Grünfeld, W.: a. a. O., S.134. I S.814, 8p.49 ～ 50.

21）Buber, M.: Hebräischer Humanismus. In: Der Jude und sein Judentum. Köln 1963, S.736.

22）Buber, M.: Unser Bildungsziel. a. a. O., S.94.

第11章　責任論

　すでに第1章で、ブーバー教育論が新教育と対峙するかたちで構築された
ことを考察した。そこでは、教師が子どもの創造にふさわしいと思われる素
質・可能性や能力を如何に捉えるか、そしてそれらの資質を人間と人間との
間の結びつき能力へとどのようにして発展させるか、を明らかにした。

　そもそも教育は、教師と生徒との間の人間的な結びつきで成立する。ブー
バーによれば、教師が生徒との間における人間的な結びつきをもつためにつ
ねに前提にあるのは、責任とか信頼[1]とか謙虚さといった所与の要件である。
ここではとりわけ、責任とは教育的に何を意味するかを考察することが本章
の目的である。信頼と謙虚さについても本章の第3節(2)①項の性格教育で
若干触れる。

　まず、ブーバーは次のように述べる。伝統的な権威や諸価値が乱れ、崩壊
して、自由の渦巻く流動的な時代においてこそ、自らの決断の伴う教育者の
人格的責任が求められる（I S.807,8p.37 ～ 38）と。この権威や諸価値の崩壊
の時代には、教育者がただ「権力意志」でもって教育することは不可能であ
る。また、ブーバーは、教育者が「エロス」を教育の中心に据えて教育活動
をすることにも否定的である。然らば、教育は「教育者の責任の問題に帰せ
られるべきである」[2]。教育者が真に人間である限り、かれは困難な事態に
直面し、その事態を積極的に受け入れるような人格的な責任を負わざるを得
ない。人は自己を伝統的な権威や諸価値に委ねていては現実の事態に即応す
ることができない以上、自分に託された子どもの生命領域に応え、責任を引
き受けることが教育者にあっては、第一義的に厳しく求められるのである。

　そこで本章では、ブーバーの責任論について見ていくが、次の順序にした
がって考察したい。最初に、ブーバーにおける責任のもつ現実的意味と、そ

の概念、とくにハシディズムの教えとの関係における責任の概念について取り扱う。次いで、責任のもつ教育的意義と、それとの関連で性格教育について明らかにする。

第1節 責任の現実性

ブーバー教育論が新教育と対峙するなかで成立して行くことはすでに述べた。新教育運動が本格化する 1920 年代のドイツでは、リット（Litt, Theodor 1880 ～ 1962）やフリットナー（Flitner, Wilhelm 1889 ～ 1990）やヴェーニガー（Weniger, Erich 1894 ～ 1961）といった精神科学的教育学者たちが、教育および教育学の「自律性」を主張している。その際、責任論がその自律性を担保するものとして打ち出された[3]、といってよいだろう。

ブーバーは、新教育に対して一定の評価を下しつつも、その新教育とは「エロス」を教育の中心的原理にする点では、一線を画している。だが、かれも、同時代の精神科学的教育学者と同じく、教育学の自律性ではなくて、教育現実における教育の自律性を確保するところの教育者自身の責任を強調したのである。両者の関係としては、ブーバーは、フリットナーらが 1920 年代に国民教育を推進していたホーエンロート同盟（Hohenrodter Bund）の精神的基盤、すなわち教育的責任に依拠していたもの[4]と考えられる。以下、ブーバーが主張する責任論について検討していくことにする。

その前に、ダンナー（Danner, Helmut 1941 ～）の責任の概念に言及しておこう。かれはその概念の意味について語源的に次のように述べている。「‘責任’（Verantwortung）とは、そもそも動詞との類推において、法廷で何らかの問責に対して‘応答する’（antworten, beantworten）こと、または‘弁明する’（rechtfertigen）ことを意味する」と。「責任のあること」（Verantwortlich-keit）は、つまり本来「神の裁きの前で、自己の過去にとった行為に対して、弁明すること」[5]を指すのである[6]。

ブーバーも、同様に次のようにいっている。

　　責任とは、私がその前で責任をもって応答するところの法廷（Instanz）が
　あるときにのみ事実上存在するのである。そして、《自己責任》とは、私がそ
　の前で責任をもって応答するところの《自己》が絶対的なもののなかへ引き入
　れられて私心のないようにするときにのみ、現実性を得るのである（ⅠS.191,
　1p.218)。

　法廷で応答し、応答を実際に行うときにのみ、事実責任が生まれる。換言
すれば、法廷という不可避的な場において、私が自分に問われていることに
対して言葉という絶対的な実体でもって真摯に応答するのが、現実的な責任
を負うことになる。
　となると、責任という語は、ブーバーにあっては、人が道徳上の義務にし
たがい、それに応じて行為するような単なる道徳上の観念ではない。また、
それは一般的にいわれる万人に共通するような倫理の領域、あるいはお題目
的に唱えられる当為の領域に属する観念でもない。この語はあくまでも、当
為の領域から現実の具体的な状況で営まれる生活の領域のなかへと取り戻さ
れ、そこで通用しなければならない言葉である。
　次に、具体的な状況でなされる応答は何に対するものか。

　　真の責任は、応答（Antworten）が現実に行われるときにのみ存在するとい
　うことである。応答は何に対するか。それは、自分に迫ってくるもの、自分が
　見、聞き、感じとることのできるものに対する応答である。人間に配分される
　あらゆる具体的な時間、すなわち世界と運命という中味をもった時間は、注意
　深くある者にとっては、一つの言語なのである（ⅠS.189,1p.214)。

　上述の「注意深くある者」は、まず自己の周りの語りかけを言語としてし

っかりと受け止める人間である。周囲からの語りかけは、次の行動や新しい事を引き起こすべく一つの創造として生起する。かれは、そのときまさに自分にむかって「迫ってきた状況と関わりあい」、そして「その状況のなかへと歩みいっていくこと」（ⅠS.190,1p.217）を要請される。そうすれば、かれは、現実に生きられる生の実質のなかへとますます入っていき、その瞬間に具体的な状況に一回限りにて身を挺しつつ、そのとき相手の語りかけてくる言葉を聞き、感じ取るとか、そのとき暗示するものを真っ正面から受け止めたりして、それに対して真摯に応答する。一つひとつの語りかけがその瞬間に自分のもとに届くときに、ブーバーはそれについて、誠実に「その瞬間に向かって応答し」（ⅠS.190,1p.217）、責任をとるという。

　責任の概念についてさらに若干見ておく。責任は、私に語りかけ、私がその人に対して応答しなければならないような相手たる他者が存在することを前提にして成立する。他者が私に語りかけるというのは、かれが私に信頼を寄せ、私がそれに対して応答する意志をもつことを意味する。「かれはかれなりの信頼から私に語りかけ、そして私は私の誠実さにおいて応答するか、あるいは私の不誠実さから応答を拒絶するか、あるいは私は不誠実さに陥っていたのであるが、応答の誠実さによってその不誠実さから脱するかである」（ⅠS.222,2p.14）。要するに、私がかれにゆだねられていることを確信し、かれの信頼に応え、誠実さが不誠実さを上回ることになれば、それは責任の現実性を全うしたということになる。逆に、相手のいかなる語りかけも私に到達しないならば、責任は幻想と化してしまう。あるいは、私が相手の語りかけに応えないとするならば、その人は言葉を聞き取らない人となってしまう。

　ブーバーは、誠実さに由来する現実的な責任に対して、「みせかけの責任」（Scheinverantwortung, ⅠS.222,2p.15）もあることを指摘する。みせかけの責任は「理性、観念、自然、制度、その他あらゆる種類の高尚な幽霊の前にある責任」（ⅠS.222～223,2p.15）をいう。両者は好対照的な責任のありかた

を示している。両者の違いは、どれだけ相手からの語りかけに対して誠実に応答できるかどうかにある。

　いずれにしても、ブーバーは、みせかけの責任との対比において、現実的な責任のありかたを積極的に評価する。当事者が具体的な瞬間に相手から自分に迫りくる状況にあって、その状況のなかに積極的に歩み入っていく場合、現実的な責任はその状況下にあればこそ相手からの語りかけに対して誠実に応答するという性質のものである。

第2節　責任という概念と神の「火花」という教え

　前節で責任の現実性を述べたように、人間が自己の身にかかわる切迫的な状況で他人との語りかけに対して誠実に応答した場合、それはかれが事実責任を行使したことになる。では、なぜ、ブーバーはこのように責任という概念でその応答側の誠実さを強調するのだろうか。

　最初に、かれの言葉を次のように引いておこう。

> 　　我々が我々に割り当てられ、委託された生命において応答することのできる領域に対して、すなわち、我々がどんなに不十分であっても、正真正銘の応答として有効であるような関係をもち、それを実証するような領域に対して、我々は責任を行使するのである（ⅠS.797,8p.21）。

　上述のように、我々が応答的な関係をもちそれを実証するようなことができなければ、それは責任を行使したということにはならない。責任を行使するというのは、相手からの主体的呼びかけをきちんと受け止めることに始まる。つまり、相手からの呼びかけに耳を傾けるのが、責任のある行為の第一歩である[7]。我々は周囲の呼びかけを聞き流してしまうことがしばしばあるが、我々はこの呼びかけをどうやって聴取するか。それは形の上では次の通

りである。我々は実際に呼びかけを体験し、それに対して実証的に「考えたり、言ったり、行為したり、作ったり、働きかけたりすることによって応答することができる」（ⅠS.797,8p.21）と。相手からの言葉が自分のところにやって来て、それに対して応答側が現実的な行動を取り、それを確認しつつ応答を返すとき、人間は真に責任を行使したということになろう。

　この場合、どの思惟も、言葉も、行為も、製作も、働きかけも、それ自体は応答ではない。ブーバーによれば、応答は人間のもっとも内的なものから生まれてくるものでなければならない。応答はそのつど燃え上がる火に例えられる。つまり、応答は魂のかの「火花」に「燃え立ち」、「燃えさかる」（ⅠS.797,8p.21）ものである。反対に、生気のない腑抜けの応答はほんとうの応答にはならない。そういうことではなくて、突如としてやってくる呼びかけに対して、魂のあの火花に灯されて答えるのが真の応答であり、実証できる応答である。ブーバーは相手の呼びかけに対して、そのつど生命に燃え上がるような応答をまさに責任と呼ぶのである。かれは、どうして魂に訴えるようなこの応答のありかたを強調するのだろうか。

　もとはといえば、ブーバーは思想的には、エックハルト（Eckhart, Johannes ca. 1260 ～ 1327）が説いたところの、神の聖霊を人間の魂の内に霊的に体験するというドイツ神秘主義から出発している。この神秘主義のもとに、ユダヤ神秘説である中世末の後期カバラ（Kabbala）説をも思想的に受け入れている（ⅠS.384,p.140）。そのとき、魂に訴えるような応答のありかたが思想的に形成されたのである。この応答のありかたを根本から規定する中心的要因が後期カバラ説にある神の「火花」という教えであって、それは次の内容となる。

　　神が世界をつくり、そしてそれを破壊した時、火花が世界の万物のなかに落ちこんだのである。物質の殻、鉱物、植物、動物のなかに、火花は身を折りまげ、頭を足の上に、手足を動かせない胎児のように、完全に人間に似た姿で隠

されている。火花にとって救いはただ人間によってのみ可能である。ひとが
日々出会う事物や生物から火花を浄化し、そしてそれを、鉱物から植物へ、植
物から動物へ、動物から人間へと、聖なる火花がその根源に帰還し得るまで、
つねにより高い段階へ、つねにより高い生まれへと高めるかどうかは、人間に
課せられた責務である（ⅢS.799,3p.92 〜 93）。

　上述にしたがうと、世界創造の神の火の奔流が最初特別な「容器」に一杯
に注ぎ込まれるとする。が、その容器は、火の奔流に持ちこたえられず「破
壊」される。溢れ出した火の奔流は無限の「火花」（Funke）として飛び散り、
「殻」（Klipa）が火花のまわりにでき、災い、染み、悪、闇がそこに付着する
（ⅢS.749,3p.19）。つまり、神の火花は万物のなかに落ち込み、悪の力である
暗黒の固い殻のなかに閉じ込められる。だとするならば、人間に課せられた
責務は、日々の生活においてこの火花を、閉じ込められた殻のなかより解放
し、再び源の神へと連れ戻し、帰還させ、そうすることによって神の期待に
応えるかどうかにある[8]。むろん、その責務を果たすかどうかは、人間の自
由意志による。このように、神の火花という教えは人間と神との根源的な内
的つながりを説いているが、その教えがハシディズムの基礎を成しているの
である。
　加えて、後期カバラ説では、世界は神の「火花」に満ちた「神の住居」
（Schechina）そのものであると見なされる。然らば、人間は世界のなかで神
の火花を見、共同体の日常生活を通して神の住居を実現するように日々行動
する。この共同体生活の目標は万物の殻に閉じ込められた神の火花を解き放
ち、神と世界の結合（イフド）を生むことに向けられる。最終的には、人間
が日常生活を通じて万物の火花を現実の世に解放し、全存在をもって神との
交わりに生きるという点に、ハシディズム共同体の特色を見出すことができ
る。
　ブーバーはさらに、「全存在の根源にして目的である唯一の真の神、…中

略…この神の対話性、すなわちこの神に向かって汝（Du）と呼びうること、この神に面と向かって立ちうること、この神と交わりうること」（ⅢS.742,3p.8）へとすすむ。この神との対話は、第2章第2節で触れたように、ハシディズムの創始者イスラエル・ベン・エリエゼルによって教示された。イスラエルは神と人間との対話の根拠を、「真の神が話しかける神であるがゆえに、また話しかけられうる神である」（ⅢS.743,3p.9）という真理に置いていた。神と交わすべき対話の根拠は、また神が人間の求めに応じて、かれとの対話をし、創造の完成という仕事にかれを欲するというハシディズムの教えによるものである。

　しかし、何よりも、「ハシディズムの特色と偉大さを決定するのはハシディズムの教えそのものにあるのではなく、むしろそれを実行する生活態度、しかも本質的には共同体における実践的な生活態度にある」（ⅢS.758,3p.31）という。ブーバーに対して、そもそも影響を与えたといわれるイスラエルも、あくまでも人間が日々の生活から遠ざかることなく、むしろ日々の労働、飲食、休息などの生活を大事にし、聖別し、それを神に捧げ、神との交わりに達することを求める。イスラエルはこのことにより、「全人格的信仰態度が共同体を形成するように働き、作用するということ」（ⅢS.759,3p.32）だと教える。その場合、共同体というのは、人々が「唯一の真の神」に向けて交わる日常生活そのものである。ハシディズムの教えはそうした人々の交わりの生活を実現させることである。

　このように、ブーバーにあっては、人間が神との間の根源的な内的関係をもつということは、つねにそのままかれが神の期待に応えて責任を実際的に果たすということである。しかも、人間がふだんの日常生活のなかで神の火花を解放するように魂に灯されて真摯に応答するということ自体が、責任を真に実証し得るということである。ブーバーがとくに責任における魂に訴えるような応答のありかたを強調する理由は、責任という概念がハシディズムの教えにおける神の「火花」という教えを通じて、現実の日常的な共同体の

なかで実践されなければならない概念だということにあろう。

第3節　責任の教育的意義

(1)　二つの教育的意義

　以上、神の「火花」の教えに基づいてブーバーの責任の概念について述べてきた。この概念には、人間が実際的な状況のなかで、突如としてやってくる相手の呼びかけに対して、そのつど生命を賭しつつ誠実に応答するという事実上の意味がある。むろん、この応答は教育の世界においても妥当する。たとえば、「一匹の犬が君をみつめたとき、君はその眼差しに責任をとり、一人の子どもが君の手をつかんだとき、君はその接触に責任をとる」（I S. 190,1p.217）と。ブーバーはこの場合でも、誠意のある相手からの呼びかけに対して責任を行使するという。

　では、教育の世界では、責任はどんな意義をもつのか。一つは、責任という資質を培うことは教育における目指すべき目標になり得ることである。ブーバーにあっては、教育とは「責任への教育である」[9]。換言すれば、教育は責任意識をもつ人間へと、あるいは責任のある行為をなす人間へと育成することを自らの目標にしなければならない。

　もう一つは、教育は「責任における教育である」[10]という名のもとに自らの教育活動を展開することである。つまり、教育は他者との関係で相手に応答しなければならないという責務のある行為においてでなければ、成立しない。そして、責任という名のもとに教育的行為が目指しているのは、とりわけ教育者が子どもの性格形成にどれだけ関わり得るかである。

　この教育者の責任のもちかたを見ていく。もともと教育者は伝統的な権威や諸価値が崩れ、時代が目まぐるしく変わるときにこそ、あるいは伝統的なものから解放され、自由になるときにこそ、自分の責任を他人任せにしない

で、その責任を自ら引き受けねばならない。責任は自由と表裏一体の関係に
ある。この意味で、責任を自らに引き受ける教育者その人がまさに「人格的
に孤独」（ⅠS.797,8p.21）でなければならない。ブーバーはこの責任を「人格
的責任」（personhafte Verantwortung）と称したのである。

　反対に、自己の責任を他人任せにし、何らかの形式や価値・規則に委ねる
という責任は「委託的責任」（anlehnende Verantwortung）である。それは、ダ
ンナーの言葉によれば、社会的義務としての「法律上の責任」（juridische Ve-
rantwortung）[11]と同一である。それに対して、教育者が自ら孤独の内に引き
受ける責任、すなわちダンナーのいう「実存的責任」（existentielle Verantwor-
tung）[12]は、法律上の責任とは異なる。実存的責任は、あくまでも教育者が
それを自らに課して、被教育者と関係をもちつつ、かれの性格形成に参与す
るように教育的に行為すべき資質である。かくして、「責任における教育」
を進める教育者にあっては、「その名の通りにふさわしく目指す教育は本質
的には性格教育である」（ⅠS.817,8p.55）という。

(2) 性格教育

　次に、ブーバーのいう「性格教育」（Charaktererziehung）に言及したい。
　まず、ブーバーによれば、「性格」（Charakter）という語は人間や物の実体
に刻み込まれる徴証という意味における「刻印」（Einprägung, ⅠS.819,8p.58）
をいう。ギリシャ語ではそもそも、動詞の‘kharássein’（彫り込む・刻みつ
けるの意）という語が名詞の‘kharakter’（刻印）に転じた語である。つまり、
性格とは、未熟な人間の実体に、その人の本質と生命現象との独特の連関、
すなわちかれの「本質的統一性とその行為や態度の結果との間の独特な連
関」（ⅠS.817,8p.55）が刻印されることをいうのである。端的にいえば、その
人の本質的品性・人柄が結果的にかれの態度や行為の総体性の内に現れてく
るような独自の内的なありかたが「性格」[13]の意味である。
　そこで、ブーバーは教育の目指すべき目標として「偉大な性格」（der große

Charakter）を形成することだととらえている。「この偉大な性格は格言の体系としても習慣の体系としても把握することができない」（ⅠS.827,8p.72）。むしろ、偉大な性格を有する人間にとって本来的になすべきことは、自らの行為や態度を通して全存在を賭けて決断し、行為することである。換言すれば、偉大な性格を有する人の本来の使命は、自ら「行為しつつある人間としての性格に要求してくるそれぞれの状況に対して、その状況の一回性に応じて応答」（ⅠS.828,8p.72）し、責任をとることである。それというのも、そのつどの状況が「責任を要求する」（ⅠS.828,8p.73）からである。したがって、「偉大な」という形容詞によって強調しようとしたのは、「性格」が単なる抽象的な概念の規定にとどまるような対象ではなくて、この「性格」を有するその人が実際的状況から出発し、かつその状況へ自ら決断を行い、自らの魂に灯されて応答するような真摯さそのことである。ここに、「偉大な性格」の一資質として責任の観念が見られるのである。

　さて、誰が、もしくは何がこうした「偉大な性格」へ向けて刻印するのだろうか。ブーバーはすべてが相俟って刻印すると次のように力説している。

　　　すべてが刻印する。すなわち、自然と社会的環境が、家と路地が、言語と習慣が、歴史の世界と噂・ラジオ・新聞による日常的なニュースの世界が、音楽と技術が、遊びと夢が、すべてが相俟って――それらのうち多くのものは、一致、模倣、憧憬、努力といった念を喚び起こすことによって、他のものは、問い、疑い、嫌悪、抵抗といった念を惹き起こすことによって、刻印する。性格は、さまざまに種類の異なった、相互に対立せる諸作用が噛み合うことによって刻印される（ⅠS.819,8p.58〜59）。

　教育者は人間を取り巻く数多くの諸要素のなかの一要素（Element）にすぎず、またそのように行為する。ただ一つ、上述の諸要素と、教育者という要素の違いがある。それは、教育者のみが「性格の刻印に参与しようとする意志」と「成長しつつある人間に対して、存在の一定の選択、すなわちあるべ

き事柄の《正しいもの》の選択を代表しようとする意志」（ⅠS.819,8p.59）を
自覚的にもつことである。性格教育を行うに当たっての自己の恣意や好みに
とらわれない教育者としての本来の使命、すなわち教育者の「責任における
教育」は、この二つの意志に明確に表明されている。これにより、先に述べ
た教育の自律性が担保されることになる。以下、その二つの意志について述
べていきたい。

①　性格刻印への参与の意志

　性格の刻印や形成は教育者の手に委ねられ、教育者の影響力の内に進めら
れるが、それは他の教科教授のように、かれの意図の通りにいくことがそう
多くはない。なぜなら、教育者が生徒の性格を意図的に教育しようとするな
らば、多くの生徒はそれに対して反抗し、教育されることを欲しなくなる
（ⅠS.818,8p.57）からである。

　そこで、ブーバーは、教育者が性格形成に参与し、その際に生ずる責任を
もつための資質として、本章の冒頭で教師と生徒の結びつきの前提条件とい
う点で触れたように、次の三つを挙げている。第一の資質は「謙虚さ」（De-
mut）という感情である。すなわち、それは教育者が「生徒に影響を及ぼし
ている計り知れない一切の現実性の真っ只中にある一つの単独な実存にすぎ
ないという感情」である。第二の資質は「自覚」（Selbstbesinnung）という感
情である。すなわち、それは「そうした真っ只中にあって、〔自分が〕人間
の全体に影響を及ぼそうと欲している唯一の実存であるという感情」（ⅠS.
819,8p.59）、つまり教育者が生徒に向かって、存在の一定の選択、あるべき
事柄の《正しいもの》の選択を代表しようとする意志である。第三の資質は
「信頼」（Vertrauen）という感情である。すなわち、それは「教育者が生徒へ
接近する唯一の通路としての信頼」（ⅠS.820,8p.59）という感情である。

　教育者がこれら三つの資質を併せもつならば、生徒は相手を信頼でき、相
手が自分を人格のある人間として認めてくれて、かつ相手が自分の生活に関

わっているということを鋭敏に感じとることができる。ここにおいて、はじめて「偉大な性格」の形成への道が開かれてこよう。

② 世界選択への責任の意志

　世界選択への責任の意志は、先述の教育者としての本来の使命であり、第二の「自覚」の資質と全く同じである。

　第二の資質では、教育者は生徒と関わり、自分の行為や指導自体が生徒に無意識のうちに影響を及ぼしているという自覚が求められる。この影響の結果においても教育者の責任は当然問われる。しかし、ブーバーが問題にする責任は次のことである。つまり、世界のすべてが「偉大な性格」へ向けて刻印されるが、その場合に教育者は生徒に対して「存在の一定の選択」にどのくらい責任をとり得るかである。

　「存在の一定の選択」とは、教育者が生徒にげんに「作用しつつある世界を、人間を通して選択すること」（ⅠS.794,8p.15）である。この意味を斟酌すると、まず世界、すなわち身近にある自然や社会などの環境の総体が教育者を介して生徒に作用する。つまり、自然界にある「空気、光、動植物の生命」などが生徒に作用する。あるいは、社会における「人間的諸関係」（ⅠS.795,8p.17）などが生徒に作用する。これら世界の一つひとつが生徒にとっていわば生の素材であるがゆえに、生徒にあっては、その素材が何を意味するかをしっかり理解できない場合が多々ある。とはいっても、成長途上にある生徒は何とかそれに対して、ときには「模倣」や「憧憬」などの念を有し、ときには「疑い」や「嫌悪」などの念を有しながら、興味や関心をもちつづける。このときに、生徒との間の関わりをもつ教育者の役割が要請されてくる。すなわち、教育者の役割とは、かれが〈我〉として経験的に作用する〈それ〉としての自然の一つひとつを、あるいは社会における〈我〉と〈汝〉[14]との人間的な交わりの関係を、ひとたび自己の人格という、いわばフィルターを通して生徒に無意識のうちに示すことである。このフィルター

の役割を果たすのが、まさしく教育者の責任ある「一定の選択」なのである。

　こう見てくると、教育者は生徒との間の関係の上で、いわば「世界との仲介者である」[15]。教育者は世界と関わり、そこでは〈汝〉と出会い、個々の生徒に応じてその世界と生徒との仲介役を務める。重要なことは、世界が子どもにとってかれを取り巻く総体に過ぎない場合があるが、教育者を得てはじめて、「世界が教育という作用の真の主体となる」（ⅠS.794,8p.15）というのである。「世界は人間の諸力を引き出す」（ⅠS.794,8p.15）というのがここでいう教育の意味であって、それは教育者が責任のある仲介の役割を果たすことによって可能となる。

　ここで、ブーバーが強調するのは、教師が自己の恣意や好みにとらわれず、世界との仲介者として、子どもと直接関わりながら、子どもの自己存在の樹立や自己の成長にとって、世界におけるどんな素材や、あるいはいかなる人間的な交わりを必要とするかを考慮しなければならないことである。つまり、教師の役割は、子どもの成長にとって真に必要な素材や人間的な交わりを、「世界から選び取り自己の内へと取り込み」、もしくは「自己自身において、すなわち世界を一杯に孕んだその自我において、区別し、拒否し、確証し」（ⅠS.807,8p.37）、その上で子どもに提示しなければならないということである。そうすれば、生徒は教師との関わりのなかで、かれを通して世界からの呼びかけに応えるとか、あるいは教師の言動を通して世界の何たるかを読みとることができるだろう。

　こうした教育者の行為は、自らの役割として、「責任における教育」によって世界からの一定の選択、あるいは世界からの呼びかけに応えるような選択であるといえる。それはまた同時に、子どもの内に責任的資質の有する「偉大な性格」へ向けて刻印することを目標にした選択でもあるはずである。

註

1) 原弘巳「現代教育における『信頼』の意義—M.ブーバーを中心に—」教育哲学

会『教育哲学研究』第 56 号、1987 年、29 ～ 41 ページ参照。

2 ）Dejung, Berta: Dialogische Erziehung, Martin Bubers Rede über das Erzieheri-sche, Eine Interpretation. Zürich, 1971, S.35.

3 ）小笠原道雄『現代ドイツ教育学説史研究序説』福村出版、1974 年、7 ; 94 ページ。小笠原道雄編著『ドイツにおける教育学の発展』学文社、1984 年、250 ページ。渡邊隆信「H. ダンナーの『教育的責任』論―その特質と今日的意義―」教育哲学会『教育哲学研究』第 70 号、1994 年、1 ページ。この二つの論究において、たしかに、教育学の自律性の点では、「責任概念は教育学の学理論的、方法論的な問題ともかかわり、きわめて独自な、かつ重要な意味をもつことが明らかにされた」。しかし、この概念は、「教育現象における教育者の具体的な責任として、また教育の目標と結びついた責任性への教育として、さらに追究されねばならない」（森川直「教育学的責任の概念について」岡山大学教育学部『研究集録』第 85 号、1990 年、18 ページ）。その意味で本章は、どちらかといえば、教育者の具体的な責任を取り上げているわけである。他に、吉田敦彦「ブーバーにおける『開発的教育者』の要件―〈世界〉の形成力への参与者として―」『神戸外大論叢』第 42 巻第 2 号、1991 年、82 ～ 85 ページ ; 齋藤昭『ブーバー教育思想の研究』風間書房、1993 年、383 ～ 394 ページ参照。

4 ）前掲『現代ドイツ教育学説史研究序説』35 ページ。本章では国民教育には言及しない。

5 ）Danner, Helmut: Verantwortung und Pädagogik, Anthropologische und ethische Untersuchungen zu einer sinnorientierten Pädagogik. 2. Aufl., Königstein/Ts, 1985, S.37.

6 ）ここでいう責任は、本来の意味において、自己の過去にとった行為、すなわち過去の結果に対するものである。これとは別の意味を含む責任がある。行為が実際に現実に行われる際のミスを考慮に入れ、「その行為の結果をあらかじめ可能な限り予測し、結果に対する責任」（前掲「H. ダンナーの『教育的責任』論―その特質と今日的意義―」3 ページ）がそれである。つまり、未来に起こり得る結果を視野に入れたそのつどの責任である。それは、「人は（予見しうる）結果の責任を負うべきだ」という「責任倫理」である。「キリスト者は正しきをおこない、結果を神に委ねる」（M. ウェーバー、脇圭平訳『職業としての政治』岩波書店、1980 年、89 ページ）というそのときの意図のみをだいじにする心情倫理（Gesinnungsethik）とは違う。ブーバーの展開する責任の概念はいうまでもなく自ら予見しうる「結果の責任を負う」という責任倫理の意味に近い。

7) Faber, Werner: Das Dialogische Prinzip Martin Bubers und das erzieherische Verhältnis. Düsseldorf, 1967, S.152.

8) 小林政吉『ブーバー研究』創文社、1978 年、440 ～ 441 ページ。

9) Krone, Wolfgang: Martin Buber — Erziehung unter dem Radikalanspruch mitmenschlicher Verantwortung, Überlegungen zur Verantwortungsproblematik im Spätwerk Martin Bubers aus pädagogischer Sicht. Frankfurt/Main, 1993, S.135.

10) Ibid., S.135.

11) Danner, H.: Verantwortung und Pädagogik. a. a. O., S.67.

12) Ibid., S.67.

13) ブーバーは「性格」と「人格性」（Persönlichkeit）の違いについても述べる。本章で触れた「性格」に対するものとして、「人格性」とは、自らに宿る諸々の力をもったこの一回限りの精神的・肉体的形態そのものである。また、「性格」は得てして他者、あるいは教師から影響を受けて形成され易い、それに対して「人格性」はそうした影響の範囲外で自らの努力でもって形成される（Ⅰ S.817,8p.55 ～ 56）。なお、「人格」（Person）とも違う。それは根源語・我―汝における汝に対して関係をもつところの我という主体性を指す。「根源語・我―汝における我は人格（Person）として現れ、自己を（依存する所有格をもたない）主体性として意識される」。「根源語・我―それにおける我は個我（Eigenwesen）として現れ、自己を（経験と利用との）主体として意識される」（Ⅰ S.120,1p.84）。

14) 根源語「我―それ」、根源語「我―汝」については注 13) を参照せよ。我の世界に対する態度には二つ、すなわちそれを対象として経験・利用する我と、汝と交わり関係をもつ我の二つがある。 なお、「選択としての教育」 については、Vgl. Read, Herbert: Erziehung durch Kunst. London, 1943, S.242. を参照した。

15) Dejung, B.: Dialogische Erziehung. a. a. O., S.41.

第12章　教師の自己教育及び世界との関わり

　前章では、ブーバーの責任論として、教師はどんな状況・場合にあっても、子どもとの教育関係で子どもからの呼びかけに誠意をもって現実的に応えようとすること、その際に教師が子どもとの教育関係をもちつつ、世界からの呼びかけを子どもに、いわば仲介する役割をもっていること[1]、を明らかにした。

　子ども自身が複雑な社会的・歴史的・文化的な状況のなかに身を置いて、活動や生活をする限り、教師もまた当然なことながら、同じ状況のなかに存在しつつ、未成熟な子どもとの仲介的な役割を果たさざるを得ない。とくに、ユダヤ人の子どもたちがナチス・ドイツで経験した1930年代の時代状況を考えれば、教師の果たすべき役割の重要性は明らかであろう。ブーバーにあっては、教師は子どもを取り巻くさまざまな事柄・出来事や社会でもって成立する世界を代表しつつ、自己を介してそれを子どもに作用せしめ、伝える必要があったのである。

　そこで本章では、ブーバー教育論に即して、教師は自らの役割として、一方では子どもとどういう教育関係をとるのか、他方では自己が世界と関わり、それを通じて自己がどう形成されるのかを課題とする。とくに、教師は自分自身による世界との関わりを構築し、それを子どもにどのようにして仲介し、伝えるのかを考察する。併せて、その世界がもつ形成力とはいったい何であるか、そして人間はさまざまな世界とどのように関わるかを明確にしていきたい。

第1節 教師の自己教育

(1) 自己と世界との関わり

　人は、一般的に自己の成長を遂げるために何を必要とするのか、あるいは何を必要としないのか、その判断基準や知識を第三者に求めようとするものである。このときにこそ、教師の役割はその要求に応えなければならないだろう。つまり、かれは、子どもが成長するときに必要な判断基準や知識を、いったん「世界から選び取り自己の内へと取り込んで」（ⅠS.807,8p.37）、相手に伝えることになろう。言い換えれば、教師はそうした判断基準や知識を、「自己自身において、世界をいっぱいに孕んだその自我において、区別し、拒否し、確認して」（ⅠS.807,8p.37）、その上でこの判断基準や知識を子どもに伝えることになる。そのとき、教師は関係の相手たるものを、すなわち〈我〉に対する〈それ〉や〈汝〉を区別し、拒否し、そして確認することへと導く責任のある選択を行うためには、まず教師自身の自己教育（Selbsterziehung）が求められるべきだろう。

　ところで、教育はブーバーによれば、対話的関係、つまり〈我―汝〉の関係において展開される営みだということである。その場合、外の世界と交渉をもたず、自己自身の内にとどまっているような〈我〉は、決して〈汝〉とは出会うことはないだろう。また、孤立的な〈我〉は自己自身を教育することもできないだろう。したがって、「自己教育は、どこでも、ここでも、自己が自己自身と関わることによってではなくて、ただ世界と関わる―そこで何が問題になっているかを自覚しつつ―ことによってのみ成立し得るのである」（ⅠS.806,8p.36）。

　このように、自己教育は自己が世界と交渉し関わり、それによってのみ自己が形成されるのである。この関わりについて、ブーバーの考えに即して、

もう少し見てみよう。

　　世界はやってくる、きみを外へ連れ出すためにやってくる。世界がきみに到
　達しなければ、きみと出会わなければ、世界は消えうせる。だが、世界は再び
　姿を変えてやってくる。世界はきみの関係の外にあるのではなくて、きみの存
　在の根底に触れるのである。そして、きみがそれを《我が魂の魂》（Seele
　meiner Seele）といっても、いい過ぎではない。だが、世界をきみの魂の中に
　移し変えることは用心するように―きみがそんなことをしたら、世界を消滅さ
　せてしまうだろう。世界はきみの現在なのだ、つまり世界がきみにとってあっ
　てこそ、きみには現在があるのだ。また、きみは経験し、利用するために、世
　界をきみの対象物とすることができるし、きみはくりかえしそうせざるを得な
　い。だが、そのときにはもはやきみには現在がないのだ。きみと世界との間に
　は、互いに与えあう相互性がある、すなわちきみはその世界に向かって〈汝〉
　といい、その世界にきみを与え、逆に世界はきみに向かって〈汝〉といい、自
　己をきみに与える。世界についてきみは他の人々と了解しあうことができず、
　きみはただ一人でその世界と向かいあうのである。だが、世界はきみをして、
　他の人々に出会わせ、かれらとの出会いに踏みこたえるように教える。そして、
　その世界は、それがきみにやってくるという恵みと、それがきみから離れ去っ
　ていくという悲哀を通して、きみをあの〈汝〉へと、もろもろの関係の平行線
　が交わるあの〈汝〉へと導くのである。世界はきみがきみの生活を維持するの
　を助力しないが、ただきみが永遠を予感するようきみに助力するのみである
　（ⅠS.100,1p.46 ～ 47）。

　上述の通り、世界というものは、人間が単に経験し、利用する対象物とか、
人間が生活する基盤となる程度にはとどまらない。重要なのは、人間が世界
といかに関わるか、その程度や質に応じて世界のありようがどう変わってく
るか、である。つまり、人間が能動的に、世界との関わりで、自己をして世
界のうちで〈汝〉と出会うようにできるかどうかである。できるとすれば、
世界もまたこちらの呼びかけに応じて、相手に〈汝〉と語り、出会うように
する。したがって、世界は、人間が他の人と関わる程度や質に応じて、その

つど「現在」のうちに出会うように教えるのである。

(2) 教師の自己教育と人格の要件

　以上のように、自己と世界との関わりの上に成り立つこと自体が自己教育なのである。ここでの自己教育は世界との関係、すなわち他者や事物との関係にたつ自己へと導く教育のことである。そして、自己教育は子どものために教育活動に携わる教師自身の教育を指すのである。

　ところで、ブーバーと同時代人ナトルプは、意志教育（Willenserziehung）への社会的組織や方法として、家庭教育、学校教育、そして成人教育の三段階を挙げている。最終段階の成人教育として自由な自己教育（Freie Selbster-ziehung）がある。「我々はつねに〈学ぶ者〉でなければならない。そして、我々はまず、周知の基盤、すなわち〈教え〉や〈教授〉の基盤の上にある。ただ家庭と学校によってしっかりとした基礎が築かれた後には、その先の学習の事は〈自由〉な陶冶活動になろう」[2]。自由なこの陶冶活動こそが成人の自己教育であり、教師の自己教育であり、この種の自己教育はつねに成人が学び続けることを意味していよう。

　さて、自己教育は、教師自らが世界と関わり、世界のなかで、「何が問題になっているかを自覚しつつ」、教育的に行為するようになることである。しかも、教師は、生徒と関係をもち、かれを直視しながら、かれの成長にとって必要な判断基準や知識を世界から選び取ろうとするのである。

　世界との関わりで何が問題になっているかという疑問は、教師が「生徒と関わる具体的な教育状況から得られるものである。この点において、生徒が教師を教育することになる」[3]。教師は、子どもが成長し、存立し得るのに必要とするものを学習しなければならない。教師は学習しなければならないという努力の点において、自己を形成し、教育に携わるのである。

　こうした形で、教師が教育の仕事に当たるが、その際かれは人格を有する人間として生徒と関わる。ブーバーにあっては、教師の人格とは何を意味す

るか。

　教師が「作用しつつある世界」を選択して、いわば濾過するフィルターのような役割を果たすのが、その人の人格のなさしめる技である。世界で生じている問題は生徒にとって何なのか、教師はそれを自己のなかで一度整理し、解釈しなければならない。生徒は教師との間の関わりで、かつその関わりの程度や質に応じて、一度整理・解釈された問題を受け止める。このように、世界と生徒との間に介在して役割を果たすのが、教師の人格なのである。

　次に、人格の要件の一つとしての不可欠な資質が、教師としてもつべき現実的洞察力である。すでに、第6章第3節で触れたように、教師はまず眼前の子どもをどうとらえるかである。その場合、教師は、子どもの成長にとって、何を必要とするのか、あるいは子どもに必要なもののうちで何を与えることができて、何を与えることができないのかといった洞察力を求められる。

　実際に、現実の目の前の子どもが勉強や将来のことに困り果てているとする。たとえば、ある子は勉強がうまくいかなくて、授業についていけない。ある子は友だちに苛められて、仕返しを恐れ親にもいえなくて困っている。ある子は思春期にあり、異性に憧れて交際すべきかを迷っている。ある子はユダヤ人であるため、仲間はずれにされている。ある子は将来どういう方面に生き甲斐を求めるべきか、仮に生き甲斐を見いだしたとしても、果たしてそれでもって自己の魂の渇きを充たし得るか、等など。

　教師は直に子どもたちに接し、子どもという相手を「向かい合う側」（Gegenseite）から体験するにしたがって、当然なことながら、かれらが何を考え、何に苦慮し、何を求めているか、を察し得る。むろん、教師と子どもとのふだんのつきあいが、いざというときは生きてこよう。ともかく、教師は、個々の子どもがどういう状況にあるのか、それぞれの状況に応じて個々に対応し、個々の魂の求めに応えるようにしていく。このように、個々の子どもにとっての課題が実際生活のなかで何であって、それを把握し、それに応えられ得るような力量が教師の現実的洞察力である。ここでは、まさに教師と

生徒との間における両者の関わりの程度や質が問われるのである。

　と同時に、教師は子どもに対して何ができて、何ができないのかといった自己の限界を認識し、かつその限界の克服に努めなければならない。自己克服も教師の自己教育の一つであるといえる。

第2節　教師の世界との関わり

　前述のように、教師は子どもの成長にとって不可欠なものを洞察しなければならないが、次にかれに何が要求されるか。世界の形成力（die aufbauenden Kräfte）を教師自らのうちに取り込むことがそれに相当しよう。

　　　形成力―それは永遠に変わらない力である。その不変的な力の源泉は結びつ
　　　きの世界にあり、神と向かい合った世界にある。教師はそうした世界の仲介者
　　　たるべく自らを教育する。〔教師は世界の形成力を取り込むべく自己を教育す
　　　る〕（Ⅰ S.807,8p.37）。

　さて、この世界の形成力とはいったい何だろうか。

　前節の第1項で述べたように、教育の仕事は、教師が子どもの成長に不可欠な力を世界から選び取る「選択」のことである。子どもの人格に影響を与え、人格を「形成する」（aufbauen）諸々の力は、教師によって世界から選び取られ、教師の人格のうちにいったん「集約されて」（einsammeln）、その上で子どもに伝達される力でなければならない。世界からの不変的な働きかけがあって、その働きかけが教師という仲介者を通じて、子どものうちで芽生え、発現していく力が、まさしく世界による子どもへの形成力である。したがって、子どものうちに発現する力の源泉は、世界に帰属するわけである。

　ブーバーの考えによれば、第10章第1節で言及したように、世界とはそもそも人間形成の「根源的現実」（Urwirklichkeit）であるという。つまり、世

界は私を生み出し、また私が自分をそれに託するときに、私を支え、守ろう
とする根源的現実である。教師をも、子どもをも超えて、それでいて両者を
包み込むような根源的現実が世界だというわけである。それゆえに、教師は、
世界というこの根源的現実へ、私の根源へ、世界の形成力へ通ずる十分な通
路を開いておかなければならない。したがって、「教師は世界との仲介者と
して存在する」[4]べく、自らを磨いておく必要がある。

　加えて、自然や社会などの総体としての世界は創世記の次の言葉のもとに
成り立つという。すなわち、「神はお造りになったすべてのものを御覧にな
った。見よ、それは極めて良かった」[5]と。神により創造されたこの世界は、
人間が住む豊かな地であり、共同社会である。人格形成の根源は、世界にあ
る事物や人間との結びつきそのものである。とりわけ、人間社会における結
びつきは、人間同士の結びつきであり、人間と神との間の結びつきである。
さまざまな結びつきがこの世界、この世を象徴する言葉として考えられ、ま
た世界の形成力の源でもあるといえる。

　一方、教師が真の教育者になり得るためには、この世界、あるいはこの世
とつねに関わっていなければならない。実際には、教師が子どもと関わると
き、子どもはかれを通して世界との間における〈汝〉的な結びつきを体験す
るようになる。教師はいわば世界の代理人であり、世界と子どもとの間を繋
ぐパイプ役である。だとすれば、ブーバーの教育論は教師による子どもとの
結びつきを前提とし、子どもの内にもその結びつきの能力の育成を目標とす
る[6]。

　さらに、ブーバーによれば、ここでいう世界とは「神と向かい合った世
界」である。いかなる結びつきにおいても、私があなたに対して〈汝〉と呼
びかけることは、つまり私が神に呼びかけることである。この世の結びつき
における呼びかけと応答の繰り返しは、究極的にはすべて神に向かうことに
なる。逆にいえば、神が世界を通して人間に呼びかけ、そして教師において
はじめて世界が子どもに呼びかけ、何らかの力を賦与するのである。これが

いわゆる世界の形成力であり、そのとき教師は、いわば「真の神の代理人」
（ein Statthalter des wahren Gottes, I S.799,8p.25）であるということになる。

　では、ブーバーは世界というものをどうとらえているか。かれの世界に対
する見方は世界を客観的自然として対象的に見なし、それを科学的に分析し、
記述するヨーロッパの伝統的なヘレニズム（ギリシャ思想）に由来してはい
ない。ブーバーの見方は世界に向かって全人格的に呼びかけるヘブライズム
から来ている[7]。ヘブライズムでは、人間が世界に呼びかける態度―正確に
はその呼びかけに濃淡や程度の違いはあるが―として、およそ根源語〈我―
汝〉と〈我―それ〉の二つがある。人間の呼びかける濃淡や態度に応ずる形
で、世界もまたおよそ二重的なあり方、すなわち〈汝〉の世界と〈それ〉の
世界の二つのあり方を示す（I S.79,1p.5）。

　詳論すると、人間が〈我―汝〉の関係をとる形で、世界に向かって〈汝〉
と呼びかけるならば、〈我〉は他者との人格的な結びつき・関係の態度をと
ることになる。そのとき、世界は〈我〉の呼びかけの程度や質に応じて
〈汝〉の世界として現れる。〈汝〉の世界は「われに固有な世界である。しか
し、その世界はわれわれに、われわれが他者と出会い、他者との出会いに踏
み耐えるすべを教えるのである」[8]。〈汝〉の世界は人格的な結びつきの世界
であり、対話の世界である。

　一方、人間が〈我―それ〉の関係をとる形で、世界に向かって〈それ〉と
呼びかけるならば、〈我〉は対象物を〈それ〉として知覚し、表象し、そう
することによって経験し、利用する態度をとることになる。そのとき、世界
は人間のとる態度に見合う形で〈それ〉の世界として存立する。「世界は認
識論的にも実践的にも、客観化され、対象化された世界であり、認識の主観
に対しては秩序づけられた世界（geordnete Welt, I S.99,1p.43）として現れ、利
用、欲望の主体に対しては目的化され、手段化された世界として現れるが、
この客観化され、対象化された世界」[9]、これが〈それ〉の世界である。

　ブーバーによれば、実際には根源語〈我―それ〉や〈我―汝〉の関係が打

ち立てられる生（Leben）の領域は三つ想定されるという。すなわち、人間
と自然との関わりにおける生、人間と人間との関わりにおける生、人間と精
神的実在との関わりにおける生という三つの領域が挙げられる。

　第一領域の人間と自然との関わりにおける生では、いろいろな被造物がわ
れわれに対して働きかけるが、被造物はわれわれのところに言語レベルでは
達することができない。だが、言葉を交わさない〈我―汝〉の関係が成立す
る場合もある。この生では、物理的な（physisch）自然の世界が基盤にある。
第二領域の人間と人間との関わりにおける生では、〈我〉と〈汝〉との関係
は言葉を交わしつつ、呼びかけと応答を繰り返す。この生では、心理的な
（psychisch）人間の世界が基盤にある。第三領域の人間と精神的実在との関
わりにおける生では、〈我〉がたとえば芸術作品との間で無言のうちに〈汝〉
と呼びかけられつつ、それに自己の全存在でもって応答しようとする。この
生では、悟性的な（noetisch）精神の世界が基盤にある（ⅠS.81;146 ～ 147,1p.
10;135）。以上の三つの領域で、人間は一般的にそれぞれの世界とどう関わ
るかが、以下の三つの課題である。

第 3 節　世界との三つの関わり

（1）物理的な自然の世界―コスモスの世界

　人間は当然のことながら、他者という人間と〈我―汝〉の関係をもつこと
ができるものである。〈我―汝〉の関係は、ブーバーによれば、両者が出会
う、まさしく「相互関係の敷居」（Schwelle der Mutualität）の領域においてこ
そ成立する（ⅠS.162,1p.164）。これが物理的な自然の世界に入ると、人間は
相手たる生物や事物との間でも〈我―汝〉の関係をもつことは可能である。
しかし、人間が相手たる他の人間と自然界の被造物との間には、根本的な関
係のもち方の違いがある。

　まず人間と人間の間では、〈我〉と〈汝〉との両者を事実的に包括し、結ぶ交互性（Wechselseitigkeit）があって、両者は事実それに基づいて言葉を交わす。一方、物理的な自然界では、人間は自分の相手たる〈汝〉として出会う生物や事物との一方的な相互性（Gegenseitigkeit, Ⅰ S.162,1p.163）をもつものである。たとえば、動物が人間に向かいあって働きかける場合があるが、人間と言語レベルでは意思疎通をとることはできない。逆に、人間が動物に対して〈汝〉と語りかけても、動物は沈黙のうちに〈我〉と反応するのみである。それは言葉を交わすという「言語の敷居」（Schwelle der Sprache, Ⅰ S. 81,1p.10）の一歩手前のところで留まってしまうことになる。

　この「言語の敷居」に至る一歩手前の領域は、ブーバーによれば、相互関係の敷居の前方に横たわる広大な領域として「前敷居」（Vorschwelle, Ⅰ S.163,1p.165）と呼ばれる。自然の領域では、人間と相手たる事物がともに直接的に対話的関係に入っていないが、両者は互いに相手に沈黙のうちに返答する場合がある。たとえば、人間と樹木との関わりで見ると、樹木は〈我〉という人間によって、〈それ〉として知覚・認識される対象物であるが、場合によっては、「人間が樹木に向かい合ってそれに〈汝〉を語るときにこそ、まさしく樹木が〈そこに〉存在する。〈汝〉を語る人間は樹木がその全体にして一なるものを開示することを可能にし、さてそのとき、存在である樹木がそれを開示するのである」（Ⅰ S.163,1p.165）。

　さて、物理的な自然界における、とくに事物に対する人間の現実的な関わりはどうなのだろうか。人間の事物に対する関わり方は、キルケゴール（Kierkegaard, Sören Aabye 1813 ～ 55）、ハイデッガー（Heidegger, Martin 1889 ～ 1976）、そしてシェーラー（Scheler, Max 1874 ～ 1928）の三人の思想家の間ではそれぞれが対照的である[10]。

　キルケゴールにあっては、人間の事物に対する関わりの認識がやや欠けているようである。かれは「事物をただ比喩として認識する程度」[11]しか見ていないというのである。

　ハイデッガーの場合は、人間の事物に対する基本的な関わり方が限定的である。かれは世界における「事物をただ技術的なもの、有用なものとして見なしている」[12]。事物に対する基本的な関わり方は、人間が事物を自らの一定の目的に技術的に利用できるということにおいてのみ成り立つ。人間の事物に対する関わり方として、それ以外には考えられないのである。

　そこで、「技術とは目的のための手段であると。もう一つは、技術とは人間の行為であると。この技術の二つの規定はともどもに一体をなしているものである」[13]。「技術が手段であるとともに人間の行為であるとみなされている一般の通念は、それゆえ技術のインスツルメント〔機具〕的・人間学的な規定だということができよう」[14]。そして、ハイデッガーの世界（Welt）は、対象としての事物の単なる総和ではない。その世界はわれわれが信頼し得て、利用し、かつ知り得る事物の世界、すなわち技術の世界である[15]。

　もう一人シェーラーはどうだろうか。かれは、人間と動物との決定的な相違を考察することによって、その相違点にこそ人間の独自性があるという。つまり、人間は動物とは違うところの、いっさいの事物に対して有する独自の関わり方をもつと指摘する。

　詳細に見れば、人間も動物も確かに自らの欲望を充たそうとする上で、事物と衝動的に関わる点においては共通している。しかし、人間と動物の決定的な違いは、人間のみが「何か凝視されたもの、独立的なもの、持続するものとしての事物に対して、新しい関わり」を志向することによって、「目的に適合した、かつ繰り返し何度も使用できる道具」[16]を発明した点である。

　ブーバーも人間の事物に対する態度と動物の事物に対する態度を本質的に区別する。前者の態度では、人間は使用する事物を、いったん自分から距離を置いて離隔させ、その事物を道具として自立性の内へと、すなわちそこでその事物の機能が持続を獲得するところの自立性の内へと移すこと、それが人間の事物に対する態度である。後者の態度では、動物は事物を使用するが、動物はそれをそのつどの場で何度も試み、ついに本能的な目的達成のために

使用することも可能になる。猿が棒でバナナを取るときの行動はその例である。しかし、動物は翌日再び、道具を同じ仕方で瞬時に使用することはできない。動物は学習の成果を積み上げて、その成果を持続させようとすることができないのである。動物の学習例に対し、人間の使用する技術の特徴は、「最初の定立と指定（テーゼ）、最初の規則（ノモス）が打ち立てたものを完成させるだけなのである」（ⅠS.417,4p.16）。

　しかし、ブーバーはわれわれの世紀を汎技術の時代だと特色づける。そして、かれは人間が技術の領域で、「みずからの魂の衰弱と挫折を体験した」[17]と述べる。たとえば、人間は機械を、労働する自分に奉仕させるために発明したが、発明後は逆に人間は機械に使われるようになってしまった。結果的には、技術の力が人間の力よりも強くなってしまった。人間はもはや自分自身が作り出した技術の世界を支配できずにいるのである。

　物質の生産は技術の力によって驚異的に伸び、人間に豊かな生活をもたらしたが、その恩恵はまた逆に人間の本来的な生き方を見失わせる要因にもなった。驚異的な技術の進歩にともなって、人間はまさに「労働の感情と節度の感情を失おうとしている」[18]。また、生産様式においては分業化が進み、それにつれて個々の人間は経済的な結合の強い「集合体」という機械の歯車と化しつつある。したがって、人間と人間との共同の活動と労働を基礎とする共同社会を維持しようとする感情は失われつつある。

　半面、人間は発達した技術によって事物を〈それ〉として経験し、利用するようになったが、この経験と利用という行為は〈我〉という人間をして、宇宙を人為的に「秩序づけられた多様性」[19]としてとらえさせ、構想せしめた。また、技術は、各々の事物に〈それ〉として確実な地位を与えるような「調和し合う宇宙コスモス」（ⅠS.580,5p.137）をもたらした。

　ところで、ブーバーは物理学者アインシュタイン（Einstein, Albert　1879～1955）との対談で尋ねたことがある。かれに対して、グレートヒェンという女性の問いを、つまり「あなたは神の存在を信じているでしょうか」[20]とも

ちかけた。アインシュタインからの返答は、ブーバーが求めるものとは違っていた。すなわち、アインシュタインは、ただ自分が追究してきたのは神の線を敷き写すことであったと語るのみであった。敷き写すというのは、いとも簡単に神の創造物を幾何学的図形にして敷き写すようなものだった。このことは、ブーバーにあってはすでに当時、アインシュタインが敬虔な人に見えるが、そのじつは傲慢な人であると印象づけたようである。自然界に対するこの追究のもつ不確かさは、それ以来さらに重大となった（ⅠS.430〜431, 4p.39）。

　物理学や生物学が記述する物理的な自然の世界は、神の関わる世界の全体性を意味していない。この記述的な世界には、本来的で本質的なあり方が欠落している。打算的なものや並列的なものといった個々の具象的なものは、空間─時間から成る世界の網の目のなかに恣意的に書き込まれてしまっている。「新しい『世界像』は、結局世界のいかなる〈像〉も存在しないのだということのなかに存する」（ⅠS.429,4p.37）。

　加えて、ブーバーはこの世界の非─像性についてアインシュタインの世界概念との関連で語る。アインシュタインの世界概念は、たしかに人間が思考する対象になるが、人間の魂が想像し、予感するような代物ではない。人々がこうした世界概念をもつようになったのは、科学者が自然界の生物や事物に対して情意的な態度をとらず、一定の科学的な見地でもって把握する仕方にとらわれるようになったからである[21]。

(2)　心理的な人間の世界─エロスの世界

　次に、〈我─汝〉の関係がもっともよく成立するのは、いうまでもなく人間と人間との対話的な関わりにおいてである。それは、人間相互の関係が言葉による語りかけと応答で結びつけられやすいからである。

　ところが、感覚的で心理的に動く人間の世界では、〈我─汝〉の関係は〈我〉という人間が他者を好悪の対象にしたり、自分の都合のために利用し

たりする〈それ〉として見なすような関係にも堕しやすい。そこで、精神科学は自らの絶好の学問的対象として、この人間関係を次のように把握する傾向をもつ。すなわち、「今日では、人間と人間との間〔＝関係〕を分析的、還元的、演繹的にとらえる見方が有力」（ⅠS.279,2p.102）であるという傾向である。

　まず、第一に分析的にとらえる見方をとるのは、それが「全体的な心身の存在を合成された、それゆえ分解し得るものとして取り扱い」、「実際には決して客観的に存在するものとして把握し得ない人間の心の流れ自体すらも分析的に取り扱うからである」。第二に還元的にとらえる見方をとるのは、「それが小宇宙として可能的なものを一杯に孕んだ人格の多様性を、図式的に見通してしまって、いたるところに繰り返される諸構造に還元しようと欲するからである」。そして、第三に演繹的にとらえる見方をとる理由は、「それが一人の人間の生成的存在、つまり人間の生成を、発生史的な公式のなかでとらえ、さらにこの生成のダイナミックな中心である個の原理をも、ある普遍的概念でもって代表させ得ると勘違いしているからである」（ⅠS.279,2p.102〜103）。

　しかし、ブーバーは何も精神科学のこうした分析的、還元的、演繹的な学問の方法に対してすべて反対しているわけではない。かれはこの学問の応用の段階において、これらの三つの方法を人間の体験という生の問題に安易に適用しようとするそのことに対して反対する。つまり、科学の、いわば「あらゆる場合に妥当するものとして探求された規則、法則、類推術」（ⅠS.184,1p.205）を生の問題に一貫して適用しようとすることに対して、ブーバーは否定的態度をとるのである。

　1913年にすでに、『ダニエル』（"Daniel"）という書では、科学で扱う事象としての経験は自らの形式や法則性をもつが、見通しの効かない性格をも同時にもつ（ⅠS.22〜23,4p.176〜177）、とブーバーは指摘した。そして、経験〔科学〕（Erfahrung〔swissenschaft〕）は否応なしに魂のこもった体験（Erleb-

nis）（ⅠS.23,4p.177）を加工して、作り上げられたものである。経験［科学］
のもつ形態と法則は、自らの当初の目的に沿って人間の体験を調理して導き
出したものである。ブーバーは、こうした経験［科学］のように、「すべて
の困窮を助け、すべての労苦を取り去るという目的にかなった経験のワル
ツ」（ⅠS.30,4p.190）というような経験への方位づけに反対している。

　人間の体験・存在に関する考察が、科学による「われわれの分析的な理
知」（ⅠS.90,1p.27）の対象としてどれだけ耐えられるだろうか。精神科学は
人間を対象にして、かれを分解し、裂くことによって分析的に把握しようと
する。科学者は〈それ〉の世界という領域で、つまり非本来的な現実の領域
でいろいろと分析し、認識したがるものである。これは明らかに分析的方法
の正当な有効範囲を超え出て、人間のもつ存在の「非分割性」（Individuität,
ⅠS.279,2p.103）を侵害するものだろう。ブーバーにしてみれば、存在するも
のは「全体にして一なるもの」（Ganzheit und Einheit）として直観されなけれ
ばならないのであって、これが「総合的直観」（synthetische Anschauung, ⅠS.
414,4p.11）と名づけられる。総合的直観は、部分の総体としての世界ではな
く、世界としての世界、全体としての世界を丸ごとに直観することである。
となれば、精神科学は自らの領域と限界を知るべきだとする。

　さらに、ブーバーは、フロイト（Freud, Sigmund 1856～1939）やユング（Jung,
Carl Gustav 1875～1961）らの精神分析学に対しても批判的である。たとえば、
1948 年にロンドンで開かれた精神医学の国際会議があり、そこでの全体集
会のテーマが「罪の起こり」についてであった。それについて、ブーバーは
後年、「罪責と罪責感情」（"Schuld und Schuldgefühle", 1957）という論文で言
及している。

　この論文では、神学者側は、罪それ自体を問題にするために個人の罪では
なくて、人類一般の原罪を問おうとした（ⅠS.475,4p.111）という。それに対
して、ブーバーは、罪の感情について、「人間を真に人間（＝人格）たらしめ
ているのは『存在の秩序』（＝間の領域の定め）に対する応答性であって、こ

の欠如態が罪責である」[22]とした。それゆえ、罪責は罪を負う者が出会う
べき真の意味での他者との間においてのみ生じ、その克服もこの両者の間に
おいてのみ成就される。一方、精神分析学者フロイトは、罪の感情・意識の
起こりをほとんど個人の内的な実存的罪責に、たとえば潜在意識下の「抑
圧」といったカテゴリーに還元し、とらえようとした（ⅠS.480,4p.120）。

　精神分析学でいう抑圧とは、個人の人間の意識下で、一つの力が他の力に
衝突してそこに生ずる運動に対して、良心を司る超自我（Über-Ich, ⅠS.478,
4p.116）がブレーキをかける現象をいう。具体的にいうと、快感が不快さと
の関連で心の奥底に押さえ付けられて意識に上らないようにするのが抑圧で
ある。たとえば、性欲や本能的欲求などはふだん何らかの力によって無意識
の下層に閉じ込められているが、それがまさに良心の力であり、抑圧といわ
れるものである。人間の罪はこの抑圧が解かれ、良心が機能しないときに起
こる、と精神科医は考えるのである。

　ブーバーは精神科医のこうした考えには反対する。つまり、精神分析学の
研究者が自己の学問領域に固執して他の学問領域にまで踏み込む姿勢がない
とすれば、この研究者は現実との関係を真に保持することはできないだろう
（ⅠS.475～476,4p.112）、とブーバーは述べる。むしろ、「精神科医にとって
の学問領域は、かれの患者の、いわゆる外的な生に表れる現実的な経過、そ
のなかでも特に患者の行動と態度、そしてさらに特に患者の、自分と人間世
界との間の多様な関わりに対する能動的な関与」（ⅠS.476,4p.112）を対象と
しなければならない。もっといえば、精神科医は原理と方法の確実な基盤に
立つのが重要ではあるが、かれはそれ以上に患者と直接の絆をもつことであ
る。両者の関係が後に生きてくるのは、精神科医が患者に作用を及ぼし、患
者の病を理解する上で役立つ限りにおいてである。両者の間で生起し、また
生起したことの意味深い事実こそが「精神科医の方法を超えると同時にかれ
の課題を超え」（ⅠS.476,4p.113）るようにするのである。

　感覚的で心理的な人間世界の領域はとにかく、分析的な、むしろ偽分析的

な科学による考察のみによって制約されてはならないだろう。また、人間と人間の間〔＝関係〕を偽分析し、還元し、そして演繹するような思考がわれわれの世界での潮流の一般的性格となっている[23]。このような学問のあり方に、ブーバーは強く危機感をもつのである。

　ブーバーが 1929 年に発表した『対話』（“Zwiesprache”）では、精神分析学が対象とする人間はむしろ独白的なエロス（monologischer Eros）をもつ者であるとする。その独白的なエロスにはさまざまなあり方がある。たとえば、ただ自分の恋情に恋して動き回る恋人、自分のいろいろな感情を「勲章の綬（くみひも）」（Ordensbänder）のようにぶらさげている恋人、自分の魅惑力を冒険的に試してそれに享楽的になっている恋人、自分の独善的な献身の光景に見とれている恋人、刺激の虜になっている恋人、「実力」にものをいわせる恋人、虚勢を張る恋人など等、と独白的なエロスがじつに多種多様である。いずれの恋人も「鏡の前の独白者」（Spiegel-Monologist, I S.203 〜 204,1p.241）にすぎないのである。独白的な個我は自分を鏡の前で映し出したり、それに見とれたりする。こうしたさまざまな鏡とさまざまな鏡像によって成り立つ世界が、翼の萎えたエロス（flügellahmer Eros）の領域だという。

　一方、ブーバーが強調すべきエロスとは、対話的なエロス（dialogischer Eros）のことである。「健やかな翼をもつエロスが支配的であるところでは、事は鏡に映されもせず、一つである。ここでは、私は私の愛する相手を、自分とは異なった人間として、他者性として、独自の存在として思うのである」（I S.203,1p.240 〜 241）。私は他者に〈汝〉を語り、言語という形態をとる。ブーバーはつねにこう述べる。すなわち、「他者その人自身を思い、その人との関係をもつ者のみが、他者のなかから世界を受け取るのである」（I S.204,1p.242）と。

（3）悟性的な精神の世界—ロゴスの世界

　最後に、ブーバーに従えば、人間と精神的実在（die geistige Wesenheit）と

の相互関係という戸口の敷居の上方を覆っている梁、それが「超敷居」（Überschwelle, ⅠS.163,1p.165）という領域である。事実、人間はすでに〈それ〉と化した言葉や芸術作品などの精神的実在によって無言で語りかけられるのを感じつつ、その創造的思惟や制作の明確な行為を通して精神的実在に応答しようとする。人間はたしかに精神的実在に対して言語でもって〈汝〉と語りかけることができないとしても、その人の全存在をもって根源語を語ることはできる[24]。言葉や芸術作品そのものは、人間にとって誰にも妥当する悟性的な精神の世界に属する。換言すれば、人間が精神的実在と生的に関わってそこから産み出される創造的産物やそれを産み出す根源としての精神的実在は、誰にも妥当する悟性的な精神の世界に属していよう。

　そもそも、「言葉や作品のなかに生き続ける精神の領域においても、言葉や作品になろうとしている精神の領域においても、われわれに働きかけてくる作用は、根源的な存在者から働きかけてくる一つの作用として理解される」（ⅠS.166,1p.171）。この、言葉や作品のなかに生き続ける精神も、言葉や作品になろうとする精神も、本来「人間世界と他者とのさまざまな出会いを通してこそ生ずる」（ⅠS.165,1p.169）のである。

　創造的産物としての言葉や芸術作品は、たしかに〈何か〉（Etwas）、または〈それ〉としてわれわれの前に登場する。そのときに、概念的思考で包まれた認識は、得てしてその言葉や作品を対象化しようとする。だが、いかなる解釈も根源的意味を汲み尽くすものではない（ⅠS.811,8p.45）。認識可能な対象としての〈何か〉を理解することを本務とする概念的思考は、ただ結局言葉や作品のなかに孕んでいる真理を逸し、真の理解から外れていくのである。

　さて、前者の創造的産物としての言葉について見てみよう。言葉が真に語られ、答えが要求されるところでは、その答えること（Antwort）が責任（Verantwortung）を果たしたことになる。ところが、現代ではややもすると、ブーバーによれば、人は自らの人格的実存の責任を回避しがちである。つまり、

かれが他者の声を真に聴くことのない場合が多々ある。「どの言葉も、その真の意味を妄想や偽りによって籠絡されてしまっている」（ⅠS.474,4p.109）。ただ、〈我─汝〉の関係をもとうとしない個我が相手に対してメガホンや伝声管として機能的に喋るように言葉を交わすだけである。

　逆に、「意味のある言葉として人間の間〔＝関係〕で公となる同じロゴス、まさしくその同じロゴスが、われわれのコスモスという人間世界において変わることなく、振り動く諸対立を支配していることに他ならない」（ⅠS.470,4p.103）。ロゴスは人間の間〔＝関係〕でこそ真に成立するというものである。ロゴスは人間にとって共同体的に共有されるものである。

　一方、後者の創造的産物としての芸術作品はどうだろうか。ブーバーは、芸術家が音楽や絵画や彫刻などいずれかを創作する活動を引き合いに出して説明する。つまり、芸術家がある対象を素材に用いて創作した場合、そのとき創作する根源にあるものが「形象」[25]（Gestalt）という精神活動なのである。

　ブーバーはつづいて、「芸術の永遠にわたる起源は、形象が一人の人間に歩み寄ってきて、その人間を通して作品になろうとすることである。その形象は、かれの単なる魂の所産ではなく、かれの魂に歩み寄って、そこから作用する力を要求するような出来事なのである」（ⅠS.83～84,1p.15）と述べる。芸術家が、「面前にあらわれてくる形象に向かって自己の存在でもってあの根源語を語りかけるならば、このときかれの魂の作用する力が湧き出て、作品が成立するのである」（ⅠS.84,1p.15）。形象は対象と向かい合って存立しているものを〈汝〉として見なし、その〈汝〉との関係のなかに現れる。形象は〈それ〉を対象とする〈我〉の主観的な把握や客観的な吟味によっては生まれない。形象は人間の主観に属するものでもなければ、外の客観的対象に属するものでもない。〈我〉と〈汝〉が向かい合い、いかなる第三者も入り込む余地のない状況の専一性（Ausschließlichkeit, ⅠS.84,1p.86）があって、そこに生ずる形象が作品を産み出そうとする。芸術家の立場に即していえば、かれは「自分に向かい合って存立しているものを客観化し、対象化する人間

ではなく、向かい合って存立しているものを形象化し、形像物（Gebild）とする人間である」（ⅠS.435,4p.47）。かれのいだく形象が自分に向かい合って存立しているものを形像物にし、作品を産み出そうとするのである。

　およそ芸術的創造という営みで見ると、「芸術のなかに表現されているものは、もちろん事物に秘められたものでもなければ、精神に秘められたものでもなく、両者の間の関係に他ならない」（ⅠS.441,4p.56）。偉大な裸体彫刻を眼前にすれば、理解できよう。つまり、彫刻作品は、単なる、人間を描いた身体の表現としては、また単なる作者の内面的表現意欲としては、十分に把握できない。「芸術は、自然的対象の印象でもなければ、心的対象の表現でもない」（ⅠS.418,4p.17）。「芸術は、人間の実体と事物の実体との間の関わりから生まれる所業であり、その証しであり、したがって形となった「間」の出来事である」（ⅠS.418,4p.18; ⅠS.441,4p.56）。

　鑑賞者との関わりで見ると、以下の意義が認められる。芸術作品における作者の「〈汝〉的体験が、〈それ〉の世界につなぎとめられること、このことによってその人の体験は個人的なものに留まらずに、他の人々と共有できるものとなり、時代を越えて伝達していくことのできるものとなる」[26]。鑑賞する者によっては、〈それ〉と化した作品はそのときそのとき具体的に〈汝〉となって語りかけてくる。「人間の精神的な創造活動の優れた作品は、〈汝〉的世界との出会いにおいて見出された形象や意味や価値を、その時代や後代の人々に伝達可能な〈それ〉の形式に固定したものであり、したがって人々は、その〈それ〉化された〈汝〉（客観化された精神）との深められた関わりを実現することによって、新たに〈汝〉的世界と出会うことができるのである」[27]。

　以上のように、人間が一般的に世界とどう関わるかについて多角的に見てきた。その関わりとは、人間が物理的な自然の世界、心理的な人間の世界、そして悟性的な精神の世界といかに関わり合うかの三つのことである。また、その関わり方には、人間とさまざまな世界との関係の程度や質に応じて強弱

がある。

　基本的には、人間はそれぞれの世界で関係の相手に対して根源語〈我—そ
れ〉を呼びかけつつ、その相手を〈それ〉として知覚し、利用するという態
度をとったりするが、そこからさらに、いかにそれぞれの世界で関係の相手
に対して根源語〈我—汝〉を呼びかけつつ、その相手に〈汝〉として出会い、
結びつくような態度に発展させるかが、大きな課題であった。そして、教師
もまた、さまざまな世界との関わりや世界の形成力を体験しなければならな
いが、その体験自体が教師の自己教育につながり、子どもの自己成長にもつ
ながるのである。

註
1 ）教師を仲介的役割として規定する考えは次の指摘がある。「媒介者」としての教
　師は、多層的な「中間領域」において、人とモノ、人と人とを媒介し、教室内外の
　多様な文化を媒介し、その交流と交歓を通して学校と教室に文化の公共空間を構成
　する実践を展開している」（佐藤学「中間者」としての教師＝教職への存在論的接
　近」教育哲学会第 39 回大会研究討議）。
2 ）Natorp, Paul: Sozialpädagogik, Theorie der Willenserziehung auf der Grundlage
　der Gemeinschaft. Stuttgart, 1925, S.240.
3 ）Dejung, Berta: Dialogische Erziehung Martin Bubers Rede über das Erzieheri-
　sche Eine Interpretation. Zürich, 1971, S.45.
4 ）Dejung, B.: a. a. O., S.49.
5 ）「創世記」1.31（日本聖書協会『聖書・旧約聖書続編つき（新共同訳）』1987 年、
　2 ページ）。なお、ここでの世界は神による創造物である。「初めに、神は天地を創
　造された」（創世記 1・1 ; 1 ページ）といって、はじめに天地の全体を造り、6 日
　にわたって区分し、天地に住むすべてのものを造った。6 日目には、「神は御自分
　にかたどって人を創造された（神の像（imago Dei）のこと）」（同 1・27 ; 2 ページ）。
　ここで、神は人間に地上の支配権をゆだねた。「第 7 の日に、神は御自分の仕事を
　完成され、第 7 の日に、神は御自分の仕事を離れ、安息なさった」（同 2・2 ; 2 ペ
　ージ）。したがって、「神は万物の創造者である。神は世界の造り主であり、人間を
　ふくめた全世界は神の被造物である。かくて神と世界とは、創造者—被造物という

仕方で関係する」（山田晶「中世における神と人間」岩波講座『哲学16―哲学の歴史1』岩波書店、1968年、所収、350ページ）。それゆえに、「イスラエルの思想における神と人間との関係をみるために、両者の間に『世界』をおいて考えてみなければならない」（同350ページ）。また、「イスラエルの思想においては、神は人間にとって、いや全被造物にとって、その造者として〈父〉であり〈主〉であった。とくに人間にとって、それは〈父よ〉とよびかけられる人格的対象であり、神もまた人間に対し〈なんじ〉とよびかけるのである。神と世界との関係は〈主〉と〈御業〉であり、神と人間との関係は、〈われ〉と〈なんじ〉であった」（同358ページ）。

6）Dejung, B.: a. a. O., S.47.

7）小林政吉『ブーバー研究』創文社、1978年、204 〜 205 ページ。

8）谷口龍男『「われとなんじ」の哲学』北樹出版、1980年、31 ページ。

9）前同書、15 ページ。

10）Grünfeld, Werner: Der Begegnungscharakter der Wirklichkeit in Philosophie und Pädagogik Martin Bubers. Düsserdorf, 1965, S.45 〜 47.

11・12）Ⅰ S.375, 邦訳児島洋訳『人間とは何か』理想社、1971年、125 ページ。

13）ハイデッガー, M. 著、小島威彦・アルムブルスター共訳『技術論』理想社、1969年、18 ページ。

14）前同書、18 〜 19 ページ。

15）Grünfeld, W.: a. a. O., S.45.

16）Ⅰ S.399, 前掲『人間とは何か』166 ページ。

17）Ⅰ S.353, 前掲『人間とは何か』89 ページ。

18）Ⅰ S.996, 邦訳長谷川進訳『ユートピアの途』理想社、1972年、230 ページ。

19）Ⅰ S.326, 前掲『人間とは何か』41 ページ。

20）Marthens Garten. In: Goethes Faust, Erster Teil. Hamburg 1963. S.109. グレートヒェン（Gretchen）という女性はゲーテの原文ではマルガレーテ（Margarete）という人物になっている。

21）Ⅰ S.325, 前掲『人間とは何か』39 ページ。

22）稲村秀一「M. ブーバーの罪責論」日本倫理学会『倫理学年報』第26号、1977年、105 〜 106 ページ。

23）Grünfeld, W.: a. a. O., S.51 〜 52.

24）平石善司『マルチン・ブーバー』創文社、1991年、90 ページ。

25）芸術的形象とは、対象としての人間や現象の典型的な特徴を具体的、感覚的な

形態のうちに再現し、客観的現実の法則性を反映し、認識的および思想的価値をもつものである。芸術的形象、その内容と構成のうちに、その芸術家の個性、芸術的・思想的特質、その芸術的方法、様式などがもっともはっきりとあらわれる。形象は英語ではイメージ（image）と表現する。平凡社『哲学事典』1993 年第 24 版、408 ページ参照。

26）　吉田敦彦「人間存在の二重的存在様式―ブーバー教育思想の人間存在論的諸前提（その 1）―」『美作女子大学・美作女子短大紀要』第 35 号、1990 年、所収、9 ページ。

27）　前同論文、9 ページ。

終章　ブーバー教育論の研究成果と特質

　終章では、これまで考察してきた第1章から第12章までのブーバー教育論に関する各章の内容を、研究成果として総括した上で、若干の補足説明を加えながらブーバー教育論の特質をまとめておこう。

第1節　ブーバー教育論の研究成果

(1)　ブーバー教育論の内容と思想的基盤

　第1章では、ブーバーがドイツ教育史上、1920年代の国際的な新教育運動に対峙しながら、その運動の思想的特徴を見極めた上で自己の教育論を構築したことを明らかにした。かれの教育論は、「新教育」の陣営が自らのメルクマールとした「子どもの側から」という一つの柱─子どもの創造力・労作活動・自己活動などの尊重─を軸にする見方を転換させて、「子どもと世界の形成力」という二つの柱を軸にして構築された。と同時に、「新教育」でいう人間の解放された可能性や能力が、ブーバーにあっては、世界における人間と神との間の結びつきに発展するように導かれていくことである。ブーバーのこうした特質をもつように至った経緯は、ハイデルベルク会議の準備責任者ロッテンが、ブーバーの行った1925年の基調講演を「自由教育」（Freiheitspädagogik）に対する批判だとして受け止めたように、「新教育」の陣営内における自由のとらえかたに不十分さがあったことにある。そのとらえかたの問題は、後の1927年にリットをして、「指導か放任か」（Führen oder Wachsenlassen）といわしめたほどである。

　次に、ブーバー教育論の内容はどこに求められるかである。1926年の刊

行物『教育的なるものについての講演』（"Rede über das Erzieherische"）の表題にある〈教育的なるもの〉（das Erziehericshe）という語の使い方にそのヒントがあった。この用語は、新旧の両教育を超える第三の立場として、教育の本質を求めるために使われていた。その結果、旧教育の教師中心主義と新教育の子ども中心主義の両者を超えつつ、両者の立場を統合するような教育者と子どもとの〈間の領域〉における対話的な結びつきの関係が見出された。そして、ブーバーは教育者と生徒とのこの結びつきの関係を根源的な「包擁」の体験という教育関係に発展させたのである。「包擁」の概念については、後の第7章で取り上げている。

　第2章では、ブーバー教育論の思想的基盤がハシディズムにあることを明らかにした。ハシディズムでは、敬虔なハシディームの行動や生活はその指導者ツァディクの下で一体的に成り立つものである。ハシディズムの師弟間の一体的で信頼的な雰囲気のなかで学ぶことが追求されるとしたならば、それはどんなに効果的なものになるだろうか。事実、本章第2節でその通りであることを確認できた。そして、ハシディズムにおける師弟関係は、第9章で言及しているように、学校における教師と子どもとの教育関係のモデルにもなる。

　加えて、ハシディズムにおける教え学ぶことの相即関係でいえば、教師にはあらかじめ教科の大きな枠組みが与えられて、かれが生徒に対してその枠組みにしたがって一方的に教科の内容を効率よく伝達し、理解させるという教科教授の従来的な考え方は、まちがいなく覆される。少なくとも、学ぶ立場にある生徒の疑問・関心などにおける意欲的な態度が教科教授の一方通行的な方法によって排除されるということは、まずは回避されるだろう。ましてや、教えるということと学ぶということの、いわゆる教育における二項対立の問題も避けられよう。もう一つ、ブーバーの論に即していえば、「われわれ自身の思惟や観念でもってハシディズムの現実に到達することは非常に難しい。むしろ、われわれは、世界や人間に関するわれわれ自身の熟知的な

観念を一度は捨てて、われわれ自身の思惟を、ハシディズムの現実で培われる見方にゆだねることである」[1]。こうしてこそ、われわれはブーバー教育論に真に迫ることができる。そして、ハシディズムにおける師弟間における教え学び合う相即関係は、通常の学校における教師と子どもとの教育関係の模範となろう。

　第3章では、ブーバー教育論の思想的基盤が哲学的人間論にあることを明確にした。まず、近代の基礎的存在論にあっては、人間の自己自身との独話的関係がその基調となっていたが、実存的な二人格の対話的関係は想定されていなかったことに言及した。そして、ブーバーは人間の自己自身との独話的関係ということに対しては否定的であって、人間の孤独さを昇華するが如く次のように強調した。人間の「それぞれの本質的な生の関係は、すなわち事物との関係は芸術のなかに、人間との関係は〔共人間的な〕愛のなかに、そして神秘との関係は宗教的な啓示のなかに、それぞれの生の関係の完成と浄化とを見いだしたが、一方人間の、自己現存在及び自己自身との関係は、かかる完成と浄化とを見いだせなかったし、明らかに見いだし得ていなかったのである」（ⅠS.378,p.130）と。こうして、人間存在はさまざまな他者との間の生の関係をもつことに意義があるのであって、以下のように人間の三重の「生の関係」が挙げられる。

1　人間の世界との、すなわち自然との、事物との関係。それは言葉を交わすという「言語の敷居」（Schwelle der Sprache）の一歩手前のところ（Vorschwelle）で成り立つ生の関係である。

2　人間の共人間との、すなわち共同社会との、利益社会との関係。それは、言語という形態をとる生の関係である。それはまた言語の力を通じて、〈汝〉を与え、また受け取ることができるような生の関係である。

3　人間の絶対者との、すなわち神との、あるいは神秘との関係。それは無言でありながら言語を生み出すような生の関係である。それはまた、〈汝〉と呼びかけられているのを感じ、そして応答するような生の関係である（ⅠS.375,p.125; ⅠS.81,1p.10 〜 11; ⅠS.146 〜 147,1p.135）[2]。

　ブーバーが求める人間像はこの三重、すなわち世界との、共人間との、そして絶対者との間の「生の関係」を全体的にとり得るような人間を指した。これは「人間とは何か」という問に対する答えでもあった。ブーバーは人間存在を、単に孤立的な自己存在としてではなく、さまざまな存在者との間の生きた関わりをもつ全体的な人間として探究したのである。ことに、上述の2のように、人間の実存と他者の実存との間における生きた関わりを人間的実存の基本的事実だと見なし、ブーバーはこれを限りなく追求していった。それが対話における〈我─汝〉の関係の樹立へとつながった。いずれにせよ、ブーバーが果たした最大の功績は、人間と人間との間の対話的実存を基底にして人間論を構成したことである。そして、ブーバーは教育論の思想的基盤を、すなわち教師と子どもとの間の教育関係の思想的基盤を、そうした哲学的人間論に求めたのである。

　第4章では、まず1933年以降のドイツ第三帝国内にあって、ナチズムによるユダヤ人の公職からの追放、ユダヤ人の著した書物の焚書、そしてドイツ国家にとっての災厄の本源と見なされたユダヤ人の排撃などの政策がとられたことを確認した。そして、ブーバーがユダヤ民族の生存の危機に対して、どのように対処し、いかなる教育構想を描き、それを民族教育活動の分野でどう実現しようとしたのかを、ユダヤ民族の状況・根源・要請の三つの視点でもって考察した。ブーバーの論に即すれば、ユダヤ民族の人間存在を基礎づけている歴史的現実や民族の運命を避けて通ることはできないし、むしろその不可避的な運命を踏まえて教育は行われなければならないとした。民族の危機に直面してこそ教育の力が試され、民族の将来は一にも二にも教育の力にかかっていたといえる。だが、ここでいう教育は成人教育のことである。したがって、本章での実際上の教育活動論は、第1章で述べた教育論の内容とは直接的に連続していなかった、と結論づけることができる。

　ただし、成人教育はブーバーにとっては、次の点において重要な課題であ

った。ユダヤ人がドイツ国内では民族の迫害を受け、国外では各国へ離散（ディアスポラ）していく最中、何をもって精神的に統合・結合されるべきだったのだろうか。同民族にあっては、ユダヤ教の信仰やヘブル語の学習を通して、自らの内に規範的な根源的諸力を想起させ、それを共通項にして連帯意識を強化する以外には方法がなかった。民族教育は、ヘブル的ヒューマニズムに基づき、民族の根源に訴えて、民族の生存の危機を克服すべく民族の統合・結合を図ることであった。さらに、ユダヤ民族は神との契約を想起し、神の声に聴き従い、それに応答することでもって、民族共同体を想起し、そこにはユダヤ民族としての使命と自覚が生じ得るとした。このユダヤ民族と神との応答関係は、神を介しての教師と子どもとの間の結びつきでもあった。

(2) ブーバー教育論の展開──〈間の領域〉を基に──

　第5章では、さまざまな社会状況にあっても、〈我〉と〈汝〉の対話を基本とするような人格共同体は、教師と生徒との間の人格的な結びつきによって可能となり、成立し得ることを取り上げた。ここでは、個々人が自らのうちに不安や絶望をかかえこみやすいこと、あるいは個々人が集団のなかに埋没しやすいこと、この内面的な課題は、同時に個々人が互いに実存的に出会う〈間の領域〉へと誘われ、人格共同体が形成されることでもって解消される、とブーバーは考えた。また、多種多様で複雑な文化的・社会的・宗教的事象のなかにあってこそ、あるいは対立と分裂に充ち満ちた現実世界のなかにあってこそ、人間と人間とが実存的に出会うべき〈間の領域〉が求められてくる。したがって、〈間の領域〉は人間と人間が出会うべき両当事者の独自の場であり、実体の場である。そして、〈間の領域〉にあっては、個人主義と集団主義という二元性を超えるような全体的な人格的統一性・人格共同体を志向せしめるような、いわば磁力が働くというのである。
　ブーバーは、現実社会が複雑で厳しい状況にあればあるほど、それだけい

っそう神の語りかけに応答するような人格的責任を果たす人間を渇望して止まなかった。ブーバーは、あくまでも教師と生徒との間での結びつきによってユダヤ人の生存の確認を求めようとした。そして、教師自らが厳しい困難な状況のなかにおいて、教育の厳しい現実にさらに踏み込んで、そこで〈我〉と〈汝〉が〈間の領域〉に誘われるような〈我―汝〉の対話的関係の構築を、かれは切望したのである。

　第6章では、教育上の出会いについてブーバーの論に即して詳述した。かれは、出会いを神の恩寵によるものだと把握し、その実例として新任教師と子どもとの〈間の領域〉に生ずる出会いを示している。この実例のなかで、教師は子どもとの間のさまざまな関係に曝されながらも、子どもを全体的にとらえられるかどうかの瀬戸際に立たされる。その際、教師が子どもと真摯に根気よく対峙しつづけていくうちに、真の出会いが両者の〈間の領域〉に生ずる瞬間は、やがてやってくる。事実、《そのとき》は到来して、効果的な授業や対話は展開されていくという。つまり、教師は相手との教育関係で、相手からの問いかけの意味を誠実に汲み取りつつ、一方子どもは語ることを通して教師との信頼関係を得ながら、さまざまな事柄・教材や生き方を学習していくことができるとする。つまり、教師と子どもとの間の関係は、最初は「学校という場所で行われる互いの他人的関係から、そして我―汝の対話的関係へ」[3]と深化したといえる。

　さらに、子どもが教師との間の教育関係を通して、真に主体的に学ぶことをいかにして可能にするか、という点をブーバーの主張から看取できる。つまり、教師と子どもとの〈間の領域〉において何が生ずるか、生ずるとすればそれが学習にどう作用するかである。具体的には、教師は生徒をして事柄・課題・教材に具体的に多様にかかわらせ、そしてそれをどう理解・解釈せしめようとするのか。それが学習上の課題である。一つの示唆として、次のことが挙げられよう。「教材へのかかわり方を子どもたちの自由に委ね、彼らのかかわり方を教師がひき受けることによって授業が展開する場合には、

たしかに教材への彼らのかかわり方は多種多様となるが、それだけより一層、子どもたちにとっても、教材を学ぶことも学んだことを経験済みにすることも容易になる」[4]と。

　第7章では、学校という空間における教師と子どもとの狭い教育関係を、可能なかぎり幅広くさまざまな人間関係においてとらえ直そうと試みた。さまざまな人間関係の一つである包擁という語は、ブーバーにあっては、教師と子どもの両者独自の〈間の領域〉における教育的な概念でもあった。本章で考察したように、従来の特殊な教育関係における教育者の権力意志やエロスの衝動を、被教育者との真の人間的な結びつきへと転換させるためには、教育者が被教育者という相手を向かい合う側から体験するという根源的な包擁の体験が必要であるとする。

　じっさい、教育者は被教育者との間の教育関係において、自己の魂を弱めることなく、と同時に自己の恣意や欲望にいささか禁欲的になりつつ、自己の行為を受け止める相手の魂の側にいるように行動しなければならないという。被教育者が未成熟であることを前提にしているので、教育者による被教育者への包擁は一方的にならざるを得ないだろう。そのため、教育者は積極的に根源的な母子関係のような〈我〉と〈汝〉の「隠れた対話」を作りつつ、同時に人間的な信頼関係を築き上げることである。この信頼関係がやがて対等な真の対話へと、あるいは友情へと発展することになる。ブーバーの真意を読み取れば、「包擁する力にしてはじめて、それが神の導きとなる」。教育者による包擁という人間的な行為は、神、絶対者、超越者との間の結びつき・対話を志向する。こうしてこそ、従来からよくいわれている教育者と被教育者との間における支配・服従の伴う狭い特殊な教育関係を乗り越えることができるというものである。

　第8章では、教師の何気ない教育上の無為的行為について考察した。それによると、教師が子どもとの間で、無為的行為をとることによって、両者独自の〈間の領域〉における対話・出会いや包擁の事象が生じ得るものであっ

た。学校制度がどんなに近代的に改革されたとしても、そこには教師と生徒との間における全体的な人間関係が展開されなければ、意味をなさないだろう。ブーバーはこの問題の解決を教師の無為的行為に求め、それによって出会い・対話や包擁などによる「学校の人間化」をいっそう図るべきだとした。

　ブーバーは教師の教育的行為として、《あたかも行為していないかのように》自覚的に行為すべきだ、という古くて良き時代の師匠（マイスター）像を教師のモデルとしていた。と同時に、無為的な教育的行為をとるというブーバーの考え方は、中国の無為自然の教えを旨とする老荘思想からも影響を受けていた。前者の師匠像の特徴は、師匠が徒弟と生活をともにしながら、相手に無意図的に職人技術を伝えるということである。後者の教えの特徴は、教師が天地自然の道にしたがって道教でいう無為の行為をとり、それが自ずと子どもへの教育に作用するということである。両者共通の特徴は、ともに教師のあり方が人間の個々の部分的行為を、人間存在全体をかけた行為に統一的に止揚しようとした点である。となれば、教師が生徒との間の関係において、かれに対してかように統一的に無為的に振る舞えるかどうかが重要であり、この振る舞うという行為が対話・出会いや包擁を招来することになろう。これが今日ますます管理強化されつつある学校制度のなかにこそ要求されていることである。

(3)　ブーバー教育論で求められる教師の役割

　第9章では、ブーバー論における学校と共同体との関連の考察を通して、教師に求められる役割が子どもとのハシディズム的な一体的関係において、自ら模範となり、相手の信頼を得られるように教えと生活とを自らのうちに一致させ、相手を無為的に導いていくということである、と明確にした。究極的には、ブーバーによれば、教師の役割が子どもたちに対して学び、成長し得るようなユダヤ的共同体を構築し、維持・発展させることにあった。そして、キブツの学校教育は、ユダヤ的共同体を担い得るような若い人間の育

成を目指すことであった。それはブーバーに従えば、普遍的には共同体の構築に向けて真の〈偉大な性格〉を形成することでもあった。

　しかし、キブツの学校には、残念ながら課題もある。たとえば、教育制度の建前上、乳児から成人するまでの男女がつねにいっしょであり、男女共学制がとられる。男女は差別なく平等に扱われる。学校は男女の協同原理のもとに運営される。ところが、近年のキブツ学校は、子どもに対する共同就寝制の否定、両親の家での個別就寝制の増加、思春期の男女同居の是非、集団生活におけるプライバシーの保護、大学進学における条件の不利さ、などの困難な現実に直面している。キブツ創設期の学校と比べて、今の学校はだいぶ質的に変容を迫られている。また、ガリラヤ湖に近いマコムのキブツの学校では、かつて「競争意識のない雰囲気や人間関係を培っていく重要性を強調していた共同就寝制と共同教育制が、実は現在のキブツの最もはっきりした改革の対象にあげられている」[5]。就学前教育の段階では、もうすでに共同就寝制は親子同寝制へと移行している[6]。こういった点で、ブーバーが理念的に描いていたキブツの学校教育や教師像は、今後どのような方向に向かうべきだろうか、あるいはその問題は後世の人たちの手に委ねられるべきだろうか。

　第10章では、ブーバーが最終的に1935年の『教育と世界観』では、《何に向かってか》（Worauf zu）という教育目的をつねに追究していたことを明らかにした。そして、かれはこの問いに対して、目指すべき「神の似姿」という人間像を根本から規定するところの、真の世界観ともいうべき「目標の真理」でもって答えている。もともと、ブーバーによれば、時代や社会に普遍的に妥当するような人間像が誰から見てもはっきり描かれるならば、「何に向かって教育がなされるべきであるか」という明確な問いの立て方は可能であろう。歴史的には19世紀末までの「キリスト教徒」「紳士」「市民」といった具体的な人間像を知っていた時代にあっては、そういう問いの立て方はできただろうということである。

　しかしながら、さまざまな価値や状況を基底とした20世紀初頭の複雑で流動的な社会では、普遍的な価値や人間像を実現させるということは現実にはとうてい困難であった。それゆえに、さまざまな人間と人間とが共存し合う当時の社会では、「神の似姿」という普遍的な人間像を強調せざるを得なかった。それは少し奇異に聞こえるかもしれない。が、ブーバーがいう神とは、少なくとも人間模様の複雑な現実社会に存在し、どの人間との間においても対話の可能となるような真の〈汝〉のことである。「神の似姿」という人間像は、さまざまな価値や状況を超えて神に応答し、どの他者に対しても責任をとるような人間のことである。1935年当時の、ナチスによるユダヤ民族に対する厳しい状況にあっても、真の世界観という「目標の真理」を根底に置き、かつ唯一の方向性を示すような「神の似姿」を追究していたのは事実であった。まさしく「神から人間への重心移動」[7]の時代にあってこそ、ブーバーが精いっぱい提示し得た目的像は、神に応答し、どの他者にも責任をとるような「神の似姿」としての人間像であった。だとするならば、教師の役割は、ブーバー教育論に従えば、社会や時代が子どもに対する教育目的を奈辺に求めているかを探究し、それを提示することである。教育目的が不在であるとか、またはそれがなおざりにされているという議論があるが、その場合には教育学の真価は問われるべきだろう。ヘルバルトも教育目的として真摯に道徳的判断力の形成を提示したのを考量すれば、容易に理解できる。

　第11章では、最初に、責任の概念が教師自身の恣意や好みなどに左右されないような教育の自律性を保証し、またそれを確保するために必要なものである、と確認した。次いで、責任の現実的意味の強調とその背景にある「神の火花」説─神の火花が万物のなかに落ち込んで人間がその火花を、責任をもって救済すべきだという説─について言及した。そして、責任に対する二つの教育的意義、すなわち「責任への教育」と「責任における教育」に触れ、とくに後者の目指す性格教育の内容について考察した。すでに明確にしたように、教師の果たすべき責任は、自己がどんな場合でも教育の場合で

も、他者からの呼びかけに対して現実的に真摯に応答することである。自己と他者との間における的確な応答的な関係が、取りも直さず自他の責任ある関係にほかならないのである。

　また、ダンナーにいわせれば、「責任は対話の帰結である」[8]と。この「責任への教育」を自覚的に行うのが「責任における」ところの性格教育である。性格教育は子どもの内に、一方では人格的な本質の統一性を、他方では世界からの呼びかけに対する応答・責任能力の育成、すなわち「偉大な性格」の刻印をねらいとしている。あいまいな教育関係に陥りがちな今日の教育状況においてこそ、とくに教育者が自らの役割として、子ども自身の呼びかけや訴えに対して誠意をもって応答することはもとより、子どもの内で世界からの真実の呼びかけに応答できるようにもっていくことが求められてくる。それがまさにブーバーのいう教育者の責任であって、また教育者はかりにも被教育者の求めや叫びなどを真正面からとらえずして、マニュアル通りに教科内容を教授すればよいというものでもない。今日の学校教育における病理的な諸現象の原因の一端は、教育者が子どもを直視しないそうした教科教授のしかたにあろう。

　最後の第12章では、人間が一般的に物理的な自然の世界、心理的な人間の世界、そして悟性的な精神の世界といかに関わり合うか、について考察した。ここでの課題は、人間が基本的にそれぞれの世界で関係の相手に対して根源語〈我─それ〉を呼びかけつつ、相手を〈それ〉として知覚し、利用するという態度をとったりするか、あるいは関係の相手に対して根源語〈我─汝〉を呼びかけつつ、相手に〈汝〉として出会い、結びつく態度に発展するか、であった。また、人間とさまざまな世界との関係のとり方は、それぞれにおける関わりの程度や質に応じて変化するものであった。そして、ブーバーが目指したのは、次の点である。すなわち、人間はどのような世界にあっても、それぞれの関わりを通して、どれだけ「永遠の〈汝〉の息吹（Wehen）」（ⅠS.81,1p.11）を聴きとり、「永遠の〈汝〉」に呼びかけるかであった。

　教育の場合においても、こういった人間のさまざまな世界に対する関わり方は、そのまま教師のさまざまな世界に対する関わり方にもあてはまる。つまり、教師は自己教育を要請されているがゆえに、自らさまざまな世界との関わりをもたなければならないだろう。この自己教育によって、教師の役割は子どもとの間の関わりやその程度・質に応じて、子どもの成長にとって必要な力を世界から自らのうちにいったん選び取り、結集して、それを子どもに柔軟に働きかけるということである。教師という仲介者を得てはじめて、世界から子どもへ向けての形成力が働くというものである。

　ここでは、教師は子どもに信頼されるべき存在者として描かれ、子どもは教師の人間性や言動などを模倣しつつ、やがて世界に自ら生きる存在として規定され、自立し得る。両者の関係は、いわば親方と弟子の師弟関係に相当する。教師は職人像として想定され、子どもはやがて自立していく一端の職人として描かれているといってよいだろう。

第2節　ブーバー教育論の特質

(1) 教師・子ども・世界の三者関係——包擁・対話・出会い——

　以上、前節で総括してきたブーバー教育論は、ドイツ教育史上でいえば、1920年代の国際的な新教育運動の時期に誕生し、その運動に的確に対応して構築された。ブーバー教育論の最大の特徴は、「新教育」の主張するところの、解放され、形成された子どもの可能性や能力を、教師の手を介してさらに世界における神や人間と結びつくようにすることにあった。一方、新教育の課題を克服するために、ブーバーは1925年の講演のときに、〈教育的なるもの〉という語をあえて使用して、その語の意味に、教師と子どもとの間における根源的な包擁の体験という教育関係を込めるようにしたのである。

　包擁の概念は、第7章第1・6節で明確にしたように、教師が子どもとの

間の教育関係において、自己の魂を弱めることなく、と同時に自己の恣意や欲望を抑制しつつ、子どもの魂の側にいるように行動するという意味内容である。子どもが未成熟であるがゆえに、教師による子どもに対する包擁は一方的にならざるを得ない。むしろ、この行為によってこそ、教師と子どもとの間でよく見られる支配的で服従的な特殊的教育関係を乗り越えることができるというものである。包擁はまたブーバーにあっては、教師と子どもとの〈間の領域〉における関わりの程度や質に応じて生じ得る事象である。両者の独自の〈間の領域〉において、他にはそのつど対話や出会いが生じ得る事象もある。

　そうだとすると、教師は第12章第2節で明らかにしたように、子どもと世界とをとりもつ仲介役を果たすことになるが、教師の真の役割は子どもの諸力を世界におけるいろいろな他者との結びつきへと高めることである。つまり、個々の子どもにおけるモノを創造するという創始者本能は、教師との〈間の領域〉における関わりの程度や質に応じて、子ども自身の世界との関わりへと高められ得る本能ともなる。具体的には、教師が自ら世界との関わりで世界を知覚し利用し、あるいは世界に呼びかけ、応答し、子どもは教師との関わりでそれをまねて学ぶということになる。結果的には、世界はそのことを通して、次々頁のＡ図内の破線の矢印のように、子どもに働きかけ、作用し得るというものである。そして、子どもと世界との関わりで、たとえば子ども―教師、子ども―他者、子ども―〈汝〉、子ども―世界、子ども―環境、子ども―自然、子ども―動物、子ども―植物、子ども―社会、子ども―文化、子ども―芸術、子ども―文学、子ども―神等など、といったさまざまな関係が生じ、これらの関係力が子どもを形成する力ともなる。

　そこで、上述の教師・子ども・世界の三者関係や、教師と子どもとの〈間の領域〉で生じ得る包擁・対話・出会いの事象を、Ａ図のように、明示することができる。次々頁の下記のＢの左図を見ると、新教育運動はその図の破線内のように子どもの諸力の解放・形成を旗印にしたが、それは、ブーバ

一にあっては、他者との結びつきへと高められ得るという教育の前提になるのに過ぎないものであった。ここで課題となるのは、どのようにして、解放され、形成された諸力を、世界と関わり、他者と結びつくような力—世界による子どもへの形成力（A図のα）—に発展させるかであった。この課題に対応するためには、第2章第2節で言及したように、ハシディズムにおける教え学び合う相即関係のように、一方では教師は自らさまざまな世界と関わり、学び、他方では子どもはそれを教師の無為的な行為のうちに学ぶといった両者の関係をつくることが求められる。

　次に、B図に目を転じて、それについて触れる。新教育運動は教育の自律的な営みとして、子どもの能力や可能性の解放・形成を主張していたが、この諸力の解放・形成はBの左図の破線内の動きにとどまってしまったことであろう。最大の問題としては、Bの右図に示したように、ひとたび国家社会の意思や時代の要請が入ってくると、解放され、形成された子どもの能力や可能性は、得てして学力としてとらえられて、その学力が日本の場合だと、人材の選抜・配分の基準と化してしまう傾向が生ずることである。ここでの教師の果たすべき役割は、すでに「〈それ〉として対象化された知識」9)・情報や技能などを多く有し、それらを意図的に子どもに教えるということである。それに対して、子どもは教師との間の関係でそれらを可能な限り、意欲的に効率よく獲得するのが望ましいとされよう。教師は、少なくとも子どもに対して、専門的に意図的に能率的に教える専門職者として想定されている。教師との間の関係で獲得された子どもの学力や知識内容は、Bの右図にあるように、卒業後に学歴の成果として社会的地位を得て、現実社会の経済・政治・文化的な活動のなかでは、「我欲」や「自尊心」の「自己拡大」10)に奉仕する力と化してしまう場合がよく見られるのである。

A　ブーバーの「世界」概念

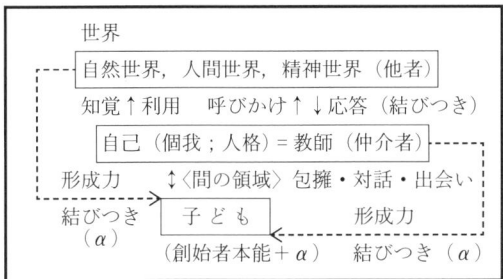

B　新教育の「自然」概念

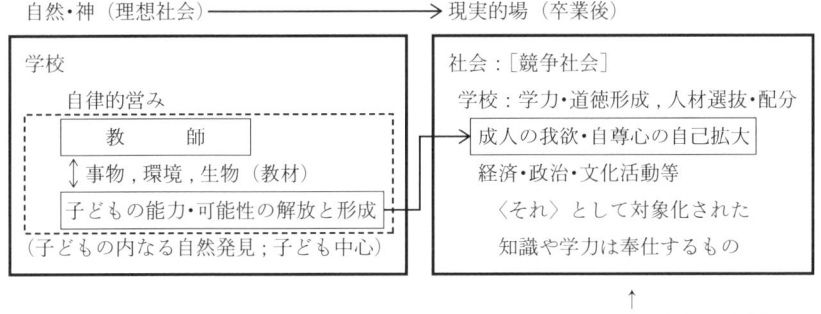

(2)　教師の役割——責任・自己教育・関係——

　すでに示した上のBの左図にある教育の自律性の問題でいえば、ブーバーの場合は、その自律性が教師の責任というものによって保証され、確保されるものである。

　ここでの教師の果たすべき責任は、第11章第3節(2)で述べたように、かれがどんな場合でも、子どもからのいろいろな呼びかけや問いかけに対して現実的に真摯に応答することである。自己と他者との〈間の領域〉における明確な応答的な関係が、そのまま自他の責任ある関係となる。教師は自らの役割として、子ども自身の呼びかけや訴えに対して誠実に応答し、子どもの

内で世界からの真実の呼びかけに応答できる力を培うことが求められる。そ
れがまさにブーバーのいう教師の責任であり、B図にある教師にさらに求め
られる正真正銘の責任である。

　教師の責任の下に、子どもは教師との教育関係を通して、真に主体的に学
ぶことが可能となる。つまり、教師の責任ある自律的な営みの下で、子ども
はかれとの〈間の領域〉における関係でもって具体的に事柄・課題・教材に
具体的に関わり、そしてそれを理解・解釈し、習得することができるという
ものである。

　もう一つ、教師は第12章第2節で明確にしたように、自ら世界と関わる
という自己教育も求められる。教師は前頁の上のA図にもあるように、自
らさまざまな世界との関係をもたなければならないだろう。こうした関係を
もつことによって、教師の果たすべき役割は、かれが子どもとの〈間の領
域〉における関わりの程度や質に応じて、子どもの成長にとって必要な力を
世界から自らのうちにいったん選び取り、結集して、それを子どもに働きか
けるということであろう。教師という仲介者を得ることによって、はじめて
世界から子どもへ向けての形成力が働き、子どもの内に世界における他者と
の結びつきができるというものである。その結果、子どもはやがて自立・自
律し、それにともなって教師との教育関係は解消されていくことになる。こ
うして、教師の包擁・対話・出会いなどを通じて、世界の形成力が子ども自
身に働きかけ、作用し得るというのが、ブーバー教育論の最大の特質であり、
今日にも継承されるべき教育論であろう。

　加えて、ブーバーの教育関係論の全体に注目してとくに見えてくるのは、
教師と子どもとの〈間の領域〉における「触れ合い」・「関係」[11]そのもので
ある。それについて、かれは1950年のとき、ゲヘープ（Geheeb, Paul 1870〜
1961）が80歳を迎えた誕生日に、と同時にオーデンヴァルト学校（Odenwald-
schule；2015年閉校）の創立40周年の記念日に合わせて、エルサレム・ラジ
オ放送で自ら語っている。つまり、ブーバーは、教師と子どもとの無作為的

な関係という意味で、「触れ合い」（Kontakt）について講話したのである。そもそもゲヘープ自身が創立したオーデンヴァルト学校では、開校以来教師と生徒との無作為的に触れ合う教育関係の重要性が日常的に自覚されていたのである。ブーバーはこの学校を訪れた経験をもとにして、ラジオ講話のなかで、「触れ合いが教育におけるもっとも重要な語である」と認識しながら、次のように語った。「良い教師は、語ることや沈黙することでもって、また授業時間や休憩時間にさりげなく対話をおこなうか、あるいはただそこに居合わせることによって生徒を教えるのである。かれはじっさいにただ生徒とともにいる人間でなければならないし、生徒のそばにじっさいに居合わせなければならない。このように、良い教師は生徒との触れ合い（Kontakt）によって教育するのである」[12]と。

　再度、ブーバーは、10年後の1960年に同じゲヘープの90歳誕生日のときにも、かれを祝福しつつ、「教育するということ」（《Erziehen》）について語った。このときも、やはり「関係が教育する」（Beziehung erzieht.）[13]ということの重要性が、改めて「教育の本質」として認識されていた。ブーバーのその認識は、晩年に至っても、かれ独自の教育関係の概念に関して、決して揺らぐことはなかった。そして、かれの真意は終生この概念を確固たるものにすることにあったといえる。

註

1 ）Schaller, Klaus: Die chassidischen Wurzeln der Pädagogik Martin Bubers（1959）. In: Der Gebildete heute. Bochum 1962, S.68 〜 69.

2 ）Reger, Anton: Menschenbild und Erziehung nach der Lehre M. Bubers. München, 1956, S.18. なお、ブーバーは人間存在の三重の基礎的関係、すなわち人間存在の世界との、人間との、そして神との関係を、1923年の『我と汝』（"Ich und Du"）という本で述べている。1929年の『対話』（"Zwiesprache"）は「我と汝」での対話的原理を補足する形で書かれた。1936年の『単独者への問い』（"Die Frage an den Einzelnen"）はまったく同様にその補充に努めている。1938年の『人間とは何か』

("Das Problem des Menschen"; Hebrew Uni. 1938 年夏学期講義 ; 1948 年刊行) で
の「人間とは何か」という人間学的な問いの歴史的・批判的な研究は、最後には
1950 年の『原離隔と関わり』("Urdistanz und Beziehung") に受け継がれた。この
作品は『人間とは何か』に関連して、人間学的な問いにおける基礎的な人間存在論
を展開している。ついでに、ブーバーは『人間とは何か』ではすでにかれの人間像
を提示していた。この作品の第一部は人間の対話的な〈我〉の生成を扱う。とくに、
人間の共人間との、そして神との基礎的関係の重要性に顧慮しつつ、ブーバーは他
の存在者との関係による〈我〉の生成を示した。第二部では、かれは人間と神との
関係の論究から、宗教的に形而上学的に人間の共人間との関係、共同社会との関係、
そして利益社会との関係に言及している。

3) 齋藤昭「教育と他者」『教育的存在論の探究―教育哲学叙説』世界思想社、1999
年、186 ページ。

4) 中田基昭『教育の現象学』川島書店、1996 年、149 ページ。中田基昭『現象学か
ら授業の世界へ』東京大学出版会、1997 年も参照。

5) リブリッヒ，A. 著、樋口範子訳『キブツ　その素顔』ミルトス、1993 年、356 ペ
ージ。

6) 石垣恵美子『就学前教育の研究』風間書房、1988 年、173 ～ 175 ページ。

7) 石井正司発言、金子茂「近代教育思想史研究と『教育可能性』概念の史的解明」
『近代教育フォーラム』第 2 号、教育思想史学会、1993 年、32 ページ。

8) Danner, H.: Martin Buber ― Dialogische Erziehung zur Verantwortung. In: Zum
Menschen erziehen. Frankfurt/M., 1985, S.77.

9) 伊藤一也「人間形成を支えるもの―『牧歌的』生の本質」岡田渥美編『人間形成
論―教育学の再構築のために―』玉川大学出版部、1996 年、所収、102 ページ。

10) 前同書、102 ページ。

11) ザールフランクの研究に次のような指摘がある。「すべてが関係であり、すべて
が相互性である―人間と自然や人間と人間との関係から、人間と永遠の汝たる神と
の関係に至るまで、すべてが関係である―」(Saalfrank, S.7)。語りかける者と語
りかけられる者とのこういった関係から、教育的思惟や行動が本質的に成り立つと
いうのがブーバーの考えだという。Saalfrank, Wolf-Thorsten: Beziehung ist Gegen-
seitigkeit ― Martin Bubers pädagogisches Denken und Handeln. Gießen, 2008.

12) Buber, M.: Über den Kontakt. 1950 Aus Jerusalemer pädagogischen Radio-Re-
den. In: Nachlese. Verlag Lambert Schneider Gerlingen 1965. 3. Aufl. 1993. S.85.
Vgl. Meyer, Ernst:M. Bubers Einfluß und Wirkung auf Erziehung und Unterricht

heute Anmerkungen. In: Röhrs, H./Meyer, E: Die pädagogischen Ideen Martin Bubers. Wiesbaden 1979. S.30 〜 31 u. S.36 〜 37.

13）Buber, M.:《Erziehen》. 1960 Zum 90. Geburtstag von Paul Geheeb. In: Nachlese. a. a. O., S.81. 「関係が教育する」というブーバーの「教育の本質」は、何と J. H. ペスタロッチがいうところの「生活が陶冶する」（Das Leben bildet.）という教育原則に通底しているのである。加えて、次の見かたもある。すなわち、「教育の本質は、教育技術や学び方ではなくて、学ぶ者と教える者の〈心のきずな〉の形成である。つまり、教師と生徒との〈信頼〉と〈尊敬〉が教育の根本であるという」（黒澤英典「武蔵学園建学の理想と山本良吉の教師論」武蔵大学人文学会雑誌第 41 巻第 3・4 号、2010 年、所収、243 ページ）。

〔引用文献一覧〕

〈欧文〉

Ⅰ ブーバーの著作

1 Buber, Martin: An der Wende—Reden über das Judentum. Köln und Olten, 1952.

2 Buber, Martin: Bilder von Gut und Böse. Köln und Olten, 1923.

3 Buber, Martin: Briefwechsel Band Ⅰ, 1897 ～ 1918. Heidelberg, 1972.

4 Buber, Martin: Briefwechsel Band Ⅱ, 1918 ～ 1938. Heidelberg, 1973.

5 Buber, Martin: Briefwechsel Band Ⅲ, 1938 ～ 1965. Heidelberg, 1975.

6 Buber, Martin: Das Buch der Preisungen. Heidelberg, 1975.

7 Buber, Martin: Das Dialogische Prinzip. Heidelberg, 1965.

8 Buber, Martin: Das Problem des Menschen. Heidelberg, 1971.

9 Buber, Martin: Der Jude und sein Judentum. Köln, 1963.

10 Buber, Martin: Der Mensch und Sein Gebild. Heidelberg, 1955.

11 Buber, Martin: Der Weg des Menschen—Nach der Chassidischen Lehre. Jerusalem, 1950.

12 Buber, Martin: Der Weg des Menschen—Nach der Chassidischen Lehre. Heidelberg, 1972.

13 Buber, Martin: Deutung des Chassidismus—Drei Versuche. Berlin, 1935.

14 Buber, Martin: Dialogisches Leben. Zürich, 1947.

15 Buber, Martin: Die Geschichten des Rabbi Nachman. Gütersloher Verlaghaus, 1999.

16 Buber, Martin: Die Erzählungen der Chassidim. Zürich, 1940.

17 Buber, Martin: Die Jüdische Bewegung. Berlin, 1920.

18 Buber, Martin: Die Stunde und die Erkenntnis. Berlin, 1936.

19 Buber, Martin: Drei Reden über das Judentum. Frankfurt/M., 1920.

20 Buber, Martin: Einsichten—Aus den Schriften gesammelt. Wiesbaden, 1953.

21 Buber, Martin: Ereignisse und Begegnungen. Leipzig, 1917.

22 Buber, Martin: Hinweise—Gesammlte Essays. Zürich, 1953.

23 Buber, Martin: Ich und Du. Stuttgart, 1958.

24 Buber, Martin: Israel und Palästina. Zürich, 1950.

25 Buber, Martin: Kampf um Israel. Berlin, 1932.

26 Buber, Martin: Mein Weg zum Chassidismus. Zürich, 1953.

27 Buber, Martin: Moses. Zürich, 1948.

28 Buber, Martin: Nachlese. Heidelberg, 1965.

29 Buber, Martin: Rede über das Erzieherische. Berlin, 1926.

30 Buber, Martin: Reden über Erziehung. Heidelberg, 1969.

31 Buber, Martin: Urdistanz und Beziehung. Heidelberg, 1978.

32 Buber, Martin: Werke Erster Band, Schriften zur Philosophie. München und Heidelberg, 1962.

33 Buber, Martin: Werke Zweiter Band, Schriften zur Bibel. München und Heidelberg, 1964.

34 Buber, Martin: Werke Dritter Band, Schriften zum Chassidismus. München und Heidelberg, 1963.

35 Buber, Martin: Worte an die Jugend. Berlin, 1938.

36 Buber, Martin: Zwei Glaubensweisen. Gerlingen, 1994.

37 Buber, Martin: Zwischen Gesellschaft und Staat. Heidelberg, 1952.

38 Buber, Martin: I and Thau. New York, 1958.

39 Buber, Martin: Between Man and Man. New York, 1965.

40 Buber, Martin: Eclipse of God. Atlantic Highlands, 1952.

41 Buber, Martin: Good and Evil. NewYork, 1952.

42 Buber, Martin: Tales of the Hasidim. NewYork, 1947.

43 Buber, Martin: The Legend of the Baal-Shem. NewYork, 1955.

44 Buber, Martin: The Tales of Rabbi Nachman.Atlantic Highlands, 1956.

45 Buber, Martin: The Way of Man — According to The Teaching of Hasidism. Carol Publishing Group, 1966.

46 Buber, Martin: Two Types of Faith. NewYork, 1951.

47 Cohn, Margot & Buber, Rafael: Martin Buber A Bibliography of his Writings 1897 ~ 1978. Jerusalem, 1980.

Ⅱ ブーバー関係の著作

1 Adam, Erik: Martin Buber — Ein Wegbereiter der modernen Erlebnispädagogik?

Lüneburg, 1999.

2 Baumgärtner, Franz: Dialogische Freiheit bei Martin Buber und ihre Bedeutung für eine dialogische Erziehung. Regensburg Universität Dissertation, 1995.

3 Benner, Dietrich: Studien zur Theorie der Erziehung und Bildung. München, 1995.

4 Biester, Björn (Hrsg.): Martin Buber—Den Menschen erfahren. Kiefel, 2000.

5 Bloch, Jochanan: Die Aporie des Du. Heidelberg, 1977.

6 Bloch, Jochanan und Gordon, Haim (Hrsg.): Martin Buber—Bilanz seines Denkens. Freiburg • Basel • Rom • Wien, 1983.

7 Bohnsack, Fritz: Martin Bubers personale Pädagogik. Bad Heilbrunn, 2008.

8 Brunnhuber, Stefan: Der dialogische Aufbau der Wirklichkeit. Regensburg, 1993.

9 Casper, Bernhard: Das Dialogische Denken. Wien, 1966.

10 Davidowicz, Klaus Samuel: Gershom Scholem und Martin Buber. Neukirchener, 1995.

11 Dejung, Berta: Dialogische Erziehung, Martin Bubers Rede über das Erzieherische Eine Interpretation. Zürich, 1971.

12 Dietrich, Matthius usw.: Die Beziehung zwischen Ich und Du. Gemünden, 2008.

13 Dilger, Irene: Das Dialogische Prinzip bei M. Buber. Haag & Herchen, 1983.

14 Drechsler, Julius: Das Wirklichkeitsproblem in der Erziehungswissenschaft. Heidelberg, 1959.

15 Etzioni, Amitai: Martin Buber und die kommunitarische Idee. Wien, 1999.

16 Faber, Werner: Das Dialogische Prinzip Martin Bubers und das Erzhierische Verhältnis. Düsseldorf, 1967.

17 Gerner, Berthold (Hrsg.): Martin Buber Pädagogische Interpretatinonen zu seinem Werk. München, 1974.

18 Goldschmidt, Hermann Levin: Abschied von Martin Buber. Köln & Olten, 1966.

19 Goldschmidt, Hermann Levin: Das Vermächtnis des Deutschen Judentums. Frankfurt/M., 1965.

20 Grünfeld, Werner: Der Begegnungscharakter der Wirklichkeit in Philosophie und Pädagogik Martin Bubers. Ratingen, 1965.

21 Habbel, Torsten: Der Dritte strört. Mainz, 1994.

22 Haupt, Andreas: Der dritte Weg—Martin Bubers Spätwerk im Spannungsfeld

von philosophischer Anthropologie und gläubigem Humanismus. München, 2001.

23 Hermanns, Jutta Corinna: Die Erziehungsphilosophie Martin Bubers als Ausdruck seiner Einstellung zum Mitmenschen. Technische Hochschule Aachen Dissertation, 1987.

24 Höltershinken, Dieter: Anthropologische Grundlagen Personalistischer Erziehungslehren. Weinheim • Berlin • Basel, 1971.

25 Huber, Gerhard: Das Sein und das Absolute. Basel, 1955.

26 Huber, Gerhard: Menschenbild und Erziehung bei Martin Buber. Zürich, 1960.

27 Israel, Joachim: Martin Buber — Dialogphilosophie in Theorie und Praxis. Berlin, 1995.

28 Kaminska, Monika: Dialogische Pädagogik und die Beziehung zum Anderen. Hamburg Universität Diss., 2009.

29 Kemper, Herwart: Erziehung als Dialog. Weinheim und München, 1990.

30 Kohn, Hans: Martin Buber sein Werk und seine Zeit. Hellerau, 1929.

31 Kron, Friedrich W.: Grundwissen Pädagogik. München und Basel, 1996.

32 Krone, Wolfgang: Zur Erziehung des Erziehers. Frankfurt/M., 1988.

33 Krone, Wolfgang: Martin Buber — Erziehung unter dem Radikalanspruch Mitmenschlicher Verantwortung. Frankfurt/M., 1993.

34 Krone, Wolfgang (Hrsg): Dialog, Frieden, Menschlichkeit — Beiträge zum Denken Martin Bubers. Berlin, 2011.

35 Kühn, Rudolf M.: Un-humanistische Denkweisen. Hohengehren, 1999.

36 Kurzweil, Zwi E.: Hauptströmungen jüdischer Pädagogik in Deutschland. Frankfurt/M., 1987.

37 Landauer, Gustav:Der Werdende Mensch. Potsdam, 1921.

38 Lang, Bernhard.: Martin Buber und das dialogische Leben. Bern, 1963.

39 Leiner, Martin: Gottes Gegenwart Martin Bubers Philosophie des Dialogs und der Ansatz ihrer theologischen Rezeption bei Friedrich Gogarten und Emil Brunner. Chr. Kaiser und Gütersloher Verlagshaus. Gütersloh, 2000.

40 Licharz, Werner und Schmidt, Heinz (Hrsg.): Martin Buber (1878 ~ 1965) Internationales Symposium zum 20. Todestag. Frankfurt/M., 1989.

41 Lichtenstein, Ernst: Zur Entwicklung des Bildunsbegriffs von Meister Eckhart bis Hegel. Heidelberg, 1966.

42 Lieth, Winfried: Martin Buber und Jürgen Habermas — Krise, Dialog und Kom-

munikation. Konstanz, 1988.

43　Maier, Robert E.: Pädagogik des Dialogs. Frankfurt/M. ・Berlin・Bern, 1990.

44　Mendes-Flohr, Paul R.: Martin Buber — Ein Land und zwei Völker. Frankfurt/ M., 1993.

45　Mendes-Flohr, Paul R.: Von der Mystik zum Dialog. Frankfurt/M., 1978.

46　Menke, Anton: Das Gegenstands — Verständnis Personaler Pädagogik. Wiesbaden, 1964.

47　Meyer, Ernst: Martin Bubers Einfluß und Wirkung auf Erziehung und Unterricht heute. In: Röhrs, Hermann und Meyer, Ernst: Die pädagogischen Ideen Martin Bubers Akademische Verlagsgesellschaft, 1979. S.29 〜 54.

48　Pirschel, Reinhard: Dialogisches Prinzip nach Martin Buber und Konzepte zur Förderung von behinderten Kindern und Jugendlichen. Ordenburg, 1998.

49　Read, Herbert: Erziehung durch Kunst. London, 1943.

50　Reger, Anton: Menschenbild und Erziehung nach der Lehre Martin Bubers. München, 1956.

51　Röhrs, Hermann und Meyer, Ernst: Die pädagogischen Ideen Martin Bubers. Wiesbaden, 1979.

52　Rosenzweig, Franz: Der Menschen und sein Werk — Gesammelte Schriften I. Haag, 1979.

53　Saalfrank, Wolf-Thorsten: Beziehung ist Gegenseitigkeit — Martin Bubers pädagogisches Denken und Handeln. Gießen, 2008.

54　Sainio, Matti A.: Pädagogisches Denken bei Martin Buber. Jyväskylässä, 1955.

55　Sandt, Rita van de: Martin Bubers Bildnerische Tätigkeit zwischen den Beiden Weltkriegen. Stuttgart, 1977.

56　Seiffert, Johannes Ersnt: Das Erzieherische in Martin Bubers chassidischen Anekdoten. Berlin, 1963.

57　Sborowitz, Arië: Beziehung und Bestimmung. Darmstadt, 1956.

58　Schäder, Grete: Martin Buber — Hebräischer Humanismus. Göttingen, 1966.

59　Schaller, Klaus: Der Gebildete heute. Bochum, 1962.

60　Schilpp, Paul Arthur und Friedman, Maurice: Martin Buber. Stuttgart, 1963.

61　Schorb, Alfons Otto: Erzogenes Ich — erziehendes Du. Stuttgart, 1958.

62　Schürig, Gisbert: Erziehung als Nicht-Tun bei Martin Buber und Thich Nhat Hanh. Köln, 1998.

63 Simon, Ernst: Aufbau im Untergang. Jüdische Erwachsenenbildung im National-
sozialistischen Deutschland als Geistiger Widerstand. 1959.

64 Suter, Alois: Menschenbild und Erziehung bei Martin Buber und C. Rogers.
Bern und Stuttgart, 1986.

65 Theunissen, Michael: Der Andere — Studien zur Sozialontologie der Gegenwart.
Berlin, 1965.

66 Ventur, Birgit: Martin Bubers pädagogisches Denken und Handeln. Neukirchen-
er, 2003.

67 Vierheilig, Jutta: Dialog als Erziehungsprinzip — Martin Buber: Anachronismus
oder neue Chance für die Pädagogik? Frankfurt/M., 1987.

68 Wehr, Gerhard: Martin Buber. Rowohlt, 1968.

69 Wehr, Gerhard: Martin Buber — Leben Werk Wirkung. Zürich, 1991.

70 Weinrich, Michael: Der Wirklichkeit begegnen — Studien zu Buber, Grisebach,
Gogarten, Bonhöffer und Hirsch. Neukirchen-Vluyn, 1980.

71 Weinrich, Michael: Grenzgänger — Martin Bubers Anstöße zum Weitergehen.
München, 1987.

72 Weltsch, Robert: Martin Buber 1930 ～ 60 (Nachwort, S.413 ～ 484). Köln, 1961.

73 Werner, Hans-Joachim: Die dialogische Philosophie Martin Bubers und ihre Be-
deutung für die moralische Erziehung. In: Gänzler, Claus: Ethik und Erziehung.
Stuttgart · Berlin · Köln · Mainz, 1988.

74 Wittschier, Bernhard: Das Zwischen als dialogischer Logos — Die Bedeutung der
Anthropologie Martin Bubers für die Pädagogik. Frankfurt/M., 1980.

75 Wolf, Siegbert: Martin Buber zur Einführung. Hamburg, 1992.

76 Abrams, Robert Gordon: Suggestions for a Pedagogy Based upon the Philosophy
of Martin Buber. University of California, Berkeley, 1982.

77 Bender, Hilary Evans: Existential Education — The Philosophy of Education of
Martin Buber. University of Pittsburgh, 1971.

78 Cohen, Adir: The Educational Philosophy of Martin Buber. Fairleigh Dickinson
University Press, 1983.

79 Etscovitz, Lionel Potter: Education as Dialogue, The educational Significance of
Martin Buber. Boston University School of Education, 1969.

80 Gordon, Haim (ed.): The Other Martin Buber, his Recollections of his Contem-
poraries. Ohio U. P., 1988.

81　Grote, John Ewing: Community and Education in John Dewey and Martin Buber. Washington University, 1989.

82　Murphy, Daniel: Martin Buber's Philosophy of Education. Irish Academic Press, 1988.

83　Wenger, Eugene Boyer: Implications of the Thought of Martin Buber for the Teaching-Learning Process in Christian Education. Northwestern University 1964.

84　Zediker, Karen Elaine: Weaving Learning Dialogue — The Theory and Practice of Martin Buber's Dialogic Communication in Two Classrooms. University of Washington, 1996.

Ⅲ　ブーバー関係の研究論文

1　Belke, F.: Dialogischer und pädagogischer Bezug in Martin Bubers Konzeption des Relationalen. In: Vierteljahrsschrift für Wissenschaftliche Pädagogik. Jg.39. 1963.

2　Bergman, H.: Martin Buber — das Leben ein Dialog. In: Neue Sammlung. Jg.5. Göttingen, 1965.

3　Böhme, Günther.: Martin Bubers pädagogische Grundbegriffe. In: Aus Politik und Zeitgeschichte. Bd.49. 1978, S.11 ～ 17.

4　Bohnsack, F.: Das Problem der pädagogischen Absicht bei Martin Buber. In: Pädagogische Rundschau. Jg.15. Düsseldorf, 1961.

5　Brenzinka, Wolfgang: Die Pädagogik und die erzieherische Wirklichkeit. In: Zeitschrift für Pädagogik. H. 5. 1959.

6　Buber, Martin: Der Chassisdismus und die Krise des abendländischen Menschen. In:Juden Christen Deutsche. 1961.

7　Caselmann, C.: Martin Buber als Erzieher. In: Pädagogische Rundschau. Jg.20. Ratingen, 1966.

8　Esser, W. G.: Die pädagogische Aufgabe einer neuen Beziehung zur Welt-wirklichkeit in Martin Bubers Chassidismus und Bibelinterpretation. In: Pädago-gische Rundschau. Jg.23. Ratingen, 1969.

9　Faber, Werner: Einheit und Verwirklichung — Martin Buber. In: Zeitschrift für Pädagogik. Jg.11. Weinheim, 1965.

10　Friedenthal-Haase, M.: Erwachsenenbildung und Kriese im Denken M. Bubers.

304

In: Pädagogische Rundschau. Jg.6/44. Frankfurt/M., 1990.

11 Grytzka, U.: Die gegenwärtige Rezeption Martin Bubers in der Pädagogik. In: Zeitschrift für Pädagogik. Jg.27. 1981.

12 Hammelsbeck, O.: In Memoriam Martin Buber. In: Westermanns Pädagogische Beiträge. Jg.17. 1965.

13 Hartmann, H.: Martin Buber — Denker unserer Zeit. In: Universitas. Jg.19. Stuttgart, 1964.

14 Höltershinken, D.: Religiöse Erziehung bei Martin Buber.In: Vierteljahrsschrift für Wissenschaftliche Pädagogik. Jg.47. 1971.

15 Jung, J.: Erziehung als Begegnung. In: Bildung und Erziehung. Jg.6. Frankfurt/ M., 1953.

16 Kron, Friedrich W.: Vom pädagogischen Bezug zur pädagogischen Interaktion. In: Pädagogischen Rundschau. Jg.40. Nr. 5. 1986, S.545 ～ 558.

17 Kuerzwell, Z. E.: Martin Bubers Erziehungslehre und die Moderne. In: Zeitschrift für Pädagogik. Jg.14. Weinheim, 1968.

18 Kurz, G.: Die Verantwortung bei Martin Buber. In: Bildung und Erziehung. Jg.21. Düsseldorf, 1968.

19 Landmann, M.: Martin Buber — Deuter in der Krise der Gegenwart. In: Universitas. Jg.21. Stuttgart, 1966.

20 Lennert, R.: Wer war Martin Buber. In: Neue Sammlung. Jg.8. Göttingen, 1968.

21 Maydel, B. V.: Martin Buber. In: Die Pädagogische Provinz. Jg.20. Frankfurt/ M., 1966.

22 Reger, Anton: Das Erziehungs=und Bildungsdenken M. Bubers. In: Pädagogische Welt. Jg.14. Donauwörth, 1960.

23 Reger, Anton: Der unterrichtliche Dialog. In: Pädagogische Welt. Jg.20. Donauwört, 1966, S.226 ～ 234.

24 Schaeder, G.: Martin Buber, Begegnung, Autobiographische Fragmente. In: Neue Sammlung. Jg.1. Göttingen, 1961.

25 Schaeder, G. und Kohn, H.: Martin Buber — Sein Werk und seine Zeit. In: Neue Sammlung. Jg.2. Göttingen, 1962.

26 Simon, Ernst: Martin Buber — sein Werk und seine jüdische Sendung. In: Universitas. Jg.20. Stuttgart, 1965.

27　Spear, O.: M. Bubers Sorge um den Frieden. In: Universitas. Jg.25. Stuttgart, 1970.

28　Suter, Alois: Beziehung erzieht — Zum erzieherischen Verhältnis bei Buber. In: Pädagogische Rundschau. Jg.2/44. Frankfurt/M., 1990.

29　Theunissen, Michael: Bubers negative Ontologie des Zwischen. In: Philosophisches Jahrbuch. Jg.71. München, 1963/64.

30　Cohen, Adir: Martin Buber and Changes in Modern Education. In: Oxford Review of Education. Vol.5, No.1, 1979, S.81 ~ 103.

Ⅳ　哲学・教育・思想・その他の分野の著作

1　Böhm Winfried: Wörterbuch der Pädagogik. Stuttgart, 2000 (15. Aufl.).

2　Bollnow, Otto Friedrich: Existenzphilosophie und Pädagogik. Stuttgart, 1959.

3　Danner, Helmut: Verantwortung und Pädagogik, Anthropologische und ethische Untersuchungen zu einer sinnorientierten Pädagogik. 2. Aufl., Königstein/Ts, 1985.

4　Dienelt, Karl: Die anthropogischen Grundlagen der Pädagogik. Düsseldorf, 1977.

5　Flittner, Wilhelm: Volkshochschule und Erwachsenenbildung. Hohenrodter Bund, 1928.

6　Flitner, Wilhel: Plan einer Deutschen Schule für Volksforschung und Erwachsenenbildung. In: Die Deutsche Schule für Volksforschung und Erwachsenenbildung. Das erste Jahre. Stuttgart, 1927. S.14 ~ 29. Vgl. auch:Die Erziehung. Leipzig. 3 (1927/28). S.626 ~ 636.

7　Giesecke, Hermann: Die pädagogische Beziehung, Pädagogische Professionalität und die Emanzipation des Kindes. Weinheim unde München, 1997.

8　Göthe, Johann Wolfgang = Universität Frankfurt/M.: Verzeichnis der Vorlesungen — Winter = Halbjahr 1930/1931 und Personalverzeichnis. Verlag Ersitätsbuchhandlung Blazerk & Bergmann, Frankfurt/M., 1930.

9　Guardini, Romano und Bollnow, Otto Friedrich: Begegnung und Bildung. Würzburg, 1965.

10　Natorp, Paul: Sozialpädagogik, Theorie der Willenserziehung auf der Grundlage der Gemeinschaft. Stuttgart, 1925.

11　Nohl, Herman: Die pädagogische Bewegung in Deutschland und ihre Theorie. Frankfurt/M., 1935.

306

12 Nohl, Herman: Charakter und Schicksal — Eine pädagogische Menschenkunde. Frankfurt/M., 1947.

13 Oelkers, Jürgen: Reformpädagogik — Eine kritische Dogmengeschichte. Weinheim und München, 1992 (2. Aufl.).

14 Potschka, Hermann: Pädagogische Verantwortung, Zentrale schulpädagogische Aufgabenbereiche. Bad Heilbrunn, 1996.

15 Röhrs, Hermann: Die Reformpädagogik — Ursprung und Verlauf unter internationalem Aspekt. Weinheim, 1994.

16 Schäfer, K. H. und Schaller, K.: Erziehungswissenschaft und kommunikative Didaktik. Heidelberg, 1971.

17 Scheuerl, Hans: Klassiker der Pädagogik II. München, 1979.

18 Scheibe Wolfgang: Die Reformpädagogische Bewegung 1900 ~ 1932. Weinheim und Basel, 1982.

19 Spranger, Eduard: Pädagogische Perspektiven — Beiträge zu Erziehungsfragen der Gegenwart. Heidelberg, 1951. 村田昇・片山光宏共訳『教育学的展望―現代の教育問題―』東信堂、1987年。

20 Spranger, Eduard: Die Magie der Seele. Tübingen, 1949. 篠原正瑛訳『たましいの魔術』岩波現代叢書、1951年。

21 Spranger, Eduard: Der unbekannte Gott. Stuttgart, 1954.

22 Weltsch, Robert (Hrsg.): Deutsches Judentum Aufstieg und Krise. Stuttgart, 1963.

23 Winkel, Rainer (Hrsg.): Deutsche Pädagogen der Gegenwart Band 1. Düsseldorf, 1984.

〈邦文〉

I ブーバーの著作

1 ブーバー著作集、全10巻、みすず書房、1967 ~ 70年。

1 対話的原理 I ―我と汝、対話（田口義弘訳）1967年。

2 対話的原理 II ―単独者への問い他（佐藤吉昭・同令子訳）1968年。

3 ハシディズム（平石善司訳）1969年。

4 哲学的人間学（稲葉稔・佐藤吉昭訳）1969年。

5 かくれた神（三谷好憲他訳）1968年。

　　6・7　預言者の信仰Ⅰ・Ⅱ（高橋虔訳）1968年。

　　8　教育論・政治論（山本誠作他訳）1970年。

　　9　ゴグとマゴグ（田口義弘・高木久雄訳）1970年。

　　10　ブーバー研究（マルセル、山本誠作他訳）1970年。

2　孤独と愛―我と汝の問題―（野口啓祐訳）創文社、1958年。

3　人間とは何か（児島洋訳）理想社、1961年。

4　出会い―自伝的断片―（児島洋訳）理想社、1966年。

5　祈りと教え―ハシディズムの道―（板倉敏之訳）理想社、1966年。

6　対話の倫理（野口啓祐訳）創文社、1967年。

7　キリスト教との対話（板倉敏之訳）理想社、1968年。

8　ユートピアの途（長谷川進訳）理想社、1972年。

9　我と汝・対話（植田重雄訳）岩波書店、1979年。

10　マルティン・ブーバー聖書著作集第1巻モーセ（荒井章三他共訳）日本キリスト教団出版局、2002年。

11　マルティン・ブーバー聖書著作集第2巻神の王国（木田献一・北博共訳）日本キリスト教団出版局、2003年。

12　ひとつの土地にふたつの民―ユダヤ―アラブ問題によせて―（合田正人訳）、みすず書房、2006年。

Ⅱ　ブーバー関係の著作

1　アンダーソン，R.・シスナ，K. N. 著、山田邦男監訳：ブーバー　ロジャーズ対話、春秋社、2007年。

2　稲村秀一：ブーバーの人間学、教文館、1987年。

3　植村卍：ブーバー「対話」思想の研究―二元論と言語哲学を中心にして―、人文書院、2001年。

4　ヴェール，G. 著、児島洋訳：マルティン・ブーバー、理想社、1972年。

5　金子晴男：対話的思考、創文社、1976年。

6　側瀬登：時間と対話的原理―波多野精一とマルチン・ブーバー――、晃洋書房、2000年。

7　クラフト，W. 著、板倉敏之訳：ブーバーとの対話、法政大学出版局、1975年。

8　小林政吉：ブーバー研究―思想の成立過程と情熱―、創文社、1978年。

9　齋藤昭：ブーバー教育思想の研究、風間書房、1993年。

10　斉藤啓一：ブーバーに学ぶ、日本教文社、2003年。

11 関川悦雄・北野秋男：教育思想のルーツを求めて―近代教育論の展開と課題―、啓明出版、2001年。

12 谷口竜男：「われとなんじ」の哲学―マルティン・ブーバー論―、北樹出版、1980年。

13 谷口竜男：わが思索の軌跡、北樹出版、1998年。

14 バロー，Z.著、野口恒樹・植村卍共訳：ブーバーにおける人間の研究、北樹出版、1983年。

15 平石善司：ブーバー、日本基督教団出版部、1966年。

16 平石善司：マルチン・ブーバー―人と思想―、創文社、1991年。

17 平石善司・山本誠作編：ブーバーを学ぶ人のために、世界思想社、2004年。

18 ブーバー，M.著、野口啓祐訳：対話の倫理、創文社、1967年。

19 フリードマン，M.著、黒岩凱夫・河合一充共訳：評伝マルティン・ブーバー―狭い尾根での出会い―上下、ミルトス、2000年。

20 ベン＝コーリン，Sch.著、山本誠作訳：ブーバーとの対話―回想と手記―、ヨルダン社、1976年。

21 松本昭：「我―汝」の教育学―実存教育学への試歩―、理想社、1959年。

22 山本誠作：マルティン・ブーバーの研究、理想社、1969年。

23 吉田敦彦：ブーバー対話論とホリスティック教育―他者・呼びかけ・応答―、勁草書房、2007年。

Ⅲ ブーバー関係の研究論文

1 稲村秀一：M.ブーバーの罪責論、日本倫理学会『倫理学年報』第26号、1977年。

2 稲村秀一：ブーバーの教育思想1・2、岡山大学文学部『紀要』第35・36号、2001年7・12月。

3 海谷則之：ブーバーにおける「感得」（Innewerden）と人間形成、『龍谷大学論集』第400・401号、1973年。

4 小野文生：分有の思考へ―ブーバーの神秘主義的言語を対話哲学へ折り返す試み―、教育哲学会『教育哲学研究』第96号、2007年。

5 片岡徳雄：教育的社会の研究―M.ブーバーの教育観を中心に―、『広島大学教育学部紀要』第1部第31号、1983年。

6 木村浩則：ルーマン・システム理論における「教育関係」の検討、日本教育学会『教育学研究』第64巻第2号、1997年。

7　齋藤昭：民族的危機の状況と教育―1933年のM.ブーバーの場合を中心として―、『皇學館大学紀要』12輯、1974年。

8　齋藤昭：「教育論」の成立とその構造―Martin Buber: Über das Erzieherische, 1926―、『皇學館大学紀要』20輯、1982年。

9　関川悦雄：M.ブーバーにおける「間の国」（das Reich des Zwischen）の教育的意味、日本大学教育学会『教育学雑誌』第16号、1982年。

10　関川悦雄：ブーバーの実際教育論―1933年から38年まで―、日本大学教育学会『教育学雑誌』第17号、1983年。

11　関川悦雄：ブーバーの教育的行為論、日本大学教育学会『教育学雑誌』第19号、1985年。

12　関川悦雄：教育における「無為の行為」について―ブーバーの場合―、教育哲学会『教育哲学研究』第52号、1985年。

13　関川悦雄：ボルノーの「助言」（Beratung）の概念―教育における存在と価値の問題に関連して―、教育哲学会『教育哲学研究』第62号、1990年。

14　関川悦雄：ブーバーの教育論と「新教育」―1920年代の動きを中心に―、関東教育学会『紀要』第18号、1991年。

15　関川悦雄：教育的関係―ブーバーの「包擁」の概念を中心に―、日本大学教育学会『教育学雑誌』第28号、1994年。

16　関川悦雄：M.ブーバーの責任論―その教育的意義を求めて―、日本大学教育学会『教育学雑誌』第30号、1996年。

17　関川悦雄：教育者の自己教育―ブーバーの場合―、日本大学教育学会『教育学雑誌』第31号、1997年。

18　関川悦雄：教育目的論の貧困を何に求めるか、教育思想史学会『近代教育フォーラム』第6号、1997年。

19　関川悦雄：教育的出会い―M.ブーバーの場合―、日本大学文理学部人文科学研究所『研究紀要』第56号、1998年。

20　関川悦雄：教育目的論―ブーバーの場合―、日本大学教育学会『教育学雑誌』第32号、1998年。

21　関川悦雄：ブーバー教育思想のハシディズム的基礎、日本大学文理学部人文科学研究所『研究紀要』第58号、1999年。

22　関川悦雄：学校と共同体―ブーバーの求める教育者像―、日本大学教育学会『教育学雑誌』第33号、1999年。

23　関川悦雄：教育と人間学との関係―ブーバーの場合―、日本大学教育学会『教

育学雑誌』第 34 号、2000 年。

24 関川悦雄：ブーバー教育論の教育史的位置と把握―シュプランガー思想に依拠して―、『武蔵大学人文学会雑誌』第 35 巻 3 号、2004 年。

25 関川悦雄：ブーバーにおける〈教育的なるもの〉（dsa Erzieherische）という語の検討―その語の解釈と意味を求めて―、日本大学文理学部人文科学研究所『研究紀要』第 72 号、2006 年。

26 Etsuo, Sekikawa: Die Möglichkeit des Zusammenlebens von Juden und Deutschen bei Martin Buber. In: Hrsg. von Yasuo Ariizumi, Koichi Kasamatsu und Konrad Meisig: Interkulturelle Ostasienstudien. Wiesbaden 2006.

27 高橋勝：技術論から相互関係論へ―〈教師―生徒〉関係の組みかえ―、『教育哲学研究』第 75 号、1997 年。

28 田中智志：教師の二重モード―代理審級、事後心象、そして虚構の時代―、『教育哲学研究』第 75 号、1997 年。

29 田中進：ブーバーとハシディーム―我―汝教育思想解明のために―、宮城学院女子大学『研究論文集』第 28 号、1966 年。

30 原弘巳：現代教育における「信頼」の意義―M. ブーバーを中心に―、『教育哲学研究』第 56 号、1987 年。

31 松本昭：第三の道としての「我―汝」の教育学、鳥取大学学芸学部『研究報告』（教育科学篇）第 1 巻創刊号・第 2 巻 1 号、1959・60 年。

32 宮澤康人：教育における危険な関係、東京大学教育学部『教育哲学・教育史研究室紀要』第 13 号、1987 年。

33 メンツェ，C. 著、高祖敏明訳：現代ドイツ教育学における根本思想の変化―教育関係の解釈をめぐって―、『教育哲学研究』第 42 号、1980 年。

34 森川着：教育学的責任の概念について、岡山大学教育学部『研究集録』第 85 号、1990 年。

35 吉田敦彦：人間存在の二重的存在様式―ブーバー教育思想の人間存在論的諸前提 1・2―、『美作女子大学・美作女子短大紀要』第 35・36 号、1990・1991 年。

36 吉田敦彦：ロジャーズに対するブーバーの異議、『教育哲学研究』第 62 号、1990 年。

37 吉田敦彦：ブーバーにおける「開発的教育者」の要件―〈世界〉の形成力への参加者として―、『神戸外語大学論集』第 42 号第 2 号、1991 年。

38 渡邊隆信：H. ダンナーの「教育的責任」論―その特質と今日的意義―、『教育哲学研究』第 70 号、1994 年。

39　渡邊光雄：学校教育と教育学―教える行為を改めて問う―、日本教育学会『教育学研究』第63号第3号、1996年。

Ⅳ　哲学・教育・思想・その他の分野の著作

1　新井保幸・高橋勝編：教育哲学の再構築、学文社、2006年。
2　今井康雄：W.ベンヤミン―メディアのなかの教育、世織書房、1998年。
3　石垣恵美子：就学前教育の研究―日本とイスラエルの比較を軸に―、風間書房、1988年。
4　市村尚久他共編：教育関係の再構築―現代教育への構想力を求めて―、東信堂、1996年。
5　岩波講座：現代教育学1―現代の教育哲学―、岩波書店、1960年。
6　岩波文庫：荘子（第2冊）、岩波書店、1984年。
7　ヴァルデンフェルス,H.著、新田義弘他訳：行動の空間、白水社、1987年。
8　ウェーバー,M.著、脇圭平：職業としての政治、岩波書店、1980年。
9　上田和夫：ユダヤ人、講談社、1991年（第14刷）。
10　大澤武男：ユダヤ人とドイツ、講談社、1991年。
11　岡田渥美編：人間形成論―教育学の再構築のために―、玉川大学出版部、1996年。
12　岡田敬司：コミュニケーションと人間形成、ミネルヴァ書房、1998年。
13　岡田敬司：「自律」の復権―教育的かかわりと自律を育む共同体、ミネルヴァ書房、2004年。
14　岡田敬司：人間形成にとって共同体とは何か―自律を育む他律の条件―、ミネルヴァ書房、2009年。
15　小笠原道雄：現代ドイツ教育学説史研究序説、福村出版、1974年。
16　小笠原道雄：ドイツにおける教育学の発展、学文社、1984年。
17　小笠原道雄編著：教育の哲学、日本放送出版協会、2003年。
18　小辻誠祐：ユダヤ民族、誠信書房、1975年。
19　木村敏：自己・あいだ・時間―現象学的精神病理学、筑摩書房、2006年。
20　ゲーテ,J.W.著、内垣啓一訳：若きウェルテルの悩み（『世界の文学5』第2巻）、中央公論社、1967年。
21　小岸昭：離散するユダヤ人―イスラエルへの旅から―、岩波書店、1997年。
22　コメニウス,J.A.著、稲富栄次郎訳：大教授学、玉川大学出版部、1969年。
23　齋藤昭：教育的存在論の探究、世界思想社、1999年。

24　齋藤孝：教師＝身体という技術、世織書房、1997年。

25　佐伯胖他共編：学校の再生をめざして1―学校を問う―、東京大学出版会、1992年。

26　坂越正樹：ヘルマン・ノール教育学の研究―ドイツ改革教育運動からナチズムへの軌跡―、風間書房、2001年。

27　シェーラー，M. 著、飯島宗享他共編：シェーラー著作集13、白水社、1977年。

28　清水博：場の思想、東京大学出版会、2003年。

29　シュプランガー，E. 著、伊勢田耀子訳：文化と性格の諸問題Ⅰ・Ⅱ（世界教育学選集18・19）、明治図書、1961年。

30　ショイアール，H.・フリットナー，A.編、石川道夫訳：教育学的に見ること考えることへの入門、玉川大学出版部、1994年。

31　スピノーザ，B. de 著、高桑純夫訳：倫理学（エティカ）（『世界の大思想9』）、河出書房、1967年。

32　皇紀夫編著：臨床教育学の生成、玉川大学出版部、2003年。

33　高橋勝・広瀬俊雄：教育関係論の現在―「関係」から解読する人間形成―、川島書店、2004年。

34　中国の思想刊行委員会：老子・列子（『中国の思想』第6巻）、徳間書店、1984年。

35　土屋忠雄他共編：概説近代教育史、川島書店、1967年。

36　土戸敏彦：冒険する哲学―〈子ども〉と〈大人〉のあいだ、勁草書房、1999年。

37　トレラー，D. 著、乙訓稔訳：ペスタロッチの哲学と教育学、東信堂、1992年。

38　長尾十三二編：新教育運動の理論、明治図書、1988年。

39　中井孝章：学校教育の時間論的転回、溪水社、2003年。

40　中田基昭：教育の現象学―授業を育む子どもたち―、川島書店、1996年。

41　中田基昭：現象学から授業の世界へ、東京大学出版会、1997年。

42　中田基昭編著：現象学から探る豊かな授業、多賀出版、2010年。

43　西岡けいこ：教室の生成のために、勁草書房、2005年。

44　新田義弘他共編：現象学の現在、世界思想社、1989年。

45　ノール，H. 著、平野正久訳：ドイツの新教育運動、明治図書、1987年。

46　ハイデッガー，M. 著、小島威彦・アルムブスター共訳：技術論、理想社、1969年。

47　ハイデッガー，M. 著、細谷貞雄他共訳：存在と時間上・下、理想社、1968・70年。

48　ハイデッガー，M. 著、木場深定訳：カントと形而上学の問題、理想社、1973 年。

49　パスカル，B. 著、前田陽一・由木康共訳：パンセ断章第 206（『世界の名著 24』）、中央公論社、1967 年。

50　林忠幸：現代ドイツ教育学の思惟構造、東信堂、2006 年。

51　広田照幸：教育言説の歴史社会学、名古屋大学出版会、2001 年。

52　広松渉・増山真緒子：共同主観性の現象学、世界書院、1986 年。

53　ペスタロッチ，J. H. 著、福島政雄訳：隠者の夕暮（ペスタロッチ全集第 1 巻）、玉川大学出版部、1969 年。

54　ペスタロッチ，J. H. 著、細谷浩一訳：シュタンツだより（ペスタロッチ全集第 2 巻）、玉川大学出版部、1968 年。

55　ベルクソン，H. 著、池辺義教訳：意識と生命（『世界の名著 64』）、中央公論社、1979 年。

56　細谷恒夫：教育の哲学、創文社、1962 年。

57　ボルノー，O. F. 著、峰島旭雄訳：実存哲学と教育学、理想社、1966 年。

58　ボルノー，O. F. 著、須田秀幸訳：実存主義克服の問題―新しい被護性―、未来社、1969 年。

59　ボルノウ，O. F. 著、森昭・岡田渥美共訳：教育を支えるもの、黎明書房、1969 年。

60　宮澤康人；大人と子供の関係史序説―教育学と歴史的方法―、柏書房、1998 年。

61　宮野安治：教育関係論の研究、溪水社、1996 年。

62　宮野安治：リットの人間学と教育学―人間と自然の関係をめぐって―、溪水社、2006 年。

63　村松剛：ユダヤ人―迫害・放浪・建国、中央公論社、1991 年（第 63 版）。

64　ルソー，J. J. 著、今野一雄訳：エミール上・中・下、岩波文庫、1968 年。

65　ランゲフェルド，M. J. 著、和田修二監訳：よるべなき両親、玉川大学出版部、1980 年。

66　レールス，H. 著、長谷川守男訳：一般教育学、玉川大学出版部、1990 年。

67　レールス，H./ショイアール、H. 編、天野正治訳者代表：現代教育学の潮流、玉川大学出版部、1992 年。

68　ロムバッハ，H. 他共著、新田義弘・村田純一訳：現象学の展望、国土社、1986 年。

314

V　聖書・辞典類

1　日本聖書協会：聖書・旧約聖書続編つき（新共同訳）、日本聖書協会、1993 年。

2　日本基督教団：聖書事典、日本基督教団出版局、1992 年（第 33 版）。

3　手塚儀一郎他共編：旧約聖書略解、日本基督教団出版局、1991 年（第 44 版）。

4　山谷省吾他共編：増訂新版新約聖書略解、日本基督教団出版局、1994 年（第 37 版）。

5　市川裕：ユダヤ教の精神構造、東京大学出版会、2004 年。

6　小林珍雄：キリスト教用語辞典、東京堂出版、1987 年（第 12 版）。

7　高橋正男：旧約聖書の世界、時事通信社、1994 年（第 4 刷）。

8　ダニエル，F. 他共著、榊原晃三監訳：聖書・文化辞典、本の友社、1996 年。

9　滝川義人：ユダヤを知る事典、東京堂出版、2001 年（第 7 刷）。

10　名尾耕作：旧約聖書ヘブル語大辞典、教文館、2003 年（改訂第 3 版）。

11　マクグラス，A. E. 著、熊沢義宣・高柳俊一監修：現代キリスト教神学思想事典、新教出版社、2001 年。

12　ミルトス編集部：イスラエルに見る聖書の世界・旧約聖書編、ミルトス、1994 年（第 9 刷）。

13　レヴィン，M. 著、岳真也・武者圭子共訳：イスラエル建国物語、ミルトス、1994 年。

14　教育思想史学会編：教育思想事典、勁草書房、2000 年。

15　細谷俊夫他編集代表：新教育学大事典第 2 巻、第一法規、1990 年。

16　天野正治他共編：ドイツの教育、東信堂、1998 年。

17　下中弘：哲学事典、平凡社、1993 年（第 24 刷）。

18　広松渉他共編：岩波哲学・思想事典、岩波書店、1998 年（第 1 刷）。

あ と が き

　「はしがき」にも記したように、本書は筆者が今まで発表してきたブーバーに関する多数の論文を加筆修正したものであるが、その各論文を研究の軌跡を示すものとして、以下に掲載しておきたい。

1　「M. ブーバーにおける『間の国』（das Reich des Zwischen）の教育的意味」日本大学教育学会『教育学雑誌』第 16 号、1982 年、pp.26 〜 41。

2　「ブーバーの実際教育論—1933 年から 38 年まで—」日本大学教育学会『教育学雑誌』第 17 号、1983 年、pp.167 〜 180。

3　「ブーバーの教育的行為論」日本大学教育学会『教育学雑誌』第 19 号、1985 年、pp.92 〜 102。

4　「教育における『無為の行為』について—ブーバーの場合—」教育哲学会『教育哲学研究』第 52 号、1985 年、pp.66 〜 70。

5　「ブーバーの教育論と『新教育』—1920 年代の動きを中心に—」関東教育学会『紀要』第 18 号、1991 年、pp.1 〜 8。

6　「教育的関係—ブーバーの『包擁』の概念を中心に—」日本大学教育学会『教育学雑誌』第 28 号、1994 年、pp.43 〜 59。

7　「M. ブーバーの責任論—その教育的意義を求めて—」日本大学教育学会『教育学雑誌』第 30 号、1996 年、pp.15 〜 28。

8　「教育者の自己教育—ブーバーの場合—」日本大学教育学会『教育学雑誌』第 31 号、1997 年、pp.48 〜 64。

9　「教育目的論の貧困を何に求めるか」教育思想史学会『近代教育フォーラム』第 6 号、1997 年、pp.183 〜 189。

10　「教育的出会い—M. ブーバーの場合—」日本大学文理学部人文科学研究所『研究紀要』第 56 号、1998 年、pp.105 〜 118。

11　「教育目的論—ブーバーの場合—」日本大学教育学会『教育学雑誌』第 32 号、1998 年、pp.33 〜 46。

12　「ブーバー教育思想のハシディズム的基礎」日本大学文理学部人文科学研究所

316

『研究紀要』第 58 号、1999 年、pp.145 〜 156。

13 「学校と共同体―ブーバーの求める教育者像―」日本大学教育学会『教育学雑誌』第 33 号、1999 年、pp.32 〜 44。

14 「教育と人間学との関係―ブーバーの場合―」日本大学教育学会『教育学雑誌』第 34 号、2000 年、pp.76 〜 90。

15 「ブーバー教育論の教育史的位置と把握―シュプランガー思想に依拠して―」『武蔵大学人文学会雑誌』第 35 巻 3 号、2004 年、pp.61 〜 77。

16 「ブーバーにおける〈教育的なるもの〉(dsa Erzieherische) という語の検討―その語の解釈と意味を求めて―」日本大学文理学部人文科学研究所『研究紀要』第 72 号、2006 年、pp.51 〜 65。

17 Die Möglichkeit des Zusammenlebens von Juden und Deutschen bei Martin Buber. In: Hrsg. von Yasuo Ariizumi, Koichi Kasamatsu und Konrad Meisig: Interkulturelle Ostasienstudien. Wiesbaden 2006. SS.37 〜 42.

　私がドイツの教育学・教育思想の道に分け入ったのは、大学院博士課程の時代である。当時の指導教授である松月秀雄先生の導きによるものである。院生時代には教育哲学会に入り、当時の学風の中でブーバー研究に入る。学問研究の厳しさは、土屋忠雄、渡部晶、浜田靖一の諸先生によって教えられる。諸先生はすでに他界されているが、諸先生から受けた学恩は本書の刊行をもって返せただろうと思う。当時、大学院は体育学を含む教育学専攻の時代だから、体育学と教育学の双方の院生仲間にも恵まれ、互いに切磋琢磨し合い、その後も続いている。研究室の先輩に当たる石井正司や平野正久の両先生、同僚の下司晶教授にも助言・指導を受けた。また、ドイツ教育研究会の天野正治、別府昭郎、結城忠、木戸裕、長島啓記、大友秀明、池田全之らの各先生や他の研究会仲間との交流も私の研究に大いに刺激を与えている。

　一方、人物研究においては資料収集が不可欠である。その収集は、ボン大学図書館、フランクフルト大学・市の共同図書館、ヘブライ大学図書館、そしてベルリン国立図書館の協力によるものであり、大変世話になった。加えて、日本大学文理学部とマインツ大学との学術交流（2002 年 9 月 2 〜 5 日）に

おいて、マインツ大学で「ブーバーによるドイツ人とユダヤ人との共存の可能性」と題してドイツ語で発表し、先方との質疑応答を行った。

　なお、本書の刊行に際しては、日本大学文理学部より平成28年度学術出版物助成金の交付を受けた。同学部に対し深甚の謝意を表したい。併せて、厳しい出版事情のなかで、本書の出版の機会を与えて頂いた株式会社風間書房・風間敬子氏に対し深く感謝する次第である。

2016年5月　自宅の書斎にて

関 川 悦 雄

人名索引

事 項 索 引

324

〈著者略歴〉

関川悦雄（せきかわ　えつお）

1947年　福島県に生まれる
1971年　日本大学大学院教育学専攻修士課程入学
1976年　日本大学大学院教育学専攻博士課程単位修得満期退学
1976年　日本大学文理学部助手（1978年迄）
1982年　西ドイツ・ボン大学短期留学
1990年　日本大学文理学部専任講師
1995年　日本大学文理学部助教授
2001年　日本大学文理学部教授
2011年　日本大学大学院総合社会情報研究科教授
現　在　日本大学文理学部教授・日本大学大学院総合社会情報研究科教授

〈主な著書〉

「ザルツマン・バゼドウ」教育思想史学会編『教育思想事典』勁草書房、2000年
『教育思想のルーツを求めて』（北野秋男共著）啓明出版、2001年
『教育の歴史』（羽田積男他共著）日本大学通信教育部、2009年
『最新特別活動の研究』啓明出版、2010年
「教育基本法・学校教育法」小野幸二・高岡信男編『法律用語辞典』法学書院、2010年
「啓蒙思想」日本比較教育学会編『比較教育学事典』東信堂、2012年
「教育改革後教育政策と行政」安藤忠・壽福隆人編『教育政策・行政』弘文堂、2013年
『四訂介護等体験ハンドブック』（黒澤英典他共編著）大修館書店、2014年
『現代教職論』（羽田積男共編）弘文堂、2016年
『道徳教育の理論と方法』（羽田積男共編）弘文堂、2016年

ブーバー教育論の研究
──教師と子どもの教育関係を軸に──

2016年12月15日　初版第1刷発行

著　者　　関　川　悦　雄

発行者　　風　間　敬　子

発行所　　株式会社　風　間　書　房
〒101-0051　東京都千代田区神田神保町 1-34
電話 03(3291)5729　FAX 03(3291)5757
振替 00110-5-1853

印刷・製本　中央精版印刷

©2016　Etsuo Sekikawa　　　　　　　　　　NDC 分類：371
ISBN978-4-7599-2145-8　　Printed in Japan